前男友大出清

The Ex-Boyfriend Yard Sale

海莉・麥吉——著
Haley McGee
陳芙陽——譯

本書獻給
任何曾經疑惑愛情成本是否值得的人

給讀者的提醒：

為保護他人隱私，所有名字和識別特徵皆已更改，某些事件經重新安排，其他則重新設想。部分人物、物品和場景採綜合而成，其他部分元素則是虛構。此外，這一切敘述當然全都出自於我個人的主觀角度。

CONTENTS

第3部 成本／效益分析

第1部

盤點

Taking Stock

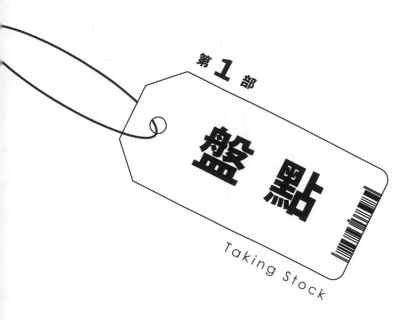

第1章 我的債務深度

「一個身體健康，沒有負債，而且問心無愧的人，還能怎樣增加幸福呢？」

——亞當斯密

等紅燈的時候，一個念頭閃現：或許我可以找人上床，來換得五百英鎊？

這是個平息心情的思緒，當我焦慮迸發，疾走在英國倫敦我剛搬來的新家附近大街上，這想法讓我稍事喘息。

我不喜歡這條路，但為了節省時間，不得不對角橫越這個城市。

我遲到了，我累得一身汗，為錢發愁。

我瞄向商店櫥窗上自己的映像。

我認為，或許我可以找人上床，來換得五百英鎊。

我的模樣很不錯。

沒生過小孩。

從以前到現在，上床對象少於二十五人——肯定是少於三十人。這必定有其價值。

紅綠燈過了天長地久還不轉換，周遭四面八方的車流全停了下來。我已在英國待了一年半，還是不懂這裡的行人穿越道是怎麼運作。我才一腳踏出人行道，喇叭聲便響起，坐在紅色汽車裡的男人用力狂按，說我腦殘。我縮回腳步，繼續等待。
就算一炮五百英鎊，我還是得做二十次。
我想像冰冷的手指剝下我的內衣，便立刻把這念頭甩出腦海。
我不行，我不行，我不行，我不行，我不行。
我經過超市。
一名流浪漢問我能不能給個一英鎊。
我毫不遲疑，對他丟了一句：「抱歉，老兄。」
「妳給不了一英鎊？」
我回過頭證實：「對，我給不了一英鎊。」
我轉過頭來，及時避開弄髒人行道的狗大便。
現在看得到銀行了，一個念頭閃現：或許我可以找人上床，來換得一千英鎊？
我認為，我或許可以找人上床，來換得一千英鎊。
我看了手機上的時間，加快腳步，一邊閃躲遛小孩的媽咪三人組。
就算有一千英鎊，我可能得用上一整晚。而且我還得做十次。
那就是十個晚上。
十個晚上基本等於我人生中整整兩個工作週。
而且，我的咪咪小，陰唇亂糟糟，也不懂什麼恥毛的政治。我對自己的性愛造詣不夠有信心，無法索取如此高價。而且，我要穿什麼？要在哪裡打廣告？網路。在網站；人們在網路上廣告這檔事。

哦，老天——我必須張貼自己的照片嗎？我打了寒顫，撇開這個想法。

我不行，我不行，我不行，我不行，我不行。

我來到銀行，一個念頭閃現。

儘管如此，但如果我是某個有錢人確切喜歡的類型，或許我可以一晚賺一萬英鎊。

一萬英鎊會改變我的人生。

門好沉，我撬開它的時候身體失去平衡。

我斥責自己，絕不能當個手臂軟趴趴的女人，我必須強壯到足以推開門。

我走進銀行。

我被指示上樓。我來到一個小房間，坐進一張綠墊椅子，然後，我要求信用貸款。

瑟西雅是我的理財顧問——或者應該說是在我抵達時剛好有空的員工。她身懷六甲。

她要求看我的英國報稅單。我小心翼翼不要惹到我那總是要脾氣的背包拉鍊，然後抽出一個資料夾，把報稅單遞給她，一邊解釋我才搬到英國一年半，所以只有一年的報稅資料。

她在桌上輕攏報稅單，對齊邊邊角角後，再放到自己面前。

她瞇起眼睛。「妳為什麼要申請信用貸款？」

「呃，我……」我的心臟撞向胸腔一旁；淚水在顴骨醞釀，但我笑著說：「呃，我有債務，然後我……」我找尋不會讓我哭出聲的話，視線順勢飄向窗戶，一個不見任何藍色或陽光的七月天空，只有漫無止境的灰白。

她翻閱我的文件，仔細檢視。這已經不照我的計畫走了，我是怎麼計畫的？我沒有計畫，這就是問題所在。我假設一切順利。我沒有採取任何正確步驟，所以我才會來到這裡。

我從鼻孔猛然吸了一口氣，然後坐直身子。「我從多倫多搬來這裡，而這個轉換比我預料的還昂貴。」

瑟西雅點點頭。「很容易低估費用，尤其加上匯率因素。」

我告訴她，我是帶著積蓄來倫敦，卻很快就燒光了。

她露出同情的微笑。

「而現在——」我搖搖頭，翻了白眼。「我的加拿大信用卡負債累累，而我……」我文思枯竭，一切重要的事都枯竭了——現金流、工作展望和愛情。我的人生帳簿是一個巨大的零。

瑟西雅問我欠了多少卡債。

我佯裝需要確認一下對帳單，爭取到了一些時間。「大約一萬七千加元，就是大約一萬英鎊。」我參考最近一期帳單的上方角落，小聲說：「而我的循環利率是百分之十九點二五，所以我想……」我努力把事情做好，所以這一次先確定對齊好了帳單，才遞給她。

她接過去，然後轉動椅子，面向電腦螢幕。「這有點棘手，因為妳在這裡沒有什麼銀行歷史紀錄。」

我的泰然自若從我身體上無法察覺也無法阻擋的漏洞傾瀉而出。「我搬來這裡之前的信用狀態其實很好，我也有這些對帳單。」我開始搜尋幾年前豐富的銀行對帳單。

瑟西雅制止我，解釋說這裡是英國的銀行，他們只關心我在英國的銀行歷史紀錄。

我還來不及抗議，她就已經在電腦上打開一個新視窗，問我另一個問題：「妳靠什麼維生？」

「我是自由業。」

「哦，真好。」

「有時候啦。」我張開嘴巴，露出一個信箱投遞口般的大大自嘲笑容。

她滿懷期待看著我，手指懸在鍵盤上方。

「我是演員，也是作家，還進行個人秀——一個人的表演——我會巡迴演出。此外，我接了許多旁白工作，事實上，這是我的主要收入來源。」

「旁白？」

我偏著頭，打開旁白模式。「歡迎收看星期五八點鐘的 ITV-Be 頻道。」她大笑，問說還有哪些地方可能會聽到我的聲音。「我不久前接了一個狗食廣告，還為南非一家有線頻道做了許多旁白工作。」

「了不起。」瑟西雅邊說邊打字。

「事實上，這就是我來這裡的原因。抱歉，我想說的是，我做了一個應該要付給我一萬三千英鎊的旁白案子，這會清償我所有債務，還能剩下周轉的現金。」我察覺到瑟西雅的目光，便馬上強迫自己露出微笑，而她心不在焉揉著肚子。「我才剛從和一對七十多歲夫婦共住的房子，搬到一間新公寓，因為我以為會有那筆錢進來。我簽了買斷合約及所有一切，但廣告即將播放前，客戶改變了主意。」

當我說到這裡，瑟西雅皺起了眉頭。我不知道是因為我，還是她的寶寶踢了她。她提出：「藝術就是這麼反覆無常。」她告訴我，她爸爸在波蘭是音樂家，但在目睹他們搬來英國後，爸爸的苦苦掙扎，使她確信要找個穩定的工作。

我告訴她最糟的部分是，我的一萬三千英鎊廣告是替一家博彩公司錄製。「這對我像是現世報，居然想要運氣好到不用努力工作就能還清債務。」

「我想妳一定是非常努力工作。」

「有時候啦。」我沒跟她說，經紀人打電話通知我廣告被抽掉的那個星期二下午，我正穿著溼透的比基尼，站在漢普斯特德荒野公園的淑女湖畔。我只跟她說：「我犯了不求長進的錯誤。」我比較像是到處愉快閒蕩，講究錦衣玉食的人，以為自己拿到了意外之財。

瑟西雅為我說話。「沒錯，但這情有可原。」她查看我的報稅單，一邊在幾個下拉選單上點擊「開啟」。她想知道她是否曾在電視上看過我。

我解釋說，搬來英國之前，我幾乎只在劇場演出。我想吹噓自己在加拿大是非常忙碌及邀約滿檔的演員，為了搬到倫敦，還放下了一年的工作；但也了解到，我的履歷在大西洋這一端是沒有意義的。我反而告訴她，我現在參與很多即興喜劇秀，並提議送她免費的門票來觀賞我星期四的表演。

她沒有回應這一點，卻問我是不是跟著伴侶搬來英國。

「不是。」我的舌頭抵著牙齒後方。「不，我是自己一人搬來這裡。」

「真勇敢。」

「我不知道這是不是『勇敢』，我是在剛分手時搬到這裡。」但我沒說的是，那是我跟同一個對象經歷多次分手後的其中一次。

她說，她很遺憾。

「哦，沒關係，他非走不可，這是——」我輕輕做出像放屁的聲音，兩手拇指往下比。

瑟西雅對此似乎有點困惑。「這麼說，妳沒有靠別人生活？」

「對。」我感覺自己進入回憶的出神狀態，就要重溫和前任男友 T 最近一次的道別；當時他在機場外頭，撫平我毛躁的髮絲。

瑟西雅打斷我的遐思。「妳現在未婚，也沒同居嗎？」

「對，我單身。」

她問我現在持有的英國簽證種類，我告訴她，我剛從 Tier 5 的青年流動簽證[1]，轉為 Tier 1 的傑出人才簽證。她調整了手指上的婚戒，然後轉向我。她想知道我爸媽是否在英國擁有房地產，在這裡是否有任何銀行紀錄。他們沒有。

「好，那麼他們，就是妳的父母，是否擁有財務清償能力？」

「我不知道他們有多少存款，但我爸爸是退休教授，所以——這不是公司獲利或醫學收入，但是——對，他們是中產階級，沒有財務困擾。」

她的身子往後坐，把我的文件移向一旁。「他們可以借妳一些錢嗎？」

我搖搖頭。

她揚起眉毛。

「不能。」語氣刺耳到讓我吃驚。

「好。」她拍拍肚子，彷彿在對寶寶說安靜，然後椅子方向再次轉離我。

她的手指在鍵盤上敲打。我扯著身上牛仔夾克的磨損袖口，目光投向窗外，只見大量的灰色雲層逐漸吞沒了一小方藍天。

等算完我的數字後，瑟西雅轉向我。「很遺憾，妳並不符合信用貸款的標準。」

我哭了出來。在她把面紙遞過來時，我要她安心。「沒關係，我其實真的很喜歡我的生活。」

這是謊言，但我必須說點什麼。我可以輕易說謊和流淚，我是演員，已經三十一歲。我拭去眼角的淚水，把鼻涕吸回鼻子裡。

「老實說，海莉，我不該這麼講，但是，去跟妳爸媽借錢吧。」

我再次搖搖頭。「他們會要我回家。」

「但妳只需要一筆周轉金來度過困難時期——」

「我不能。」在擤鼻涕之前，我只設法擠出這句話。

她表示同情，跟我說倫敦是個貴死人的討厭城市，然後歸還我無用的資料。

我匆匆拉上背包，準備離開這裡，拉鍊卻卡住了。瑟西雅起身，對我伸出手。我接住它，跟她握手。

她鼓勵我六個月後再來嘗試看看，屆時她會請產假，但有同事會協助我，她祝我幸運。我離開銀行，背包敞開著。

1 Tier 5 Youth Mobility，即所謂的打工簽證。

帳簿

愛情	和我的前任 T 還不算結束
金錢	負債 10,284.71 英鎊 銀行存款 1238.73 英鎊
職業	沒有排定的工作，沒有前景，沒有試演
總計	0

第2章 我的資產評估

資產，名詞

一、一種有用或有價值的人、事、物。

二、個人或公司所擁有的財產項目，被視為有價值，並且可以適用於債務、履行承諾或遺產。

海莉，要有尊嚴。

倚在銀行的厚牆，和背包拉鍊拉鋸時，媽媽的聲音在我的腦海裡響起。要有尊嚴，別當個在大街上哭泣的女人。

我往後轉轉肩頭，開始走路。

十六歲時，我的高中男友推諉我們的感情關係，跟別人約會，而即使我察覺這個背叛，幾個月後，我還是想要他回來。「海莉，要有尊嚴。」媽媽從廚房餐桌的另一頭勸告我：「去想要妳的地方。」我了解這個意思，就是只去追求喜歡自己的男孩。

我一直喜歡文字。或許是因為爸爸是英文教授，要引起他注意的可靠方法就是求他借我有許多冊的牛津英語辭典來查字義。無論如何，我長期以來一直保有這個習慣。

尊嚴的定義是：

一、值得尊敬的狀態。

二、冷靜或嚴肅的舉止。
三、對自己有自豪感，自尊。

似乎是值得立志追求的好東西，所以我用黑色粗字麥克筆在卡紙上寫了「尊嚴」，在它周圍貼上貼紙，再貼到我房間的牆壁上，加入眾多拼貼畫的行列。它是我醒來第一個看見的東西，也是我打盹入睡前最後看到的事物。

隨後的歲月中，這個觀念緊緊依附著我。幾個星期前，當拉著行李箱穿過倫敦希思羅機場的入境大廳時，我再次想到尊嚴這個詞。當時，我剛從加拿大回來，我在那裡待了幾個月，進行個人秀的巡迴表演，同時嘗試和多次分分合合、徘徊在非男友和男友之間的 T，再次交往。

在他的請求下，我們決定再試一回。他認為我們兩人都回到加拿大可能是重新開始的好方式，他想試著給予承諾——跟我建立一種非傳統的關係。在我不在他身邊的時候，他說服自己接受這個理論；但實踐時，卻又故態復萌。因此，再嘗試了乏善可陳的兩個月，以及經過伴侶治療師的兩次療程後，我和 T 又回到原本的角色：我想要多一些，而他想要少一些。

在我飛回英國的前一晚，他證實自己終究還是無法對認真的交往關係給予承諾。他仍舊需要和我待在同一個城市久一點，卻還不知道自己想要住在哪裡。他說，遠距離交往是虛構的——不是真實的。他住在四個城市，而倫敦不在其中。

或許我當下就該說分手，但我拒絕透露出自己整個被摧毀，仍抱持著希望他至少會在我上飛機前承認愛我。況且，他對待此事並不冷酷，只是心中糾結。他不想要我們非分手不可，他只是看不到做進一步承諾的方式。

那天早上，他一路騎單車雙貼載著我去溫哥華的機場。我穿著他的運動衫，他把我的背包掛在胸前，而我一手抱住他的肚子，另一手緊抓住椅墊架，努力在後車架上保持平衡。途中，我們在露天市集買了冰沙，然後到自行車道旁的洗手間交歡。等回到車架上，冰沙裡的蘋果引發我胃食道逆流，接下來的路程，我都在乾嘔和打嗝中度過。

在我們抵達機場的時候，他撫平我毛躁的髮絲，說：「妳真甜。」

經過三年分分合合的遠距離交往，他還是沒跟我說他愛我，而且也不同意男朋友的稱謂。因此，要有尊嚴。等回到英國，我結束了這段感情。

這就是我在漫長的回家道路上，心中所想的事。我努力回溯自己的腳步，想要了解自己是在哪裡拐錯了第一個彎，要怎麼避免讓自己如此乏善可陳。

在狄肯森路上，我經過一對被雜貨購物袋環繞的情侶，兩人站在我猜是他們自家的大門前親吻。盛開的西瓜色繡球花為場景生色。

我壓抑突然迸現的「我一無所有，我一無所有，我一無所有」念頭。我好想去喝一杯，卻不想花這個錢。我發簡訊給友人米羅，今晚想喝一杯嗎？我與魔鬼共舞，哇啊！x[2]。

到家了。它在蘭登公園路上。納維德的小公寓鋪有地毯，乾淨整潔。他已擁有這房子好幾年，而我是他最新的房客。在我們這棟建築物的四間公寓中，我是唯一在家工作的住戶。公寓位於倫敦北部的住宅區街道，朝西的大面窗使這個二樓空間成了寧靜溫暖的小綠洲。

2 x代表親吻，後文出現的O則表示擁抱。

對我來說，自己在倫敦獨住一間房子是不可能的。尤其自從眾神對我的工作拿出了吸塵器，現在我面對的是一個空無一物的日程表。不過，我喜歡我這最後安頓下來的有地毯的繭居，即使我的細長房間只能形容為修女小室。

納維德的水槽堆了高高的髒碗盤，清潔阿姨琵娜明天會過來。儘管如此，我還是井然有序地把碗盤和餐具放進洗碗機，再放置洗碗錠，聽著它嗡嗡運轉。如果納維德是我的男朋友，他故意沒能把髒碗盤放進洗碗機會惹惱我，但身為他的室友，我選擇不要為此生氣，因為這是他唯一讓人不快的特質。

「好，威士卡。」我大聲說道。

米羅回了簡訊。哦，夥伴，銀行不順利嗎？喝一杯當然好，晚上八點？法蘭柯曼好嗎？我請客，我可以去接妳。x。

我回答。好呀，吃披薩。我們餐廳見！x。

做一個好朋友是米羅的行事風格，不只對我，而是對他所有認識的人都如此。大約一年前，我在愛丁堡藝穗節認識他，當時我正在刈包餐車前排隊。他討厭獨自一人，這表示他總是樂意約吃飯，並領會藝術事物。

我在浴室，盡可能擠出鼻子上的黑頭粉刺，把油脂收集在衛生紙上，看著收集品逐漸增加。我必須用力解尿，牙齒都發疼了。有時候我會憋尿，以便感受用力解尿的力量和釋放感。洗手的時候，我盯著鏡中的臉龐，維持抿嘴微笑，好讓自己能夠忍受回視的神情。妳辦得到的，妳必須採取行動來導正這艘沉船，不可能什麼都不做。

我打給威士卡。我坐在自己的小小書桌前，前面放著最近的帳單，手機採免持模式，然後按下自己的安全資訊，等候真人接聽。

我使出最友善、最有條理的語氣詢問，他們能否把我的利率從十九點二五降到「大概十一左右呢？我記得我有個朋友就拿到十一」。

客服在檢視我的資料時，不發一語。我聽著背景傳來其他隆隆聲，想像在一個採用日光燈照明的大型房間中，一排排坐辦公桌的人們戴著耳機說話，安慰信用卡遺失或被盜刷的客戶。客服說，因為我已經用光額度，所以必須證明有還款能力，才能夠降低利率。

「但是，按照這樣的信用卡結算，我一年要繳四千加元的利息。」

「遺憾的是，利率就是這麼計算的。」

我的腋窩冒汗，語氣尖銳。「我知道利率是怎麼算的，但百分之十九點二五對我來說，感覺就像攔路搶劫，尤其我向來是信用良好的忠實消費者，直到最近才改變。」

「是，我看得出來；但是——」

我打斷客服，解釋說我搬到國外、還有利率，加上我有個工作出問題，沒有民事伴侶，也沒辦法尋求父母協助，而且工作進展緩慢。「而現在，我刷爆信用卡，支票帳戶就要透支了，我沒有儲蓄帳戶[3]，房租就要到期。」

客服說他很理解我的理由，很遺憾聽到我面臨艱難時期。

「不是『艱難時期』，我有許多優勢，我只是……」我看到馬路對面公寓中，有個幼兒把他

3國外銀行的存款有分支票帳戶（chequing account）和儲蓄帳戶（savings account），前者利率較低，做為一般往來提領，也可以開支票；後者鼓勵存款，利率較高，但有限制每個月的轉帳次數，超過會有罰款。

的臉壓向玻璃窗。「你建議我怎麼做？」

「我是把信用卡放進冰箱，我知道這聽起來很蠢，但我就是這麼做。」

「太遲了。」我大笑。

「我想也是。」

我抓住這個機會，開始討價還價。「能不能這個月不算利息？能不能給我一個寬限期，讓我可以好好處理它？」

他說這必須和上級確認，但相信如果我能夠展現支付帳單的積極做法，那麼他們或許可以免除一個月的利息。

我不假思索，大聲說道：「我準備賣掉一些東西！我打算辦個庭院出清會。」

說話當下，我環顧房間，了解到我唯一能賣的東西，唯一還有價值，還有金錢價值的所有物，全是各個前男友送我的。

趁威士卡客服去請示上級的時候，我盤點存貨。我有一把烏克麗麗，一輛單車和一條藍寶石項鍊；還有一臺古董打字機及一個瓷鑲芒果木的手工珠寶盒。

「海莉，我跟上級說過了。」我感覺到他語氣的笑意。

「那麼？」

「為表示善意，我們將不收取這個月的利息，下不為例。」

「哦，非常感謝你們。」我對他說，肩膀跟著放鬆，雙手壓在胸口。

「妳這個月不用支付最低繳費金額，但下個月必須支付追加的最低繳費金額，同時我們也將再次收取利息。」

「謝謝。」我鄭重說道。我說這句話的態度像是把雙手搭在客服的肩上，迫使他和我眼神交會。我想要傳達這件事，我滿懷感激。

我掛上電話，起身走進客廳，往想像中的沙袋揍了幾拳，踩了幾步花俏的步法，然後往天花板高舉雙手說：「謝謝。」我不是虔誠的宗教人士，但在比較不那麼憤世嫉俗的時刻，我認同感恩會帶來美好事物的觀念，即使這些好事只是美好的感覺。說完後，我在米色地毯躺下，讓午後陽光灑到我身上。

我要舉辦庭院出清。「庭院出清前男友」的想法躍入心頭。我咯咯笑出聲，然後我翻身，晃動身子站起來，開始收集待售物品，一一陳列在沙發上。

我有一臺 Olympia Splendid 66 可攜式手動古董打字機，它放在原裝皮製收納盒裡，附有操作指南小手冊及清潔刷。我完全沒用過。

還有 Hora 烏克麗麗，羅馬尼亞製，不幸的是少了一根弦。

最昂貴的物件可能是那條藍寶石鑲鑽項鍊，它以白金鍊子串起。只戴過兩次，跟新的一樣。瓷鑲芒果木珠寶盒則是出自芬蘭一個半知名陶藝家的手藝。

當然還有我的單車，十段變速的淑女車，下管標示著英文字樣「自由精神」（Free Spirit）。這是加拿大西爾斯百貨的展示款，而當我帶它去進行重大調整時發現，它各個零件的尺寸都和一般略為不同，所以很難替換。

我在想，能不能賣我「備受疼愛」的 Herschel 牛仔背包。它是這個品牌成為主流之前製作的，我認為可能會有人認為「完整性」很重要，所以就把它加入待售清單。

我往後退，看著這些禮物，這些投入時間和感情得來、最終卻沒有得到回報的護身符。

我不想讓這些變化無常的資產離開視線，便坐在地板上，靠著電視架，大腿上的筆電發燙。我已經上 Google 調查網路上類似物件的現行價格。

我是第三代的庭院出清迷，這一輩子都不斷在前往和舉辦這樣的活動。我爺爺有個滿是寶物和小擺設的地下室，而哈洛姑媽更是以不羈的熱情薪火相傳。哈洛幾乎什麼東西都收集。（像是硬幣、滑石雕刻、陶器、皇室紀念品、一九五〇年代廚房家電、骨瓷、古著、相機、風琴樂譜、手工藝用品、貼紙、胡桃鉗和復古泳裝，這裡僅舉出一些。）他們一起灌輸我想法，我的童年有許多星期六是在找尋指引庭院出清的標誌，並在碎石瓦礫中尋寶度過。

長大後，我詢問哈洛為何鍾愛庭院出清，她說因為就算錢不多，它還是讓人感覺富有。儘管我喜歡身為買家的感覺，卻想到這種傳統的庭院草地出清不會讓我物超所值，或說是值超其物。

想到鄰居站在門廊，對著我的古董打字機砍價，就讓我神經緊張。我不想他們在討價還價中貶低我珍貴物品的價格。況且，英國其實不流行庭院出清，他們採取的是「後車箱大拍賣」，而我沒有車子。只是，我也沒有庭院。我們的前「花園」是一個鋪有瓷磚、低於街道路面的下陷區域，屬於一樓公寓主人。

手機響了，是我兒時死黨歐利。我們七歲就認識，一起從學校走路回家，擁有越野跑步、編織繡線手環及閱讀女性主角書籍等共同喜好。後來，我們看著彼此經歷不同的受歡迎程度，興趣大不相同，而現在的關係則有如家人，有著共同經歷的緊密維繫。

「歐利—利—利！」一如既往，我拉長了他名字中的「利」。

而他回以親切的聲音，並配合我語調，延長了海莉中的「莉」。

歐利自從因為一項研究計畫去比利時的根特大學後，就比以往更常打電話過來。諷刺的是，他是追隨我媽媽的腳步進入分子生物學的職業領域。我說了自己正在做的事，告訴他待售物品。歐利和我高中男友很熟，想知道為何裡面都沒有對方的東西。我火冒三丈提醒他，這個前男友給過我最昂貴的東西是馬修古德樂團的門票，而我們在演唱會開始前分手，我也沒去聽。

「對哦。」他說，然後我們兩人就陷入沉默之中。

歐利第一手見證了我災難性的第一次心碎，即使現在，他對此仍抱持一定的敬畏之情。而且，歐利正處於離婚的煎熬當中。

「他倒是替我錄製了一個混音專輯。」

「很好呀。」

「但誰想買二〇〇二年 Phish、Counting Crows 和 Blink 182 的音樂混音專輯。」

歐利唸了一段關於電影試映的歌詞，我們大笑。

然後，他探問：「T 呢？他送過妳什麼？」

「他只替我出過機票錢。哦，我有他的 T 恤，是二手的加拿大皇家海軍 T 恤。」

歐利說：「妳應該看看能不能也賣掉那些東西。」

我們討論了一下，決定這些物品必須上網銷售，在此，愛好者及鑑賞家能夠理解它們，為這隱匿的珍寶掏錢。這個決定讓我對於祖先傳承略有罪惡感，卻非做不可。

歐利說，我應該到 Gumtree 分類廣告網站替每個物件寫個描述貼文，內容加一些情感訊息——看看能不能在線上說服他人，我的東西值得比放在門前草地拍賣更高的價格。

「我在每則貼文前面都加上『庭院出清前男友』如何？」

「這太棒了。」歐利毫不吝惜他的讚美，更不吝惜藝術性的放行。「而且，那是網路——任何東西都有買家。」歐利有個前任曾短暫做過線上色情行業的編輯，所以他很清楚。「如果價格不對，就不必賣，但妳可能會很驚訝人們願意為想要的東西花多少錢。」

我跟他說：「我的確看過 Etsy 上有一個類似的打字機，標價四百四十元，運費另計。」

「就是啊。」

掛上電話後，我闔上筆電，翻開筆記本，拿筆用大寫字母寫下：

庭院出清前男友的庫存表

混音專輯
項鍊
烏克麗麗
單車
打字機
背包
珠寶盒
T 恤

我有來自八個不同前男友的八件物品等待標價、張貼，然後賣給最高出價人。

第3章 管理系統

「……管理系統的方法是依據『一切互有關聯並互相依賴』的理念。」

——史莫提・錢德

我和米羅在肯迪許鎮區的法蘭柯曼披薩店碰面。在他把手機、皮夾和瑞士刀放到桌面上時，我的背往後貼向光禿禿的磚牆。米羅樂觀積極、可靠，對每個人都很友善，就像一隻黃金獵犬，甚至還有大而柔軟的雙手。我偶爾會好奇，跟他上床會是怎樣的光景，但這比較像是一種科學疑問，而不是埋藏的欲望。我剔除了我們軌道上這個問號，因為和T陷入各種困境時，我會向米羅求助見解；他也有交往五年的對象，我們之間的任何浪漫張力都已成功歸到朋友區。米羅一有機會就吃豪華披薩，但除此之外仍堅稱，成為美食家是一種最懶惰的嗜好。我們經常在法蘭柯曼披薩店碰面。

我吸著瑪格麗特披薩垂下的餅皮，不斷說著我的卡債。

「哦，夥伴。」他說：「我可以幫妳。」

「米羅，我不想拿你的錢。」我急急說道，揮著雙手。

他要我安心，絕對不會拿錢給我。「絕不借錢給朋友，不會——」他把他的手機轉向我，螢幕展示一個有著不同顏色標記的試算表——「我有個系統。」

「仔細跟我說說。」我拿起店家招牌酒，替兩人斟滿酒。

「沒問題。」他說，身體往後靠，關掉app。「就是，我以前金錢方面很糟糕，很糟，很糟，一直到我三十五歲左右——」

「你現在不是三十七歲嗎？」

「我三十九歲了，麥吉，不過沒錯，大概兩年前，我還是一團屎。」

「但你不是在茱莉的公寓住了好幾年？」

我只見過米羅的女友茱莉一次。她是文案編撰，米羅則是自由接案的樂團和公司商展燈光師。他們住在茱莉家族於東倫敦擁有的六間公寓中的一間。我覺得很難認真看待他的財務建議，也很難這樣說出口。

米羅的蘇格蘭口音變重了。「麥吉，我沒接受過她爸媽半毛錢，我從小受到的教育就是自己負擔自己的生活。受人恩惠，必定會有附帶條件。」他堅稱他每個月都必定按照公寓的市價，把應分擔的費用存入茱莉爸媽的帳戶。

「好啦，好啦，非常令人欽佩。」

「少來。」他大笑。「但我之前還真的很不會理財，根本月初就動彈不得。因為我偷偷欠了卡債，這很糟糕。」

「哦，我的天，這最慘了。」

「慘爆了，感覺就像十足的垃圾。而我其實還——等等。」他咬下一大半的披薩，像駱駝般嚼食。

「我在等。」

他誇大咬嚼吞嚥的動作，然後宣布：「我還去了匿名債務人互助會。」

「什麼？就跟匿名戒酒會一樣嗎？」

「對，不過這是針對負債的人。」

「你當時有賭博問題嗎？」

「沒有。互助會有人有，但我沒有。他們要求我做的這件事，真的救了我。」他湊上前來，而我屏住了呼吸。「每天早上，當我起床喝咖啡時，就把前一天的所有花費記在筆記本上。然後，每個星期六，我再把這一切開銷輸入我剛給妳看的試算表；等到月底，查看消費流向以及可以節省的地方。」

我慢慢點頭，我喜愛這個系統。（歐利說我很著迷管理系統。）我也準備好聽取這系統會有什麼發現。「一定都是咖啡和外食費用，對吧？」

「欸，妳等一下就知道，這超有意思的。而且，它真的讓人了解到，需要賺多少錢才能維持生活。」

我倒了一點辣油在盤子上，拿著餅皮用力沾。「我得去找個打工了。」我嘀咕。

「什麼工？」

「你知道，就是可以賺錢的蹩腳工作，時間彈性又容易，有更好的機會出現時，隨時可以放棄的工作。平凡無聊的低級工作，普通人的工作。」

自從二十五歲，我就以藝術家身分維生，這受益於在戲劇團體的好運道，無疑還有我身為白人、順性別和異性戀的極大特權。我從不曾富有，但能夠以我的藝術謀生，這種不同凡響令我目眩。保持這樣的生活通常表示，在嚴重赤字的情況下，展開新的表演工作；再藉著前幾張酬勞支票回到盈餘狀態。這可說是「財務不負責」，但我有足夠的錢，而且擁有自己所有時間。

我說了一下出售個人物品的計畫。米羅說這是一個好的開始，但我的重點不應該放在救急的解決方案，目標應該放在一勞永逸改正我和金錢的關係。

這頓他買單。夜晚開始霧重，但我們都還不想結束，所以就閒晃到肯頓區，沿著運河散步。

米羅描述了他做的開銷類別，並說明在相鄰的試算表追蹤收入狀況。他起勁說著建立資本基礎的重要性，以及最後必須讓投資組合多元化。米羅沒問太多問題，倒是載我回家。下車時，我向他道謝。

他說：「謝存款帳戶啦。」並且大喊，追蹤開銷是他買得起車子的原因。

我隔天上午就開始追蹤工作。

第4章
定價困境

「定價一旦出錯，就會蠶食你的聲譽或利潤。」

——凱瑟琳・潘恩[4]

「要是我告訴妳，那條項鍊害我受傷呢？」

「是嗎？」

「呃，算是。」

我跟著我的倫敦閨蜜法艾在漢普斯特德荒野公園散步，她跟納維德一樣，每逢星期三居家工作，所以有時我會約她見面，以逃避電視噪音。納維德總是整天轟隆隆小聲開著電視，同時又看著YouTube的照片編輯影片。

「約翰路易斯——不可以。」法艾把她的愛犬扯離掉在小徑上的冰淇淋甜筒。約翰路易斯的前主人以這家百貨公司的名字為牠命名，法艾和她老公盧烏曾嘗試改名——約翰傳奇、小約翰、唐路易、布魯特斯、隆維蘇威、喬翰、驚奇卡汗——結果發現牠唯一會回應的名字是約翰路易斯。

4 Katharine Paine，美國作家，著有《衡量重要事物》、《衡量公共關係》等書。

「好啦，是這樣的。」我說：「我搭巴士去找送我這條項鍊的人，當時我在多倫多上表演學校，而他就讀的警察大學是在近兩百公里外的城市。巴士上，有人在座位中間塞了一把美工刀——其實是手術刀。我調整坐姿時，沒注意到這把刀子，然後刀子就劃破我的新牛仔褲——」

法艾緊咬牙關倒抽了一口氣。

「——切進我的屁股，血就流了出來。」

「親愛的！好可怕。」

我們走進林木繁盛的區域，常春藤攀緣的高大樹木為我們遮擋了中午的太陽。

「我知道。那麼，妳覺得這個皮肉傷是會增加還是減少這條項鍊的價值？項鍊是他送給我的十九歲生日禮物。」

她停下來，讓約翰路易斯嗅聞我們周遭無數的狗兒撒尿標記。「鑽石有多大？」

「很小，大部分是藍寶石。」

「妳認為它的道德來源沒問題嗎？」

「我很懷疑。我還猜是他賣大麻賺錢買來的。」

她解開約翰路易斯的狗繩，然後大笑。「我想是增加吧，因為妳挨痛，還必須去，怎樣，縫針？」

「我得補好牛仔褲。」

法艾是務實的人。我猜想她說增加是想讓我感覺好一點，我接受她的說法，繼續說下去。

「現在，要是我告訴妳，送我那條項鍊的人是我『給了』處子之身的人——增加還是減少？」

「增加。約翰路易斯——不。」她急急走向被灌木叢纏住的約翰路易斯，我緊緊跟著她。這是我把物品張貼到網路上時所要解決的問題，我需要外在看法。

「好，自從凱特王妃開始戴藍寶石戒指之後，藍寶石的需求量就上揚了百分之兩千，那又如何呢？」

「絕對是增加。拿著。」她把手上的咖啡遞給我，彎腰到地。咖啡師煮的拿鐵咖啡香味讓我充滿妒意，我已淪落到用納維德可重複使用的馬克杯，喝著自家沖泡的泥漿。經過一個星期的金錢追蹤，我外出喝酒、用餐及購買咖啡館的咖啡，已超過我的房租。現在，納維德的咖啡機每天都在運作，因為我已斷絕了生活中的咖啡文化。每天二點四英鎊，乘以三百六十五天，等於八百七十六英鎊。相較於可喝兩星期、每包四英鎊的森寶利超市咖啡，四英鎊乘以二十六星期，等於一百零四英鎊。這樣一年可以節省七百七十二英鎊。

法艾用力扯開正在扒弄垃圾的約翰路易斯，再重新把狗繩繫到牠脖子上，斥罵牠撿垃圾的行為。「抱歉。我敢說牠目前一定處於反叛期。」

「最後一個問題，我就問完了。」

她示意要我繼續。

「要是我告訴妳，我打開看到項鍊的第一個想法是：『現在，我永遠無法跟他分手了』呢？」

法艾停下腳步看著我。

「增加，還是減少？」

「妳當時真的那樣想？」

「沒錯。接著，我一小時喝了十三個 Shot，膝蓋在舞池發軟，午夜前就被踢出夜店，然後吐在回去他宿舍的計程車上。」

「太瘋狂了。」

我告訴她，他面對這件事的性情有多好，在我貼著馬桶時，他徹夜未睡坐在浴缸邊，哄著我在嘔吐空檔喝點水，隔天又一直說著：「寶貝，妳過了一個典型的十九歲生日。」

「十九歲是合法喝酒年齡？」

「是呀。」

她揚起頭，瞇眼望向太陽思考。

「減少吧？我只是猜想被困住的感覺很可怕。感覺惡劣會讓價格減少還是增加？」

「我不知道。」

法艾喝完咖啡，把杯子扔進路邊的垃圾桶。

在此，我遇上了真正的困境。悲慘時光是否意指會在前院草坪以物易物，該死，這是一文不值的垃圾，我會免費出清？或者我應該因為受苦得到補償嗎？應該尋求金錢報償嗎？如果真是這種情況，是否表示有正面聯想的物品就應該免費出清呢？還是說最為珍貴的呢？是不是應該放在玻璃底下——保存做為「難言的幸福」的無價遺跡？

「加上這一切因素後，我完全不知怎麼為我的物品定價。」

她再次放開約翰路易斯的狗繩，約翰路易斯躍向一群扭打的狗兒。「對，這是個難題。」

「我的意思是，必定有某種公式、方程式或運算法能涵括我們在戀情中所投注的一切，然後在戀情結束時，可以為餘留下來的物品計算出一個價格——愛情成本的公式。」

法艾指指我。「好，這可是人們願意出錢的東西哦。」

「哦，我的天，妳想像得到嗎？」

約翰路易斯企圖騎上一隻沒興趣的狗兒，我們衝過去阻止，兩人都高喊：「約翰路易斯——不要！」

在教育過牠所謂合意的必要性後，我們走上了瞭望臺。

「這就是育兒讓我害怕的地方。」法艾說：「要怎麼培養出正派的傢伙呀。」

「等等——妳懷孕了？」

法艾沉默了一會兒才說：「應該沒有，但是，呃，總是會有的。」她透露她已經停掉避孕藥。她跟她老公在一起十年，是時候了。

我敬佩法艾，她擔任電視製作人，這工作不是她的熱情所在，但她會拚命工作，然後盡情享受週末，像是快閃歐洲、舉辦政治晚餐會、烘焙精緻糕點、觀賞所有重要的影片。我們友誼之所以成功，是因為彼此都坦承不想要對方的生活。

我們俯視倫敦市中心的屋頂。儘管對生小孩抱持矛盾態度，但她和盧烏嘗試懷孕的同時，也享受了他們前所未有的熱情性愛。

「這就像，性愛 2.0 版。就像……青少年偷情，卻有著觸及靈魂的深層元素。」描述完畢後，她放聲尖叫。

我瞪大了眼睛，緊抓住她的手臂坦言：「這聽起來好棒哦。」

即使經過了許多年，法艾真的依舊愛慕她的丈夫。她詢問我對交友 app 的嘗試。

我雙手掩面，發出難為情的聲音。「我刪掉 app 了！」我羞怯地張開眼睛，但雙手仍捂住嘴巴。

「有人寫訊息給我，但我一直沒回覆。」

「親愛的……」法艾開玩笑地輕斥我。

「我還沒準備好！就是沒有。」

她問我是不是還想念T，自從告訴她這段感情已經結束後，我們還沒有談論過他。

「我一直沒有得到想要的東西，他一定得離開。我非常厭煩為他難過，現在對這件事已有點無動於衷。」

「是，但妳想念他嗎？」

我從包包拿出護唇膏，塗抹雙唇。

「如果想念，也沒關係。」

我拭過嘴角，點點頭。「我想念跟一個非常了解我的人談話的時光，而且，我有這樣的低級恐懼，不是T，就沒人了。」

法艾說這太瞎了。

我告訴她，我和T第一次分手的期間，我和我媽去看了蓋希文的音樂劇《為你瘋狂》。其中一個主要角色的愛情連連失利，她哀傷地放聲唱出失望沮喪。「人們寫著情歌，卻不是為我。」

「當然，這是音樂劇，所以最後她遇上了一個深情男子。」

「一定的啦。」法艾大笑。

「總之，看完表演後，我在劇場外頭的長凳上啜泣，問我媽媽說，要是真的沒有屬於我的情歌呢？」

「哦，不。」

「現在，基本上每一次分手過後，我就是這種感覺。」

「妳媽媽的反應呢？」

「她擁抱我，並且許諾會愛我。」
「好溫柔哦。」
「我知道。」
「但是，這不一樣！」
「我知道，後來我對她發怒，因為她整個成年生活中，只單身了幾個月，居然就想要給我建議。」我把當時的感覺發洩到我媽身上，我說：「她怎麼知道擔心自己可能有缺陷，擔心愛情根本不為妳存在——自己是個缺乏愛情能力的愛情白痴，會是怎樣的感覺？」
「幹，為人父母真是吃力不討好。」法艾把話題轉回T，手肘輕推問道：「那麼，妳想念他嗎？或者只是想念有人在身邊？」
我想了想。「我想念跟他在一起原本可能擁有的未來，想念被人愛慕——這就跟他的愛慕一樣雜亂不牢靠。我想念擁有一個人的感覺，我也喜歡T，他是個……特別的人。」
「但妳很多時候並不快樂。」
「因為他不願做承諾。我還有什麼選擇？我就應該去找一個可靠卻令人生厭，我根本無法忍受跟他說話的無聊傢伙嗎？安於有總比沒有好嗎？」
「對，但他可是屹耳[5]，而妳愛笑。」
「誰不愛笑？」

5 小熊維尼故事書裡的屹耳生性悲觀、沮喪。

「妳可是很常笑，海莉，妳跟人說話時常常笑著，但提到 T 的時候，卻是抱怨呻吟，扯著臉蛋。」

法艾總是以討人厭的怪異方式指出我的破綻，而我很在意我沒辦法狠狠回擊。

「不管。」我改變話題。「要是我利用前任給的東西創作數位藝術呢？」我說：「像是架設一個網站，探究物品本身及每件物品背後的個人故事，人們可以出價，就像拍賣一樣，然後我可以賣掉它們。」

「哦，天哪。」

她深呼吸，補充活力。「妳應該問前男友花了多少錢買那條項鍊，事實上，每一個都應該問。」

她激動起來。「這真是好主意。我是說，妳和諸位前男友有保持良好關係嗎？」

儘管法艾感覺像是老朋友，但我其實去年才認識她。每當遇上這樣的熟悉度的缺口時，就會讓我很震驚。我告訴她，我跟大部分前男友的關係不算壞，但他們都不是我生活中經常聯繫的友人。

「看看他們願不願跟妳談談，然後記下訪談。」

「再放到網站上？」

法艾揉揉臉，沉吟出聲。「要是妳把它放進表演呢？」她的眼睛大張。「海莉，這是妳的下一場秀。」她要我充分利用我的才能來創作藝術。「能讓妳賣掉東西的就是它了。」

「哦，就像是現場拍賣會嗎？我可以賣拍賣會的門票，在會中透露不同物品的故事，然後一個一個賣掉。」

法艾閉上眼睛。「這方法的問題是，妳只能舉辦一次。要是妳一直賣不出去呢？要是妳把它變成一場可以常常表演的演出呢？」

「就是關於物品和愛情成本的公式嗎？」

她點點頭。「沒錯。」

約翰路易斯不滿長時間被排除在對話外，想要人抱。我們往網球場走去。

坐在草地上，看著運動員追逐網球時，我不禁思索這樣的演出。

「談論我的前任不會太猥褻嗎？」

「全部匿名。」法艾明確說道：「改變細節、名字，融合人物——把真實物件換成想像物品。

我是說，這聽起來像是我願意花錢去看的東西。」

「我需要找個數學大師合作。」

「小事一樁。」

「名字就叫做『庭院出清前男友』。」我屏息等待她的贊同。

「天哪，真是金句。」

第5章

我能找到數學大師嗎？

「數學家不滿足，因為知道有四百萬或四十億個無解，他們真的想知道的是，有無限個無解。」

——安德魯．懷爾斯[6]

納維德在客廳來回踱步，他最愛的足球隊兵工廠隊正在比賽，他緊張極了。

納維德從事金融業，對建築攝影懷抱熱情。我們的圈子是如此不同，所以如果不是室友，絕對不可能成為朋友，但我喜歡他。他是個大方的健談人士，喜歡說笑，而且是廚藝好手。他目前談著遠距離戀情，形容客廳的八十吋電視是他的聖殿。

「你有下注嗎？」我在門口探出頭問道。

「進了！」他對著他的聖殿大叫，然後轉向我。「這無關金錢，而是驕傲。」

我急急走過電視，拿著筆電坐到地板上。

我在Google打上「如何建立公式」，前面的搜尋條列沒有明確結果，全是一些相關貼文、留言板及怪咖網頁。我打開的第一個連結是從二〇一三年一個用戶名稱為「傷痕記住白蘭地」的長貼文開始，對方寫道：

這是非常開放性的問題，難以了解給出的答案有多麼深入或完整。這也是一個比較偏向科學而非數學的問題。

接下來是一連串我完全無法解讀的文字和語句，我的視線在段落間跳躍，就像打水漂的石子，直到無可避免地失去力道，沉入水中。

模型起自第一原理……現象的結構……自然周期……收集的數據……這種情況下呈線性成長……確定模組……傅立葉分析……多項式擬合……迴歸分析……隨機現象……卜—金法……啟發式測量……赤池資訊準則（ＡＩＣ）……不要「多因素」系統。

等電視廣告開始，「傷痕記住白蘭地」的術語和誇耀文字已讓我整個傻眼。我轉向納維德，他現在坐在沙發上，啜飲裝在華麗瓶子裡的 Trappist 啤酒。

「納維德。」我試探地問：「你可知道怎麼擬定數學公式？」

他轉小電視音量。「看情形，做什麼用的？」

我告訴他，我打算標價賣出前男友送的東西，但想要做點放肆的事，就是加入交往的時間和情感成本，以及貨幣價值。

他總是很愉快，揶揄我：「海莉，這太瘋狂了，妳為什麼要這麼做？」

「這——這是為了我在創作的一個演出，內容關於愛情和金錢。」

「不一樣的人生！」他驚嘆。「好，首先列出所有影響價格的因素——這是妳的變數。」

我開始打字。

6 Andrew Wiles（一九五三～），英國數學家，因證明費瑪最後定理，而獲得二〇一六年阿貝爾獎。

——關係維持多久
——誰提出分手
——交往期間誰出錢買大部分的東西
——性愛美妙程度如何
——他讓我開心笑的程度
——樂趣和悲慘的比例
——多久才走出這段關係
——他花了多少錢買所提到的物品
——如果物品是古物或舊物，它是升值還是貶值
——交往中我的哭泣程度

到了下一個廣告時間，我向納維德報告，我已列出十個變數。

「現在，從一到十為每個變數訂出數值，然後算出平均數。」他指示。

但我不滿意。「我想要有細微差異。」我說：「有些因素更重要。」

「我想想。」他回答：「那就訂出排名系統，這樣最重要的事——妳有多少變數？」

「十個。」我提醒他。

「這樣最重要的事就乘以十，或是列為要點一，這樣就可以讓其中一些變數權值較大。」

「但這更為複雜。」我堅稱：「就像愛情表現要看對方在這之前之後都可靠才有價值。」我一邊說著，又在列表上增加兩個變數。「否則，愛情表現只是一種自私的舉動，一種表演，應該

是負值。」

「愛情表現的定義是？」

「就像雷恩．葛斯林在電影《手札情緣》掛在摩天輪上威脅要自殺，或是《愛是您，愛是我》中，拿著提示卡的傢伙。」

「克蘿喜歡這些電影。」

克蘿是納維德的女朋友，自從在共同友人的婚禮相識以來，兩人已交往大約半年。她住在希臘，納維德希望能夠說服她搬來倫敦，他沒辦法搬去，因為他在這裡賺到的錢，會遠遠超過在那裡賺到的。儘管我不認同他的邏輯，這卻是我保持緘默的另一件事，因為如果他搬家，我可能也得搬出去，而我真的不想。

「所以這些愛情表現雖然很有吸引力，但賦予交往關係意義的卻是日常事務。」

「妳們女人哪！哦，我的天。」他開玩笑地搖搖頭。這是另一個我不會忍受男友去做，卻會忍受房東兼室友做出的納維德行為。我擔心這會讓我成為一個糟糕的女權主義者。

我給了納維德我生活中的例子。「就像，我跟以前一個男朋友碰面後不久，他在我排練的午休時間給了我一個驚喜，帶來一份昂貴的脆皮豬肉三明治。這三明治不是我喜歡的口味，但這個姿態讓我著迷。總之，隨後幾個月，他明明說好會打電話，卻不再打來，見面遲到，不在意我們的計畫，外出用餐經常忘了帶錢包——基本上，我沒法信賴他了。」

「有免費牛奶，何必買奶牛呢？」納維德哼著。

我大翻白眼。

「隨便說說。」納維德像在揮灑魔法塵般擺動手指。「辜負妳，扣他分。」

「但是，瞧，這可不就太任意了。」

「不過，這是為了演出，對吧？那用不著真正的數學。」

我用手撫平地毯，嘆了一口氣。

「簡單就行了。」他做出結論。

但我不想要簡單，我想要漂亮的數學。納維德接到他夢幻足球群組一個友人的電話，他開著免持聽筒大聊特聊，一邊胡亂比著手勢。我心想，再加上物品有多大用處，以及我和前任是否仍是朋友的考量因素如何？我在 Word 檔案又打上幾筆。

我決定一石二鳥，重新下載手機的交友 app，把我的個人簡歷改為：我特別想認識和數字打交道的人，像是數學、金融、經濟和統計等領域的人士。

我瞇著眼睛，保持距離拿著手機，盡快寫下開場對話給配對對象：

帽子不錯

教育家型

火雞？

你也是加拿大人？

這是在布加洛？

你真的是數學老師？

知道我的特質會被列舉出來，就讓我感覺不舒服。我煩惱自己在數位櫥窗呈現的樣貌。以我愛過的大多數人來說，如果對他們一無所知，只見到他們願意放在交友 app 的照片，我可能會按「不」。因此，為了去除這種可能性，我大方地施捨「好」，然後關上應用程式。

到了下半場快結束的時候，另一支球隊進球，打平比數。納維德低聲咒罵及祈禱，他雙手按著膝蓋，如石化般站著，希望兵工廠能獲勝。我突然覺得，他和這項運動的關係很私人。

我從他身後溜走，走進浴室。我是晚上沖澡的人，不沖澡來強調我的一天，並洗淨身心，我就睡不著。這是一種身體和象徵性質的洗淨。我喜歡熱水澡，水熱到和我一起沖過澡的人全都忍受不了。

T住過的公寓中，有一間有淋浴間。我們在那裡一起沖澡時，溫度對他太高，而性愛對我們兩人都太乾澀，蓮蓬頭又小到難以共用。搓洗三頭肌時，我們總有一人挨不到水流。

我不想去想T，只想好好考慮我的新演出。我的手指在淋浴間門上的凝結霧氣寫上數字，列出我的待辦事項：

一、聯絡協助我研發演出的劇場
二、聯繫我所知道擁有數學頭腦的人
三、找個打工工作——伸出觸角——詢問朋友

但我的思緒一直飄回和T的性愛，我走出淋浴間，渾身冒著熱氣，隱約有點興奮。客廳的沙發和我的床舖共用一道牆，所以我躺在我小房間的小小地板上自慰。這樣可能有點過度謹慎，但我想要減緩任何牆壁晃動、震動或被敲擊的可能性。達到必要的三次高潮後，我起身、擦乾身體，欣賞自己在鏡子裡的緋紅臉頰。然後我迅速套上睡衣褲，裹緊家居袍，加入坐在沙發上的納維德。

納維德現在正在看一個受歡迎的電視實境秀，節目中出色美麗的二十歲男女必須配對，不然就可能被踢出島外。慚愧的是，我覺得這節目引人入勝，但不帶諷刺意味，也非做為社會學研究。不過，就跟所有電視實境秀一樣，難以全神貫注，我便一邊檢視手機的回應。

數學老師回覆了。哈，我的確是，預科學程的老師。妳呢？

燙手山芋！我盡速回答。我是演員。

我是否看過妳的演出？

可能沒有，我才剛從加拿大搬來這裡。

我不耐煩這樣的閒聊，便輸入：你這星期五有何計畫？我星期五應該要去拿幾個月前的旁白酬勞，但又想解決這公式問題，經過三次對話，我和老師就安排好約會。

他寫道：我六點半去接妳，好嗎？

我原本打算回覆一個豎起大拇指的表情符號，但臨時改成「好」，再簡單寫上聽起來不錯！就在我考慮是否刪除驚嘆號時，手機的 Skype 應用程式響了。「哦，該死，該死。」我說著，一邊爬起來。

「什麼事？」納維德問。

「我有個會議——視訊會議——跟多倫多的人。」我從未告訴納維德，我在薄薄的石膏牆板另一頭接受治療。把它加進我對他隱瞞的清單。我衝進房間，砰的一聲關上門。

「嗨——抱歉。」我鬼鬼祟祟低聲說道：「我忘了時間。」

「海莉，沒關係，要等妳幾分鐘嗎？」

「不，不用，我沒事。」我要席雅放心，一邊滑進書桌的位置，戴上耳機。

席雅從我二十五歲就一直擔任我的治療師。她住在多倫多，但我很喜歡她，不想換人，所以便進行遠距治療。她不會鬼扯廢話，而且很能夠移情——不是說她會擁抱我，但會在你倚著她胸口啜泣時，緊緊抱住你，直到你感覺好一點，然後告訴你，你困在自己建造的牢籠，給你拆除它的工具。她原本是職業爵士歌手，後來才成為治療師，也是我所遇過最有直覺的人。從一開始，我就覺得跟她相處很自在。

在書桌就座後，我開口說：「我想我必須暫停療程一段時間。」我咬著大拇指指尖的皮膚。

「哦——好。」她停頓了一下。「我不是要說服妳繼續治療，但多告訴我一點吧？」

「我沒拿到信用貸款，必須回到最基本需求。不是說這不必要，但這不是食物和三餐……但我這樣揮霍真的搞砸了……嗯，不是揮霍……而是生活得像是賺得比我目前還多的人，還愚蠢地期望會沒事。」

「我不認為妳愚蠢，海莉。妳以為可以從旁白工作賺到錢，不是嗎？」

「對，但我不像是為那筆錢工作，那筆錢純屬僥倖——是一張免獄卡。」

我們繞著這個話題說了一陣子，然後她問：「妳想要停止治療嗎？」

我的聲音卡在喉嚨，勉強低聲說道：「不想，但沒辦法。」

席雅表示，只要我需要，她願意繼續治療，並延後收費，可以等到我經濟比較穩定後再支付。

我努力壓抑嗚咽的聲音，所以納維德沒有聽見。「真的嗎？」我哽咽。

「我會保持聯繫，等妳能夠妥善掌控金錢，我們再擬定妳對我的還款計畫。」

我擠出另一句：「真的嗎？」

「我知道妳會做得很好的。」她的確定語調讓我喘不過氣。

我盡可能止住抽噎說了謝謝。等緩過氣後，我告訴她，我會嚥下我的驕傲，捲起袖子找個打工。「我必須回去當市井小民。」

她提醒我，所有打工都是臨時的。「而且——」她安慰我：「我們會處理妳和金錢的關係。」

那天晚上睡覺時，我一如既往抱住枕頭，下意識想像這是T，這真令人生氣。快要睡著時，我突然驚醒。我的約會！抱歉，我寫給對方，我忘記晚上十點約了電話。（加拿大打來的）好，六點半可以。到時候見。

第6章
浪費

「人性是惡臭，是廢料，是糞肥，是土壤，從中生長出藝術之樹。」

——艾茲拉・龐德[7]

輕微的頭髮焦味是打扮儀式中的熟悉伴隨物。數學老師的簡訊傳來時，我正拿著陶瓷捲髮棒，扭捲鬈髮。

真抱歉，但我時間來不及，我們能不能直接約在俱樂部？我出錢替妳叫 Uber 可好？

我小心翼翼放開頭髮，注意不要燙到脖子。沒問題，我會搭地鐵，我寫道，加上一個笑臉。

數學老師這麼快速就提出我們晚上的計畫，我敢說這是從他的記事本剪下貼上的。

我們準備在他提議的柯芬園一家俱樂部碰面，用點「雞尾酒和蔬菜沙拉」，然後去西區看即興秀。他提議的時候，我沒告訴他我自己就在做即興秀。

我花了太多時間打理自己，光是頭髮就用了一小時。我用粉底輕拍 T 字部位。我按照一名前

7 Ezra Pound（一八八五～一九七二），美國著名意象派詩人。

室友訓練我的方式來化妝，她從模特兒退休後，成為家具修復師。白色眼影上到眉毛部位，眼皮刷成粉紅，再用小硬刷沿著眼睫畫出鐵灰眼線。腮紅刷上顴骨並輕點下巴中間。我要呈現輕鬆迷人及無憂無慮的妝容。

我去浴室確認模樣，公寓唯一的全身鏡在那裡，我也順便漱了一口納維德的漱口水。我的化妝模樣就像我的廚藝，很好，因為考慮到這是我親手調配的。我沒有拔乳頭毛髮，也沒有修剪陰毛。我需要有適當的障礙，以確保我不會跟約會對象上床。儘管我並不喜歡我內化的父權思想，但今天我要善加利用這一點。

我曾經有過幾年的時光會在旅行中和陌生人閒晃、約會、調情和一夜情，而儘管我很樂意讓八十歲的自己擁有得以回顧和歡喜的事，但現在我已經不這麼做了。我已厭倦吃到飽的自助餐，現在我想要可以滿足我挑剔口味的單點美食。

我把筆記本、幾支筆、唇膏及皮夾放進包包。我在拱門路的森寶利停下來——這是距離納維德公寓十分鐘路程內唯一的雜貨店——買了薄荷糖，找了一些現金。這六十英鎊讓我透支，我的心臟像被抓住了。這會有罰款，但我想要做好準備，能夠自給自足。

我到的時候，數學老師在門廳等候。一頂扁帽勾勒出他的笑臉，令人愉快，不具威脅性，是個貝塔男[8]。

他的俱樂部酒吧看起來很豪華，只是燈光非常昏暗，很難辨識擺設是否真的昂貴。我們坐進枝狀吊燈底下的天鵝絨沙發，我扭身脫掉牛仔外套，他沒脫帽，把雞尾酒菜單遞給我。

我們瞇視了菜單好一陣子後，他問：「妳要喝馬丁尼嗎？」

「我要一杯乾馬丁尼，搭配檸檬捲皮。」

「指示明確。」

我聳聳肩。「在這個國家，我有過很多次橄欖出錯的經驗。」

他笑著走向酒吧，不一會兒就回來了，身後跟著一名穿著挺立長褲和襯衫的服務生——我明天下午有一場Skype面試，如果這餐飲洽談成功，我很快就會穿上同樣的服裝。我們點了飲料。

「再來一些脆片和酪梨醬！」我的約會對象高聲追加。

我重新安排不斷把我擠到沙發邊緣的靠枕，進入正題。「你是怎麼成為數學老師的？」

「數學要加s。」

「什麼？」

「是maths。」他解釋：「要加『s』。」

「什麼？不，才不用。」

「你們在美國用math——」

我打斷他。「我不是美國人。」

「加拿大人，美國人，都一樣。」他伸手一揮。

「不對，不一樣。」我皺起眉頭，坐直身體。

馬丁尼送來了，他對我舉杯。「舉杯。」

「舉杯。」我費力擠出笑容。

8 beta male，相對於阿法男（alpha male），屬於性格溫和，為對方付出奉獻的類型。

我們謹慎啜飲。「如果冒犯到妳，真抱歉。」

「就是──」我找尋糾正他，又不會搞砸今晚的說法。「你不能對加拿大人說這種話，不能說我們的國家和另一個國家一樣，美國尤其不可。這真是……」

「帝國主義？」他提出。

「對。」

「很抱歉，我只是……」他像在趕蒼蠅一樣，伸手揮揮臉前。「對不起。」

我語氣和善，一口氣列舉我們也有全民醫療照護、相當好的公共教育，以及嚴格的槍枝管制法律。

他說：「我剛剛只是要說，在英國，數學的簡稱是 maths 不是 math，要加『s』。」他澄清。

「是複數形。我沒有針對妳的國家的意思。」

「原來如此，我了解。」我抿了非常小的一口酒，定量啜飲馬丁尼。我的酒量不好，但我喜歡喝酒，喜歡一杯酒入肚後，一切變得柔和有趣的模樣，只是沒法多喝。今晚必須加上濾鏡，必定不能談論 T、心碎、金錢、負債、工作失意或寂寞。

「妳搬來這裡感覺如何？」

「寂寞──不，等等。先告訴我當數學老師感覺如何。」我加上「s」表示講和。

「好，就是，我劍橋畢業以後──」

「抱歉，再說一次。」我換上中年婦女的聲音，假裝透過眼鏡打量他。

他不太自在地笑了。「我家族有很多人去那裡唸書，所以……」

我脫口說出：「我爸是他們家族第一個上大學的人。」這話沒錯，但我爸媽是學者。在我以中產階級身分長大的情況下，為何我會展現某種無產階級的力量，某種虛假的藍領驕傲呢？

「好。」他告訴我，畢業拿到數學學位後，他跟著當時的女友——（注意，已經談到前任了）——去南韓教英文。她有高額的學生貸款，想要迅速還清；而他從未去過世界那一端，兩人就準備去那裡待一年。「最後，她愛上我們學校另外一名老師——有終身職的老師——她現在仍住在那裡，兩人已有兩個孩子。」他拿起玉米脆片沾起大量酪梨醬，再塞進嘴裡。他嘎吱咬著，一邊告訴我他其實真的喜歡教書，所以回到英國，他先取得教育碩士學位，然後接受教學訓練。「有點大材小用，也和家人出現一點問題，因為他們很想要我在家裡公司工作。但我是深富同情心的數學老師，而不是公司工程建設的經理。」他大口嚥下點心，把空玻璃杯放到桌子上。句號。「這就是我。」

他的嘴巴和T截然不同。T的嘴唇薄，而且擁有如電影明星般的整齊牙齒；數學老師是嘴唇厚，牙縫大。

「再一杯？」

「我先不用。」我的杯子還有八分滿。

「介意我——？」他問，但已舉手招來我們的服務生。

在他喝第三杯馬丁尼時，我談起主題。「你知道怎麼建立一個數學方程式嗎？」

他用食指指背拭過有如枕頭的下唇。「不，不，換我問妳問題了。妳怎麼會仍舊單身？」

「呃，我……真要問？」

「對。」

「我不知道，可能是選錯了？」當然，在我的軍火庫中，還有其他回答，像是工作一直是我的首要選項，父母的關係讓我害怕感情，或是和大部分的人相處時，我發現只能展現百分之一的自己，不過，我避開了謙遜含糊的事實。

他手錶的鬧鈴響了。「乾杯。」

當他堅持買單時，我鬆了一口氣，而他也只是對服務生比了手勢，對方鞠躬致意。顯然，只需要這麼做就會記到他帳上。在他幫我拿牛仔外套時，我向他道謝，並直言接下來的飲料我請。

我的約會對象巧妙地帶我們穿梭窄小的劇場大廳，來到下面較不繁忙的小賣部。當他問我想喝什麼時，灼熱的呼吸對著我的臉頰，並且伸手撫摸我的腰背。

我把脊椎側向一旁，形成空隙。「我來買單，你想喝什麼？」

「琴湯尼。」

我們一起走向吧檯，我用現金付款，把飲品遞給他，留意到他仍舊沒有脫帽。他對於今晚行程所展現的自信，卻又對禿頭明顯不自在，這樣的矛盾令我著迷。我在當下決定，從現在開始，能夠設法應付脫髮問題並承認它的男人，將是我可能配偶名單的首選。

在表演期間，他一直戴著帽子，雙手放在身前。在中場休息時間，他問我要不要再喝一杯。

「不用，但我來請你喝一杯。」

「不，不，上一杯妳已請過了。」

「既然如此——」我告訴他：「我要去洗手間。」

他摟著我的背，讓我靠向他。「什麼？」

「廁所。」我清楚說出。

「哦。」他打發我離去，不想去想我和廁所。

T也是對大便敏感的人。

排隊隊伍蜿蜒穿過地下室的酒吧。真高興要等這麼久。我用手機確認銀行對帳單，哈利路亞，我幾個月前的旁白配音工作酬勞已經入帳，讓我有了餘地。

等我回到樓上，數學老師的雙手努力拿了三杯酒，他灌下其中一杯琴湯尼的最後沉渣。「拿去。」他說，發皺的嘴唇離開吸管。「這杯給妳。」

「哦——不，我不用——」

「拿去。」

「我的酒量不是很好。」

「至少拿著它，讓我可以喝掉這一杯。」

我從他手中接過塑膠透明杯。他把空杯子放在垃圾桶上方，轉身和我碰杯。「舉杯。」

我微笑。他剛才做了芭蕾舞的腳尖旋轉。「你是舞者？」

他搖擺身體湊向我，溼潤的雙唇刷過我的耳朵，但他沒有說悄悄話。「妳等著瞧。」

鈴聲響起，我們回到座位。整個下半場他都放聲大笑，手臂滑動到我的椅背。我把接下來的時間都用在衡量是否值得再花上一小時，做為追問他如何建立運算法的最後努力。我的帳戶有現金入帳，所以他提議回到他的俱樂部喝睡前酒，我輕鬆就同意了。

當數學老師為自己點了一杯威士忌和一杯啤酒時，布滿血絲的倫敦眼摩天輪在泰晤士河對岸嘲弄我們。我又點了一杯琴湯尼，然後甩出我的信用卡。「我請，我請，我來請，拜託。」

「好哦，我幫自己找到乾媽了。」他對忽視他的俏皮話，顯然不知所措的調酒師擠擠眼睛。我聽見自己給他一聲同情的輕笑。

歸功於卡巴萊歌舞餐館的餐桌如餐盤大小，我們於是被推向彼此的私人空間。我們膝蓋不斷碰撞。一名身著黑色連身裙的女人在舞臺上搖擺，手中拿著麥克風，大半時間對著身後的樂隊歌唱。坐在頂樓上的人都不是真的為爵士樂來這裡。

在他舉杯祝賀「可能性」，並且輕碰杯子後，我努力抗拒逐漸到來的酒後迷糊感，對他說：「我真的很想談談數學。」

「好，加Ｓ。」

「妳是說加Ｓ的數學。」他對著我比出手指槍，胡亂扣下扳機。

他靠過來。「妳想要談什麼？」

我湊過去。「我想要知道你是怎麼建立公式。」

「就像妳加上我？」

「不是，就像真正的數學公式，我很好奇。」

「我很好奇妳和我。」他一隻手放在我的高腳椅背，另一隻手放在我面前的桌子上。

「嗯，我們拭目以待。」這句話語氣比我想要的還誘人。我突然意識到我的膀胱快爆炸了。

「廁所。」

當我走出洗手間，就看到他了。

「不知道是否應該跟著妳。」他摟住我的腰，拉近我，親吻我的嘴唇。他的雙唇柔軟，卻吻得用力。

衣帽間服務員出現在我的視線。我沒有抗拒他的吻，但也沒有沉醉其中，儘管不巧的是，我總會漫不經心探出舌頭。

他緊緊拉近我，讓我往後彎，舔著我的舌頭下緣。

出於習慣，我踮起腳尖，儘管面對這傢伙並不需要。我享受這種激情流露，直到聽到他說：「跟我回家。」

「不要。」

「來吧。」

我把手臂放在他的肩膀上。「不要。」我微笑。

「為什麼不要？」

我往後退，如此一來，我的雙手可以讓他保持距離。「因為我不認識你。」

「當真？」

「是的。」

他拉近距離，再次吻我。

一群進行準新娘派對的女性，排成縱隊經過我們去洗手間。她們的出現讓我站直了身體，我從包包拿出手機。「我要叫 Uber。」

「我來。」

我滑進電梯，按下按鍵。電梯裡，他緊挨我的臉，雙手探向我的腹部。在遮篷底下，應用程式下載緩慢。外頭下雨，價格激增。他吹噓他的性愛詞彙。我攔下一輛黑色計程車。

「別把我留在這裡。」

「我可以送你回家。」他跟在我身後上車。

我告訴司機，我要去高門區的蘭登公園路。

「N6區。」

「不。」我的約會對象插嘴。「我們要去櫻草花丘。」「我們會停兩處。」數學老師親吻我的脖子和臉頰，懇求我跟他回家。

計程車司機在後視鏡中和我目光交會。「聽著，老兄，她不會跟你回家，所以我們先放你下車。」

數學老師含糊說出他的住址，司機飛快行駛。每次轉彎都讓我的身體擦過他的身體，他的雙手握住我的大腿。我在回吻他和扭動抽身之間猶豫不決。

當我們抵達他的公寓，司機大喊：「老兄，你到了。」

「跟我進來。」他傻笑。

「不要。」我說。

「老兄，她不會下車的。」

數學老師誤判到人行道上的距離，站直後，他往車內一腳探出莎士比亞式的膝蓋，身體在門邊搖晃。「呃，這真是……浪費……」他沒說完話。門一關上，司機就開走了。浪費什麼？我好奇。金錢？時間？或許是努力？以上皆是？

「親愛的，他真是煩人。」

「超煩的。」我附和，身體頹然放鬆。

「妳幹嘛跟這樣的傢伙出去？」

「要說實話嗎？我以為他可以為我想列出的數學公式提供幫助。他是老師。」

「幹，我可不要他接近我家女孩。」

「我也是。」

司機含糊發出乾嘔的聲音，沒用衛星導航就迅速送我到家。我用剩餘的現金，付了計程車費。進屋時，公寓一片漆黑。納維德必定睡著了。我在浴室脫光衣服，打開淋浴花灑。等水熱的時候，我檢視全身鏡中的自己裸體輪廓。我的藝術和數學任務徹底失敗，但我沒有屈服他的欲望，這我做得很好——沒有為了和睦相處就繼續。我擁抱裸體的自己，並輕聲說：「謝謝，謝謝，謝謝妳。寶貝，妳做得很好，真的做得很好。」

第7章 投資報酬率

投資報酬率是投資淨利和原始資金成本的比率，比率愈高，就愈物超所值。

我沿著海布里令人夢寐以求的小路跑步。樹葉開始變色，而我剛滿三十二歲。旁白配音的工作可遇不可求，也依舊沒那麼常出現。但我開始工作了，已打工了幾個月。我在包包隨時放著一本線圈筆記本，認真記錄我的日常開銷，然後在星期六上午把數字輸入試算表。我經常思考「庭院出清前男友」，但這方案自從我和數學先生的不幸約會後，就一直處於休眠狀態。而今晚，我有個即興演出，二十六分鐘後就要開始。

我兩步做一步跳上酒吧搖搖晃晃的樓梯，氣喘吁吁推開演員休息室的門，這是一個混亂的小空間，散落著空的品脫玻璃杯、背包、牛仔外套和一張從未吸塵的地毯。我的組員玩著Zip Zap Zop、Bunny-Bunny和Follow the Follower[9]等遊戲熱身。在被重複告知我罹患子宮頸癌的一天之後，我很樂於耍呆。

我沒罹癌。我其中一個打工是在婦產科醫師訓練中，擔任醫療角色扮演。今天，他們接受公布壞消息的考試。總共六小時，每小時有四個醫師，也就是我要被告知罹患子宮頸癌二十四次。然後，我必須哭泣，讓主考人評估他們的醫病關懷態度。我現在的臉龐浮腫，右邊卵巢疼痛。我另一個打工是在一家餐飲公司，他們為小型畫廊開幕活動提供服務，我覺得這工作更貶低身分，但心理破壞程度較小。

喇叭大聲傳出前四十名排行榜金曲。一陣鈴聲響起，一個愛爾蘭口音大吼：「開演了！」

我參與的是一個稱為「黑裸」（Harold）的即興表演，我的演出沒有酬勞，但已試鏡成為這團隊的成員。我們的隊名叫做「穿著不恰當」，我很興奮能夠參與演出，並且認真看待。一場黑裸即興劇持續二十三到三十分鐘之間，開場是從觀眾提出的隨機文字啟發出三個即興獨白。胡蘿蔔和香蕉意外成為常見的建議。目標是思考這個字詞，然後自由聯想，直到想出一個你有著強烈意見或伴隨有趣軼聞的事。

例如，如果提出的字詞是香蕉，我可能會往前一步說：「香蕉讓我想到保險套，保險套讓我想到性愛。我最後一次性愛是跟前男友T，當時他騎著單車和我雙貼去機場。哦，不是在單車上，但我們中途停車，去公共洗手間辦事。」

我大約說了這個段子一分鐘，隨後還有兩個獨白，由不同的團員演出。接著是由這獨白啟發的三段兩人場景，一段耍寶遊戲，然後再三段場景及另一個耍寶遊戲，就來到我們結合所有線索的最後一幕。

我從翼幕聽著主持人激起觀眾情緒，等他宣布演出者上場，我們跑上這小型舞臺，並假設自己的位置在後排，這是團員在沒輪到場景時，整段表演期間所站立的地方。這裡擠滿喧鬧的群眾，

9 這三種遊戲讓參與者圍著一圈，藉由遊戲活絡氣氛。Zip Zap Zop 是一種口令遊戲，做出對應三種口令的動作。Bunny Bunny 則指派兔子，被指到的人及其左右要做正確動作。Follow the Follower 則是兩兩一組，模仿夥伴動作的遊戲。

包括即興表演夥伴、今晚節目單上的表演人士，以及底下酒吧的下注者。

我站在後排，專心聆聽。我們指定的演出者說：「我們只需要一個字眼就可以開始。」

「TINDER！」一名聲音沙啞的女子舉起品脫杯高喊。

我推開不管字詞內容總是上前獨白的團員。這我有想法。我用兩分鐘演出我和數學老師的約會——抱歉，數學要加「S」——取悅了觀眾，結尾加上：「所以，如果有人認識願意協助我的可敬數學大師，請在表演結束後告訴我。」場上響起笑聲、喊叫和掌聲。

表演飛快進行。我的團員取笑我公開對禿頭男人的新喜愛，以及為了研究方案濫用交友軟體。看到我的怪癖透過這個喜劇稜鏡傳出，讓我在後排笑到流淚。他們真的淡看這一切，而這大大提振了我的精神。

後來在酒吧排隊時，我的肩膀被拍了一下。一名和藹可親的傢伙高喊，壓過嘈雜聲浪：「我有個數學家可以介紹給妳。」

就在此時，酒保語氣暴躁問我：「要什麼？」

我點了半品脫的蘋果酒——它是這裡所提供最便宜的酒品——同時轉向我的新同伴。「你呢？」

這名開朗的年輕人要了一品脫的酒，然後拿現金給我。「不，不用。你提供了數學大師，我請客。」

我們坐在一張大型木桌的角落，同桌淨是充滿活力的即興表演者，他們互相壓倒對方，說說笑笑。數學大師是這人的女朋友，名叫潔瑪。她在數學哲學領域獲榮譽學位，從小就和家人從事業餘戲劇表演，現在準備參與滑稽劇。喝到一半時，他就寄了電子郵件介紹我們兩人認識。

我把雙腳抬離地板，踩著想像中的小單車表示慶祝。「非常感謝你，這太棒了。」

我喝完蘋果酒後就回家了，沒有再多喝。我的好心情似乎很脆弱，我想要保護它。我省了一點五英鎊，在溫和宜人的九月空氣中，走了五十五分鐘的路。

第8章
保證金

把保證金想成人格費，然後隨意處置你的家。

——艾美・塞達里斯[10]

幾星期後，我和潔瑪約在阿爾德門的一家咖啡館。我到的時候，她已經坐在窗邊的桌位，一杯馥芮白咖啡、一本筆記本以及一臺繪圖計算機在她身前對齊正放。

走近她時，我胃裡升起一股緊張感。自從約見面後，我就以重生般的熱情，再次投入這項方案。我揮揮手，她把長長馬尾撥過肩膀，椅子往後拉，起身迎接我。

「非常感謝妳跟我見面。」

「我的榮幸。」她帶著輕柔的喬迪口音[11]，手心溫暖。我們直接進入正題。她告訴我的第一件事就顛覆了我的假設，即公式、方程式或運算法不是可以互換的用語。這是針對我寄給她的電子郵件，因為我在信中寫說想尋求「協助建立一個公式／方程式／運算法」。

她從背包拿出一個金屬盒，再從當中抽出一支樣貌昂貴的鉛筆。她用拇指按壓鉛筆頂端，開始在她的筆記本上書寫。「等式是妳要嘗試平衡等號兩邊的式子。」

「像是 $y = mx + b$？」我問。

「呃，這很難說。要看妳怎麼做，它既是方程式也是等式。」

我清楚記得 $y = mx + b$，是因為它連結到性愛。九年級時，我們曾短暫有過一個叫做柯立斯的實習老師，他只因為比我們班上男生年紀稍大，個子稍高就變得很有吸引力，是一個書呆子的有趣組合。他講課時總是參雜著「嗯，好吧」這句話，而教學風格喜歡加入大家想法，更沒什麼助益。他負責教我們斜率，也就是「$y = mx + b$」。

在他到我們班實習的期間，我們一群十四歲女生有次在外過夜，不知怎地聊到柯立斯老師，主要是在說跟他上床會是怎樣的情況。「嗯，好吧，我只是要舉起這個，然後——妳跟我說——當然，我有個想法，嗯，好吧，我想知道妳想法，如果妳可以的話，嗯，好吧……」這種集體角色扮演很快就升級成有人怪叫：「柯立斯老師！柯立斯老師！讓我瞧瞧你那話兒的斜率。」

彷彿集體思考一般，我們全都加入了，發出最接近高潮音調的處女合唱，吟唱「Y 唉等於嗯 X 加 B 嘍！」直到主人家的同學媽媽下來地下室，要我們安靜。

我沒跟潔瑪提這件事，只是一直看著她在筆記本的方格紙塗寫，直到咔嗒一聲提醒我。

「哦，就像正五移到等號另一頭就變成負五一樣。」

「沒錯。」她把寫在筆記本上的式子給我看。

10 Amy Sedaris（一九六一～），美國演員及作家。
11 Geordie accent，英國東北部的口音，主要以紐卡索為代表。

$$2x + 3 = 0$$

$$2x = -3$$

$$x = -3 \div 2$$

「等式表示兩者相等，這個等於那個。等號左邊等於右邊，這就像是你隨時想要保持平衡的秤。所以，如果從一頭減去三，另一頭就必須也減去三。」她說明，求解含有變數或「X」等未知數的式子，就是找出哪個未知數數值可讓等式成立的過程。

我指著她的本子，想確認我已經聽懂。「那麼，這裡的等式求解就是找出X等於的數字？」

「對。至於運算法，它是比較概括的術語，基本上是一套指令，就像食譜一樣。而公式則是為特別目的來計算，然後給予答案。不管輸入什麼數值，公式永遠成立。而對我來說——」她啜飲了一口咖啡說：「——方程式代表著一段關係。」

我的心整個鼓漲起來。「這就是我想要的。」我咕嚕喝下我那杯已經冷掉的薄荷茶。我渴望的美妙數學已經在望。我跟潔瑪扼要概述了一下我的定價困境，解釋說我一直在調查各前任男友送我的東西，現在需要藉助數學大師的專業知識來幫我建立一個公式。

她微笑地打斷我。「抱歉，能不能提醒我這公式到底是要做什麼？」

「用來替前任男友送的東西定價。」

「好，但為什麼呢？」她偏著頭，嘴角凝結成一個困惑的露齒微笑。

「這公式其實是為了我正在撰寫的一個新演出，內容是關於愛情和金錢，名字叫做庭院出清前男友。」

她咯咯笑，再次拿起鉛筆，用拇指按壓頂端。我把它視為繼續進行的訊號。

「我一直在想，我們是否能把情感價值轉換成現金，又如何能做到——是否能說服別人像我們一樣重視我們的情感物品呢？我也一直在思考，我們置放物品的地方情境，像在庭院出清或藝廊，是怎樣徹底改變它們的價值。而且，嗯，基本上，我對於我們如何量化愛情很感興趣——是否有數學方法可以知道這愛情成本值不值得。」

她一邊做筆記，不斷點頭。「酷，那妳要在哪裡表演？」

我踢踢腳尖說道：「確切來說，還不知道，但我在跟幾家劇場洽談，也在爭取這計畫的資金。」

「真棒。」

「是呀。」我雙手交握放在膝上，然後低下頭。我的意思是，理論上我可以說都正在進行這些事，這不是天大的捏造。我不想在虛假的託詞下和潔瑪展開工作。但是，她在方眼紙上奮筆疾書，我不能破壞這件事。我清清喉嚨，抬起頭。「是，我認為這有潛力成為真正好玩有趣的方案。」

「那麼，妳的時間表是怎樣？」

我若無其事地說：「看來是明年上演。」

潔瑪加點了一杯咖啡，走回來入座前，她先問我對於想要加入公式的變數是否略知一二。

這件事我已有所準備，我拿出筆電，湊向桌子，唸出一份比我之前和納維德分享時還長的清單：

—前任為相關物品付了多少錢

—相關物品透過 Gumtree 分類廣告網站的貼文，獲得鑑價員及市場調查給予升值或貶值的評價

—如果是禮物的話，前任對這份禮物放進多少心思
—這段關係帶給我的重大人生教訓的價值程度
—這段關係讓我留下多少包袱
—從這段關係取得的實用技能和知識（例如：不用食譜做鬆餅、珍・康萍的所有作品等等）
—這段感情中所帶來的階段大事
—他們為我的生命貢獻了多少好故事
—我現在和他們仍是朋友嗎？
—最大的浪漫表現
—可靠程度
—關鍵的高點對上關鍵的低點
—這段關係持續多久
—誰先說分手
—這段關係中，樂趣和痛苦的比例
—正式在一起之前的思慕時間有多久
—花了多少時間才走出這段關係
—這段關係中遠距交往的比例
—性愛的美妙程度
—「詩情」／浪漫的質量
—他讓我歡笑的程度

——我們爭吵的頻率和嚴重程度
——交往期間，買較多東西的人是誰
——是否曾經有過難言的幸福？
——我當時是否墜入愛情？
——愛情的強度為何？
——交往期間，我流了多少眼淚

我從清單抬起頭時，發現潔瑪的視線望向中間距離的地方，眼皮翕動。我不知道要做什麼，就一直說下去。

「就『我流了多少眼淚』來說，我在想是否應該對二〇一二年前送給我的物品加上或扣除哭泣稅，以對我各位前任的痛苦負責，在那一年過後我才開始接受心理治療。」

潔瑪敲動手指好一陣子，才咧嘴一笑。「沒問題。」她說：「我們做得到。」

「很好。還有，對於那些不見得總是存在的事，但只要出現時，就真的會影響對關係的看法，像是說被劈腿或感情不忠，我在想，是否有辦法加入這種外卡？」

「當然可以。」潔瑪說我們會採用我的所有變數，也就是所謂的數據點，來計算出如何衡量它們，以及它們彼此之間的關係，藉此創建出得以決定我每一個物品真正價格的公式。

「潔瑪。」我說：「這真是了不起的計畫。」

「妳有多少物品？」她問。

「八件，七件，還是八件？我——我最近分手的前任，嚴格說來，一直不能算是我的男朋友，所以不確定。」我輕快說了和 T 長期交往的基本細節，做了這樣的總結：「但即使這段感情持續了三年，但大部分的時間都是遠距離交往，他覺得這其實是虛構的，並不真實。」

她從她的馬尾髮辮抽出鉛筆，再次在筆記本上書寫。「這被認為是最美麗的數學式子之一，它叫做 Euler Identity（歐拉恆等式）。」她唸 Euler 的英文發音和愛德蒙油人隊的油人（Oilers）一樣。她停頓了一下，眼睛盯住我不放。「妳知道虛數嗎？」

「我隱約記得十一年級學過小『i』，但不知道是做什麼的。」

「好，歐拉恆等式以一種精煉的方式把看似截然不同的數學部分結合在一起，看起來像是這樣。」她把筆記本推過來給我看。

$$ei\pi + 1 = 0$$

「歐拉在問：『當正數到虛數次方時是什麼狀況？』」

潔瑪飛快說著：「所以，i 代表負數的平方根，表示無法計算的東西。這個意思是，如果試著把這負數的平方根輸入計算機，就會得到錯誤的訊息。」她使用手中的計算機示範。「運用 i 讓我們得以展開處理數字的另一整個領域，但這些數字是虛構的。」

她的話湧向我，我發出正在聆聽的聲音，卻不是全然理解，e 絆住了我。

「e 是自然對數的底數，微積分中經常會用到。」她解釋：「它是歐拉一個叫做雅各・柏努利的朋友發現的，柏努利當時在研究複利法則。e 的數值大概是 2.7 多多多——小數點後很多位數。」她的上色指甲在虛構的鋼琴上彈奏音階。

我唸出歐拉恆等式：「e的i乘以π次方加1等於0。」我的視線從i到0，再從0到i。「所以，即使只有部分是虛構的，某件事就可能等於無嗎？」我把手肘撐在桌上，頭埋進手中。別哭。

「我只是要說，如果我們想要表達虛構的成分，是有虛數可以派上用場。」她把空杯子放到碟子上時說道：「歐拉是流行的數學歌謠——雖然陳腔濫調，但不可否認地，呃，美麗。」

我蓋上筆電，然後討論接下來的步驟。我會進行一些市場調查，蒐集數據點的數據，再全部輸進同一試算表。她會研究一些「可能有用的數學模型」，我們約在幾星期後再碰面。

在她闔上鉛筆盒時，我讓自己說：「那麼，就付費給妳這方面，記下妳的時間，等資金到位，我會——」

她打斷我，要我放心，說這沒問題，她很渴望做些「藝術的」事。

所以，就這樣說定了。潔瑪會協助我擬定一個數學公式，為感情結束後所留下的東西計算出準確的價值；這是一個把情感價值轉換成實質金錢的公式，一個關於愛情成本的公式。這樣，我們全都能夠了解，這是否值得。

第2部

定價

Pricing

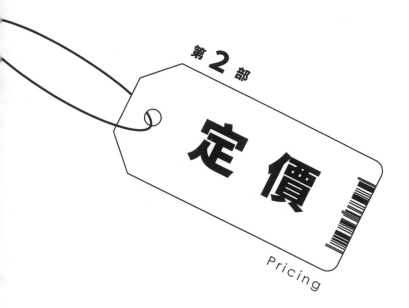

第9章 試算表

「試算表是公司詩歌；建構得足夠優美時，就可以用來跟原本無法接納細節的觀眾，溝通複雜的想法。」

——艾瑞克・索夫特[12]

「可以教我做試算表嗎？」

現在是星期天上午，納維德正在看關於海洋的自然紀錄片，一邊整理收據。

「把八個物品列在上方，變數放在側邊直欄，然後用 Excel。」

闡明愛情成本的相關變數後，我現在的任務是把每一個物品的所有資料輸入試算表。這試算表是我卸下情緒和經歷的中間地帶，潔瑪採用這些東西轉換成為數字，最後變成現金價格。

要啟動並運行這個方案，有許多工作要做。好消息是，我已經爭取到坎登人民劇場，其藝術總監山姆是唯一對我的個人秀展現出少許興趣的倫敦藝術總監。和潔瑪碰面後的隔天，我寫信告訴他關於「庭院出清前男友」的事。他為這個想法感到興奮，對於我訪談所有前任尤其有興趣，所以「聯繫前任」就列入我的待辦清單。我還必須寫一份補助金申請書，而為了有資格向藝術委員會申請資金來支援演出的研發，我首先需要得到其他一些劇場公司的支持。演出研發的資金將用來支付我目前還沒找到的合作團隊的酬勞、排練空間的租金，設計花費、行銷支出、潔瑪的費用、補給品，以及讓我可能從我的打工爭取一些時間。

我同時需要填滿試算表，其中有一些簡單的數值：在各段感情期間，我年紀多大；關係持續多久；而各個人又為相關物品付了多少錢。然後還有一些只能用文字回答的變數，像是我在這段感情中所經歷過最意義深遠的階段大事，或是從前任學到的重大人生教訓。儘管其他數據點需要我回想（例如說，性愛有多好），而對於完全想不起來的事，我則是深入探究個人檔案，梳理舊日記、電子郵件、社群媒體訊息、銀行對帳單，蒐集我在這些關係中所付出的金錢、時間及情感實證。

接著是和每個物品市場價值相關的確切未知數，這需要在網路上到處搜尋相當的商品，或測試我的物品在線上市場得到的報價。市場調查的項目搞得我暈頭轉向，這應該很簡單——在線上刊登我的物品，然後追蹤隨後而至的出價——但我考慮得愈多，就遇上愈多的小問題。我哥哥在二十多歲時，大半時間都在擔任市場調查分析師，所以我們稍後約在Skype見，討論建立一個適當的市場調查。

在這段時間，我坐在客廳地板，艱困地輸入資料。

輸入資料時，試算表伸展成令人不滿意的形狀。我的句子並不是俐落的數字，無法簡練的結果，使它變異成為不平衡、亂七八糟的一團紊亂。不過，這是我目前的數據點，所以我就保持原貌。

12 Eric Seufert，美國作家，著有《免費增值經濟學：藉助數據分析和用戶細分來提高收入》，量化行銷專家，效力於知名手機遊戲「憤怒鳥」的開發公司。

性愛美妙程度	最重大的浪漫表現	當時購買物品的價格	目前市場價格（待Gumtree上的出價）	我學到的最大人生教訓
無	為我製作混音專輯	0.25 英鎊		愛情是有條件的
8	宿舍到處都是「我愛你」的便利貼	150 英鎊		如果想離開，別留下來等待事情復元
7	為我寫了一首歌	55 英鎊		栽進去前，先把人認清楚
5	更衣室裡的木雕	173 英鎊		交往是第三實體
6	烤脆皮豬肉三明治	62 英鎊		如果大家都警告你某人的事，請聆聽
8	準備初學者工具包	43 英鎊		不能因為早早示愛，就表示你必須留下
6	情人節出國	31 英鎊		我要的不是老師，而是伴侶
9	出機票錢讓我去紐約	1 英鎊		不能因為你愛一個人，就表示應該和他們交往（？）

物品	年齡	誰提分手	階段大事	遠距交往%	關係持續多久	電話帳單支出
混音專輯	16-17	他	初戀	2%	10 個月	0
項鍊	17-19	我	失去童貞	85%	1 年 8 個月	1,697 加元
烏克麗麗	20	我	第一次吃事後避孕藥	0%	4 個月	0
單車	21-24	我（為了他）	第一次為了別人分手	26%	3 年	658 加元
打字機	25-26	他	第一次被劈腿	43%	6 個月（延續超過 12 個月）	327 加元
背包	26-27	我	和伴侶同居	64%	1 年	424 加元
珠寶盒	28	我	生理上害怕伴侶	89%	8 個月	196 加元
T 恤	29	分分合合他，我，他，我	被我所愛的人未開發的潛力給逼瘋了	76%	3 年半，其中 6 個月沒聯絡	217 加元

追蹤近四個月來的日常開銷，讓我深切了解到我有多少收入不經意地浪費在餐廳和咖啡店。現在，輸入在 Skype 及 WhatsApp 普及之前的電話帳單，我不禁呻吟。

納維德問我怎麼了。

我轉述了這令人尷尬的數字。

「別這樣。」他說：「妳得享受人生呀。」

我嘆氣。「我沒賺那麼多，卻享受太多了。」

他揮手驅散我的自責感。「這全都是結算問題。」

我猜想我的經濟緊縮措施可能影響到他。我現在變得很時常在家廚房當場煮食，而廚房一般來說是他的領域。

我列出的不定形試算表已達飽和，對於每件事花費的時間是原先分配的八倍，讓我深感絕望。

納維德建議我出門走走。

我來到園地步道，這條由廢棄多時的鐵路拆建小徑從芬斯伯里公園延伸到亞歷山德拉宮，樹冠層茂密，我揮舞著手臂，構思寫給諸位前任的老套信件。納維德的公寓離這條步道其中一個入口只有兩分鐘路程，這個一度骯髒危險的地方，如今已充斥蹓狗、騎單車及慢跑的人士。等走到亞歷宮時，我已準備一吐為快。我的手指顫動、脈搏加速，坐在俯瞰城市的長凳上，從頭開始起草並發送以下的信件：

親愛的混音專輯，

嗨！收信平安。

我最近一直想著你的事。我在進行一個新的個人秀，名稱定為「庭院出清前男友」，這是個實驗性的作品，我嘗試根據涉及的故事及情感來確定各個物品的價值，按照在相關的各段交往中，我所投注或未曾投入的一切（時間、情感與金錢），判斷其價值增加或減少的情況。

在這個演出中，我想要談論你送給我的混音專輯，以及跟你在一起的經歷。當然，我會改掉你的名字及任何可能辨識的細節。

我在想你是否願意和我用 Skype 簡單通話一下（我已經搬到英國！），聊聊這個混音專輯？

我知道這可能真的很詭異，如果你不想參與，我完全可以理解。

祝安好。

海莉 XO

我沒有混音專輯的電子郵件信箱，所以他是透過 Instagram 的私訊收到以上訊息。

儘管我輕快走在黃昏時分，還是覺得寒冷。

「所以我的計畫是在英國線上分類廣告網站 Gumtree 張貼我的物品，盡量加上一些情感的背景，看看我得到怎樣的出價。」

當我告訴哥哥奇安，我在製作一個新演出，請他幫我進行市場調查時，他的回應是：「老天，我真高興妳終於在寫作品前，會先確認它能不能賣。」跟他解釋這和我的意思不太一樣之後，他提醒我：「小莉，藝術是商業。」

奇安當初對我第一個個人秀的回饋意見是：「說真的，海莉，我可以欣賞其中的藝術部分，但這真他媽的是我所見過最詭異的事。」等我展開巡迴演出，在加拿大鄉間對著一群大惑不解的白髮觀眾，進行這項前衛顛覆的表演時，哥哥以這句話讓我掙脫急遽上升的羞恥感：「所以七十多歲不是妳的觀眾年齡層，這真的有需要困擾嗎？」

我和哥哥有共通的幽默感，儘管價值觀和人生道路不一樣，但讓我們發笑的事情卻相同。如果他不是我哥哥，就算不確定他是不是想和我做朋友，我還是會想要跟他交朋友。他現在住在溫哥華，在公司上班，專門負責焦點族群的數據分析，以協助公司取得最大利潤。我問他是否愛他的前女友，他說他覺得他愛，但也提醒我，如我們現今所知，浪漫愛情大致上是在十八世紀發展出來的觀念，可能只是一種我們全信以為真的宗教。

心中存有這種想法時，那愛情是什麼？

現在這裡是午夜，他的時區則是下午四點。

他活絡了一下脖子，開始說：「所以妳想要做的是，要確保每個物品都加入同樣的資料，它的年代、一到三個ＵＳＰ——」見到我茫然的表情，他詳細說明：「ＵＳＰ就是獨特銷售主張，像是百分之百的有機材料、獨一無二、手工製作、防水，讓東西顯得特別並值得購買的特色。」

「我的ＵＳＰ是什麼？」我問。

「說真的，我原本以為這次通話就是要討論這個。小莉，我覺得這更值得追求。帶著這樣的觀念來從事妳的藝術：這是要給誰看，他們想看的原因是什麼？」

我翻閱了一下筆記問道：「我的貼文還有什麼一定要加上的變數嗎？」

他說，只要保持一致，這其實沒什麼關係。「而且要簡短，沒人想看中篇小說，兩百字——最多。」

我寫下來，畫了圈圈。「然後取出價的平均數，放進試算表嗎？」

「最好是取中位數，不要用平均。」他解釋說，使用平均的問題在於它們會串起離群值。「中位數才是比較清楚的想法。」

隨後，我學到離群值就是一組數據中，和其他值非常不一樣的數據，不符合相同模式。如果納入平均，就可能誤解數據，誤導結論。我進而懷疑自己是否就是離群值：三十二歲，單身，住在分租房間，睡在單人床，從未跟伴侶同居相當長的時間。

我仔細思考後問：「所以，如果我在 Gumtree 的廣告得到九個出價，一邊是最低的四個價格，另一邊是最高的四個，那麼在中間的就是中位數。」

為了徵求最不偏頗的出價，他建議我不要加入報價，因為加入的話，我提供的情感資訊就比較不具影響。「也就是說，像是想找鏟子的人看到妳的鏟子時，腦海中就會有其他鏟子的價格。所以，妳要用這資料嘗試回答的是：『人們是否在意我的愛情？』」

「或是我的痛苦。」我說：「但首要問題是，我能不能說服別人為我的情感價值付費？」

他為我的市調研究設計出最佳做法。「在 Gumtree 張貼妳每一項物品，偷偷摸摸進行。張貼一個物品，放上一、兩星期；撤下來，再張貼另一項——甚至可以每一次都用不同帳號，看看出價狀況。」

我們又聊了一下其他事情。

他告訴我，他這星期有個 Tinder 約會。而我自從數學老師事件過後，就暫停了線上交友，完全專注在賺錢、償還債務，推動「庭院出清前男友」的計畫。我告訴他，我今年不會回家過耶誕。我把原因推到錢的頭上，但真正的理由是耶誕節太令人沮喪了。

多年來，我一直試著打破模式。我喜愛耶誕烘焙、熱葡萄酒、裝飾耶誕樹、蘭姆酒蛋糕和耶誕頌歌，但耶誕節本身年復一年已變成走味的往日重現。我渴望和自己的家人共度自己的耶誕節，即使自己的家人只有我和伴侶，而不是重返緊張的對話，在連續第六年收到烤箱手套時假裝興奮，沉浸在我們全都處於相同格局，唯一改變只有皮膚彈性的迫切感。

奇安問我為什麼不用交友 app，完全不相信我聲稱不使用它們的一切理由。「小莉，妳到底在怕什麼？」

任何可以不讓我目前感情生活成為話題的事，我問說對我的工作普遍進行市場調查為什麼是明智之舉。

「妳是用情感看待事情的人。」他告訴我：「妳身為藝術家，進行個人秀的工作，就我看到的那一些，似乎都是關於情感的交換。受到『有人喜歡我嗎』的影響，像是來自觀眾、導演及評論家等人，對吧？

一切都是由這樣的透鏡來判斷，而這是看待人生的一種方式：有人喜歡我嗎？另一種看待人生的方式是：我需要這個人來喜歡我嗎？他們會給我錢嗎？真的是對的客戶嗎？這就是妳所做的事的商業透鏡。」

他說他認為以這樣的方式看待藝術令人反感，像是不純粹也不藝術。「但詭異的是，我認為這可以讓妳對自己所從事的工作感覺好一些。因為如果妳是從工作生活得到被愛的感受，那就有點錯失重點。妳的工作——」他停頓了一下，「應該要給妳經濟支持。對，妳可以讓人們喜歡妳，但如果他們沒有付錢給妳所做的事，妳就不算真正推進目標或讓它成為一種職業。」

我們談論我的目標客層。我問他是否認為它可以成為商業可行的表演，哥哥在髮間彈了一下手指，才看向筆電的攝影鏡頭。「我不知道。分手和金錢是大部分的人都會涉及的話題，所以這樣很好。談論平常事，投入強烈行銷。」

「奇安，訊息收到了。」就是這樣，我準備賺錢了，我準備創作人們願意付費的作品。我想要做出受歡迎且成功賺錢的東西。

隨後幾天，我寫下了貼文：

我的高中甜心送的個人化混音專輯，年代大約是在二〇〇二，獻給懷舊狂！

這個深情製作的混音專輯是我高中男友送的禮物，其中包括他原創的「內頁說明」和專輯封面，以及曲目之間的評論。

對於喜歡在跳蚤市場購買舊明信片，看到雜貨店清單或舊日誌就飄飄然，愛收集路邊寶藏的人，或是對原創混音專輯的失落年代有著懷舊心情的音樂發燒友來說，這是完美的古怪玩意。

這錄音卡帶收錄了 Phish、Counting Crows 和 Blink 182 的音樂，以及 Tabitha's Secret 等較不知名的樂團。使用狀況良好。

獻給你這份來自我個人浪漫金庫的有趣新奇物件，這件青春愛情的紀念物能否成為你增添的珍貴新收藏？這歷史標本對你可有什麼價值？

可愛精緻的10 K 白金藍寶石鑲鑽項鍊——非常適合九月寶寶。

這是一條藍寶石及鑽石鑲嵌白金的項鍊，搭配白金鎖鍊。

規格：10 K 白金、圓鑽、藍寶石。

這是我在二〇〇三年收到的十九歲生日禮物，來自當時的男朋友，只戴過一次。他送給我的時候，我很怕弄丟，因為知道這對他來說必定非常昂貴。（那時候他十九歲，還是學生，有兩份兼差〈可能還兼賣大麻?!〉）

這條項鍊雖然是使用我的生日寶石，卻始終不是我的風格。

我們在二〇〇四年分手，但我覺得丟掉這項鍊很有罪惡感，因為它是如此慷慨的禮物，而且我還傷害了送這項鍊給我的男孩。我帶著它搬了八次家！包括遠渡重洋。

如果你的人生中有任何可能會喜歡這優雅物件的九月寶寶，請留言給我。這是一條可愛的項鍊，現在只帶著正能量。附原裝盒子。

北倫敦面交，亦可討論快遞。

Hora牌的高音（Soprano）烏克麗麗，胡桃木琴身，附盒子——初學者的經典烏克！

這把高音烏克麗麗的尺寸為二十一吋，羅馬尼亞製，面板採雲杉木單板，側背板為胡桃木合板，楓木琴頸。美妙可人。

這個禮物來自我在大學時期曾短暫約會過的傢伙。他原本用這把琴學琴，後來又為自己買了一把品質更好的烏克麗麗。我不曾學琴——我在〈彩虹彼端〉（Somewhere Over the Rainbow）之後就放棄了。

我知道它不算特別「良好」的樂器，它少了一根弦，而且需要調音。這場交往沒有持續多久。而這些年來會有朋友定期彈奏它，但大半時候是沒人使用。這是一把很棒的初學者用烏克麗麗，希望能找到會真的彈奏它並享受擁有它的有緣人。我會附上專用盒子，以及一本《學彈烏克麗麗》的書和一些撥片。

我們分手的時候，我為這把琴給了他一百加元（五十七英鎊），但還是請出價。高門／拱門區面交。

最迷人的自由精神單車——加拿大製

這輛自由精神十段變速單車是當時男友送給我的生日禮物。它是加拿大西爾斯百貨的款式。

近十年來，我付費換過椅墊、輪胎、內胎、整個後輪、煞車皮、車手把握把。我還加裝了車鈴、車籃、車後行李架、置物箱、擋泥板。

不幸的是，這樣的大修理是因為我發現前任男友在和我的朋友約會，單車被我丟棄在雪堆所造成。

車子已有幾年沒騎，需要調整。

一九六〇年代古董打字機——Olympia 超便利攜帶款——狀況良好／（我）從未使用

這是一臺出色的德製 Olympia Splendid 66 可攜式手動古董打字機，狀況絕佳。附有原廠收納盒及配件（使用手冊、清潔刷等等），就連色帶也保持良好狀況。從今天就開始寫作吧！

我從未用過這臺打字機，這是我一個前任送的耶誕禮物，我們之後不久就分手了，而我後來發現，他一直對我不忠。

因為我很早就想要這樣的打字機，就繼續留著它，但那屈辱的經歷卻讓我始終無法使用它……所以就一直擱置著。

總之，事情已過了很多年，我們已相安無事，幾乎可算是朋友。現在，我已準備放手讓打字機離開。

你想要這部迷人的機器嗎？它需要一個好故事，它會發出令人滿足的叮鈴聲。

他告訴我，他在一家古董店花了一百加元買下它。這個機型在 Etsy 網路商店平臺售價高達兩百五十英鎊，請出價。

原版 Herschel 牛仔背包——備受疼愛的哦。

元老級背包，它是在該品牌成為大眾主流，並開始採用較劣等材質大量製作背包之前的產品。

我的前男友買這個背包做為我的耶誕禮物時很缺錢，但他知道我需要一個包包（我用的包包底部都有裂縫了），而當時的我是絕對不會為自己買這麼好的東西。

我帶著這個背包周遊世界——蒙古、科索沃、芬蘭，僅舉幾個例子！這是個備受好評的包包。現在，它的拉鍊壞了，縫線裂開，布料磨損褪色。

給予一些愛，這包包就能重新正常使用。它是現代經典、近期古著，非常適合收藏家及牛仔愛好者。

華麗又實用的瓷鑲芒果木手工珠寶盒

這是我斯堪地那維亞陶藝家前男友的手作，他把這個美麗細緻的三層盒子留在我的公寓，以便找我時可以用來放置大麻。但是，你可以使用它存放珠寶、香料或小飾品。

和這位陶藝家的分手過程並不愉快——我們之後再也沒說過話，他的盒子留在我身邊讓我感到很詭異。

它真的是非常華麗及製作良好的作品，每個小抽屜正面都有一塊精雕細琢的小瓷磚，容易抽拉，盒蓋帶有老式黃銅鉸鏈。讓這麼迷人的物品在我身邊長灰塵，或最後被丟進垃圾桶，似乎很可惜……我要它滾出我的公寓！

如果你不迷信，又熱愛陶製品，那麼它正適合你。

加拿大皇家海軍古著T恤，大約出自一九七〇年

我的前男友大約二〇〇二年在一家二手店購入這件加拿大皇家海軍古著T恤，他穿了好幾年，然後在二〇一六年給我作睡衣。

古著正品，磨損老舊得像布團一樣，但沒有裂縫或破洞。

我沒辦法再穿著它睡覺了，但也不想它流落垃圾掩埋場。

幾天後，我在倫敦中心的麗笙酒店地下室，身著女僕裝，參與晚餐劇場秀的謀殺懸疑案演出，強加一個低級改編的福爾摩斯故事給一群毫無戒心的企業人士，他們正期望用公司的錢來吃一頓文明的晚餐。

我在「更衣室」大喝廉價白酒，為主餐和甜點之間的場景做準備，我會在當中擼弄羽毛撢子打手槍。這一晚支付我一百五十英鎊，所以囉。

繫上褶邊圍裙時，我看了一下手機。我認識的物理學家路易斯．貝伊回覆我關於「庭院出清前男友」的電子郵件。

他只有在星期四我進行旁白配音之前有空談話，所以我同意在那時候跟他 Skype。

幾天後，我坐在蘇活區黃金廣場的一張長凳上，四周圍繞著鴿子，打視訊電話給他。路易斯擁有哈佛大學物理博士學位，目前是牛津大學的訪問學者，正在寫幾本書，其中一本大量提到我在多倫多所進行物理相關演出。

路易斯首先挑明了說，基本上我在此處理的是經濟學而不是物理學。「但是——」他說：「我會盡我所能幫忙妳。」

他告訴我，有古典經濟學和新古典經濟學兩種經濟學。古典經濟學主張，一切皆有價格，即使從未經過買賣的東西；然而，新古典經濟學派的運做法則卻是，有時候有些東西並沒有價格。他說：「金錢確實是象徵性及抽象的，唯有在我們同意賦予它價值的時候除外。金錢沒有歷史，所以完美；我們不知道它曾在何處，這讓制度得以運作。」他做出結論：「金錢沒有記憶。」

「是。」我在十一月底的空氣中打著哆嗦說道：「錢很冷酷。」

他明確指出，想知道我能不能在最後價格加入某種形式的非貨幣支付。這與目前練習背道而馳，但我同意，因為他拿到了博士學位。

掛上電話的時候，另一封電子郵件到來。（無主旨）來自T。我必須在十二分鐘內到錄音室談論絲襪，我的心臟如兔子般狂跳，我打開電子郵件，一邊看信一邊奔跑穿行蘇活區。

親愛的海莉，

我是在蘇聖瑪麗市寫信給妳，因為我弟弟健康情況惡化，我近幾個月都待在這裡。他就快要告別人世，我知道妳認為世界不止於此，但我仍然認為死亡等於結束，這是既安慰又可怕的事。我的小弟弟沒救了，說真的，我就是非常難過，也很生氣。但真的很悲傷。

我每天都去冥想中心，而有些事開始變化。

妳一直在我心中占據許多。我寫信來是想看看妳是否願意和我說話？如果不願，真抱歉打擾妳。

妳在社群媒體一直緘默不語——我知道藉此判斷人的狀況，是一種誤導性的指標，只是沒有什麼可以用來解譯……總之，我希望妳近來過得很好。

我想念妳的聲音，各種意義形式均是。

如果妳願意跟我說話，我會很高興。

XOT

當我帶著燦爛的笑容、幹練的自信及微妙的詭秘語氣——任何客戶想要的態度——朗讀關於腰部塑身材質和腳趾部位加厚等廣告文案時，我的思緒紛亂。我的想法一直在希望T想要復合，以及焦躁他只有在情緒低落時才想找我之間搖擺不定。客戶很高興，錄音師會把我最棒的兩段錄音剪接在一起。他們和我握手，我蹣跚爬上鋪了地毯的樓梯。我在錄音室的洗手間，用兩手拇指敲出給 T 的草率回覆，但決定暫且保留，直到今晚的治療過後再發送。

那天晚上後來，當席雅問我：「妳認為 T 想怎樣？」時，我在筆電旁的便利貼上胡亂畫著愛心及英鎊符號。

「重修舊好。但我也害怕他只是想要我牽著他的手走過悲傷，而我自作多情。」我告訴她，我想要跟他談談，但知道這樣做會打開潘朵拉的盒子。「如果我跟他說話，就會陷入糾纏，一糾纏，我就完蛋了。」

她提醒我，一個人未來行為最清楚的指標就是他們過去的行為。「不過，」她加上一句話：「值得一提的是，諸如兄弟姐妹死去這樣重大的人生事件，可能影響看法，造成改變。」而她相信人有改變的能力。

到了治療中途，她已要我編寫一份復合的條件清單，這樣要是 T 提議復合，我就有備而來。我的條件占據了好幾張便利貼。

我想要保留良好事物——性愛聯繫、無盡的熱情對話——同時改變其他一切。必須採取措施以確保交往關係不會分散並減低我可以注入工作的精力。我擔心的是，這會危及我的工作，永遠不會得到回報，而即使做出這樣的犧牲，我們的關係也不會健康到足以讓我們生孩子，最後我會落得五十歲時只有糟糕的關係，沒有小孩，以及毫無生氣的一份職業。

接近尾聲時，席雅說：「堅持立場，如果他不能做到這些要求，妳就離開。」

「對，只有在按照我的條件走時，這才值得。」我嘆息。「我自覺像是個混蛋，要跟他說我可以是他試著贏回的情人，也可以只是朋友。但如果他想要贏回我，我卻無法真的在他身邊支持他度過弟弟的事。」

帶著我的條件清單，以及隨著賭注真心而來的激動緊張，還有這次交流可能改變我人生軌跡的感覺，再加上一些憤慨，我寫一封簡短的電子郵件給T，說我很遺憾聽到他弟弟的事，而我明天晚上六點有空跟他通話。

電話準時在晚上六點鐘打來，我們最後一次談話已是五個月前的事。我坐在我那如修女小室的房間裡的書桌前，面前放著筆記和剛沏的薑茶。我聽見T竭力控制他的呼吸。

「嗨。」

我對著他親暱莽撞的說話方式微笑。「你好嗎？」我好聲問道。

「我……妳知道的，就緊張不安。」

「你弟弟的事，我很遺憾。」

「嗯，這並不意外，但就是……該死的可怕。」他呼出一口氣。「聽到妳的聲音真好。」

我在我的小床上小躺了一下。

他想知道我的狀況。我有點尷尬，但還是向他坦承博彩公司的旁白工作並不順利，我在苦行贖罪，打工還債。我沒招認的是，這些打工其實只剛好夠我的日常生活開銷，只有在拿到旁白酬勞，通常是一件案子兩百零五英鎊，我才可以稍稍減少債務。

「跟我說說你的事。」我說。

不過，他想要我一直說，所以我描述了「庭院出清前男友」的方案給他聽。當他問我，他在其中是否占有一席之地，我說：「很難確認我是否應該加上你，因為嚴格說來你從來不是我的男朋友。」

「但我是呀！」他抗議：「不管我們有沒有稱謂。海莉，我當時是個混蛋的白痴，我害怕，我……」他隱去了聲音。

我的腸胃有如被拿來擰乾的溼毛巾，我把膝蓋拉到胸前，平復內在。「如果要加上你，我會賣掉你給我的T恤。」

「啊。」他說，然後他說起弟弟的事。他弟弟這一年一直在進行嚴格的飲食控制，但癌細胞到了他的肝臟，現在只是時間問題，所以他想要快樂地吃東西。T描述了昨天餵弟弟吃巧克力淋醬甜甜圈的情景，他在弟弟每次小口咬食之間擦拭弟弟的嘴角。他提到他在弟弟哭泣、害怕死去時，抱住弟弟。而弟弟會哭，是因為沒有精力生氣。

T說回到家後的另一件大事是，近距離見證父母的關係及兩人共同創建的人生——「一個兩人協力的簡單而健康的家庭生活」。這是他十幾歲離家後，第一次在家鄉度過這麼長的時間。成為新聞記者之前，他竭盡所能，不管是航海、教導泛舟、擔任法語翻譯或畫壁畫，一直在外流浪。現在，他在此擁護定居一處的價值。「而我唯一想要一起這麼做的人就是妳。」

我屏住了呼吸。

「海莉，我愛妳。」

我沉默了好一會兒，他就這麼聆聽。然後，我微笑著說：「好。」這句話我等了好多年，現在我聽到了，卻不知道怎麼說同樣的話。他沒逼迫我。

他有個提議。「我去倫敦一個月如何？我會找自己住的地方，我們可以重新開始，又有一些喘息空間。」

我了解到這是嚴肅的正事。我猛然起身，坐回書桌前，注視著條件清單。「問題是，T，我也愛你，但我不信任你。」

「那要怎樣呢？」他問：「可以有試用期嗎？」

「我擔心的是——」我小心翼翼地說：「你寂寞悲傷，這些事模糊了你的視野。」

「我知道。我知道看起來像這樣，但真的不是。」

「但如果你希望我在這極其殘酷的期間，在你身邊做為支持性的友人，我可以理解。」

「海莉。」他堅稱：「我要的不是這樣。」

我笨拙地解釋，我可以成為他想要爭取復合的情人或是富有同情心的傾聽耳朵，但只能二擇一，而不是兩者兼具。

「我想要伴侶——情人。」T 匆匆糾正自己。

「你想一下。」

「用不著。」

我緊張不安，想要踱步，但我還是坐著，雙腳著地。「我很願意心懷復合的可能性，但是，但是——」我打斷他激動的表述——「你得聽我說完。」

「好，當然，請說。」

「我不想瞎忙，我想要認真的關係。我三十二歲了，我想要生孩子。」

「我也想要這樣。」

「那麼，你要這樣做。」我說，手指放在清單上的第一點。「首先，我想要跟一個喜歡自己的人在一起。」

他為此落淚，誤解我的利己想法是為了他福祉著想的慷慨胸襟。

「我想要你接受定期持續的治療。」

「我同意，我同意。」見到我沒有直接拒絕他，他的語氣顯得興高采烈。

「一星期一次，不是只進行一年，而是更長的時間。而且你必須持續堅持下去。」

「我知道，妳說得對。好，我會做到。」

「我想要每天都跟你聯絡，定期 Skype，至少一星期一次——我要這件事列入行程計畫，而不是塞在其他事情的空檔。我想要你告訴我，你愛我。」

「我真的愛妳。」

我感覺到昭雪沉冤，正義伸張，而且膝蓋發軟，我對他說：「我想要你說出來，一直說，我需要聽到——」

「真抱歉，我以前沒說，真的抱歉，海莉。」

「我無法忍受這段感情受到恐懼和精神官能症影響，你需要控制自己，不要再跟我說『這應該沒什麼』。你需要為你帶來的焦慮負責。」

「我同意。」

「我需要你堅定不移，不再退縮。不再改變立場。不再一天說這樣，隔天又改變主意。我需要一個言出必行的男人，如果你同意，就同意了。」

「我同意。」

「我需要你承認知曉我住在英國，我不會改變想法，我不想你忘記這一點，然後問我在假設性的未來是否想住在加拿大。」我告訴他，我願意接受一個非正統的關係，但如果他不想要遠距離交往，就需要提出解決方案。

他說他打算取得英國護照——他父親出生在英格蘭西南的索美塞特郡。這讓我很興奮，但我保持裝腔作勢的語調，繼續下一個條目。「我不想重複這種模式，每當我對你軟化，你就退出。我想要你讓我們一起變得親密柔軟。」

「海莉，我想要跟妳親密。我會上臉書，今天就改變我們的關係狀態——任何妳需要的一切。」

「我不需要這樣，但我會需要你成為我男朋友，需要在我們之間確認這個稱謂。」

「我是妳的，妳想要這樣，我同意。百分之一百，我也想要這樣。」

看到他不顧廉恥匍匐在我腳邊，實在很難不飄飄然。可還有比卑躬屈膝的情人更撩人的？「好吧，走著瞧。這些是我的條件，如果你想當我的男朋友，就要做到，並堅持下去。這全都需要隨著時間來證明。」

「我要怎麼向妳證明？」

「隨著時間，對這一切保持一致的態度。」

「好。」停頓了一拍。「海莉，我愛妳。」

「我也愛你。」我把手指伸進襯衫領子底下，我的腋窩滑溜。我們打算在三天後 Skype。

我掛上電話，推開我的小房間的房門，踏著華爾滋舞進客廳，擺出友好姿態。「納維德，他想過來這裡一個月，準備取得英國公民身分。」

納維德保持他的立場，就是當事情結束，就是結束了，他伸展雙臂形成一個大「Y」。

隔天，在搭乘倫敦地鐵準備到貝斯納爾綠地和潔瑪碰面時，我反覆閱讀T隨後寄來的電子郵件：

很感激妳願意和我談，我昨晚睡得比許多年來都要好。

不管妳是否決定再給我一次機會，我都已經找了一個治療師。關於這件事，妳說得對，而且遠遠不止於此。抱歉我讓自己的恐懼阻擋了我採取行動，很後悔這讓我們之間的事情變得如此令人擔憂。我想要做到所有妳希望有的改變。

再次想想，還有一件小細節，愛自己的想法並不適合我，但我可以以接受自我為目標。

我把我們的電話內容告訴了弟弟，他已聽過許多關於妳的事，但主要還是在於我是怎樣的一個白痴。他舉手跟我擊掌——儘管虛弱，仍舊是擊掌——要我不要再搞砸了。我之前沒跟妳說，但他鼓勵我要寄出那第一封郵件。

海莉，現在情況將會好轉。我以前黑白分明看待世界——像是認為遠距離交往並非真實——那個我如同我弟弟一樣，現在已逐漸死去。病態的一線曙光。我現在了解到生命是多麼微妙，以及我之前錯過的所有逐漸變化。我已準備好為我們開創一個完全屬於我們的人生，而我提議去英國和妳共度重要時光，就是個開始。

妳說得沒錯，時機並不好，但這個經歷改變了我，希望妳能給我一個對妳證明的機會。我很樂意給妳所需要的任何時間，來對我做出決定，我都不會離開。

請原諒我以嚴肅語氣寫這封信，但重新把妳贏回到我的人生對我來說實在太重要，所以不能油腔滑調。

我愛妳。

T

另外，那件T恤是我去西部旅行時，在鹽泉島一家舊貨店買到的。我相信妳是把它當成睡衣，而妳之後留下它似乎很合理。我很樂意回答關於它的任何問題。

下巴士時，外面天色已黑。我和潔瑪在羅馬路找到一家時髦舒適的餐廳。在柔和的燈光下，我們把毛衣和背包堆放在兩側的吧檯椅上，點了堅果和紅酒。

我點開了我那彷彿老鼠洞穴般複雜的試算表。「我在等一些市場調查的資料，還沒完成所有數據條目。」

「請恕我這樣做……」她把我的筆電推到大理石檯面的另一端，小心翼翼讓她的玻璃酒杯和我的鍵盤保持幾吋的距離，然後做了一些表面上的改觀。

我昂首坐在吧檯椅上，心中洋溢和T可能的五點〇版戀愛，他的奉承和低姿態仍讓我興奮不已。

她說，我們第一個任務是要決定如何把我所有的質性資料（言語、故事和感情）轉換成量化數據（數字），這樣就可以套進公式，產生價格。「我們需要思考衡量系統。」

「就像是——按照一到十的評估嗎？」我問

「對。那麼，十是正面，而一是負面嗎？還是相反？」

我跟她透露了我在「歡樂對上痛苦」左右為難的看法，痛苦是會增加還是減少物品的價值？

「我了解到，在幾件物品上，我想要讓悲慘時光得到補償；而其他物件，又想要美妙時光可以增加物品的價值，因為它有著正面聯想，可能要忍痛割愛。」

她毫不遲疑就說：「沒問題。我們一件件做決定。」潔瑪在她的筆記本上塗寫。「我們要按照妳的收入來考慮定價嗎？」

我們決定我應該算出我在每段感情期間的平均時薪，以估量我的時間在人生這些不同時期的實際價值，再以當年的實際匯率換算成英鎊。我們討論是否還要一併考慮通膨問題。

潔瑪說：「這會有一點煩人，但可以給我們一個較不主觀的結果。我們只需要擔心和特定時間相關的現金金額。」

杯觥交錯，四捨五入了專業素養，對話移向了我們的個人生活，我因此窺探了潔瑪的約會歷史。

在現任伴侶之前，她從未真正喜歡過她任何一個男朋友。「我在這些關係中擁有驚人的力量，之所以開始交往都是因為男方表達了興趣，而我心想，有何不可？」她承認她從未被動分手。

我告訴她，我非常嫉妒。

她說這些交往關係不是真正算數，因為全發生在她二十歲之前。

我的筆電現在已經闔上，我取出了筆記本。我們又點了一杯酒。我把頭髮盤成丸子頭，苦思這種誰跟誰分手的想法。「最好是作為主動結束關係而不是被拋棄的人，我寧願這樣，只除了，除了——」我在鬆軟的酵母麵包切片上，塗滿厚厚的柔軟奶油——「為了他們而分手的時候。就像送我單車的那個人，他就是愈來愈冷淡和疏遠，最後我了解到他在等我結束這段關係。所以，這需要列入公式中。」

潔瑪向我保證，我們會列入這個因素，但建議在仔細探討前，先退後一步。「我們需要一個系統。」她強調：「我想要有條有理地進行工作。」

酒精刺激，加上新合作帶來的好心情，讓我們加快了行動。我們開始歸類不同的數據點，迅速決定跟物品本身有關的部分就歸為一類，這類別我們命名為市場價值（ＭＶ）。任何跟時間有關的部分應該在另一類，我們稱之為時間投資（ｔ）。目前，我們同意保留外卡（ＷＣ）在一個類別，等有更多資料後再加以確認。

針對某一關係的品質細節，我們發明了一個稱為關係指數（ＲＩ）的類別。ＲＩ囊括了每一段關係都能夠評估的基本事實，像是誰跟誰分手，以及當時性愛的美妙程度。

「所以，我們有市場價值、時間投資和關係指數，加上任何適用的外卡。」我們讚賞這分類乾淨的類別。

市場價值（MV）	時間投資（t）	關係指數（RI）	外卡（WC）
• 前男友為相關的物件花了多少錢 • 相關物品根據鑑定師以及在 Gumtree 貼文所進行的市場調查後，是增值或貶值 • 在這段關係中，誰出的錢比較多 • 如果是禮物的話，對方為它花了多少心思	• 這段關係持續多久 • 這段關係中快樂和痛苦的比例 • 正式在一起之間，兩人的渴慕期間 • 走出這段關係花了多少時間 • 遠距交往的比例	• 這段關係讓我學到的重大人生教訓 • 離開這段關係，帶走多少包袱 • 實用技能 • 這段關係中的階段大事 • 促成人生故事的好故事 • 最重大的浪漫表現 • 可靠性 • 重大高點和重大低點 • 誰提出分手 • 性愛的美妙程度 • 「詩情」／浪漫的質量 • 他讓我開懷大笑的程度 • 我們爭吵的頻率和強度 • 可有難言的幸福？ • 我可有墜入情網？這段愛情的強度如何？	• 在這段關係，我哭了多少 • 被玩弄 • 我的財產損失 • 仍有負罪感

潔瑪把筆放回筆盒後說道：「很難弄懂所有前男友，所以我們按照先後順序進行。」

我同意。「而且為了簡化起見，我不會稱呼他們的名字，而是以他們給我的東西來代表他們，混音專輯、項鍊、T恤——只是……」我把我暖和的指尖按向散落檯面的麵包屑，把它們收集到我的手掌心。

「什麼？」潔瑪搜尋我的目光。

「沒什麼。」我謊稱：「我忘了剛剛想說什麼。」目前還沒有必要告訴她T的事，我不知道他到底是前任還是現任男友。

我們各自結帳，穿上厚厚的衣物。所有我喜愛的成年人都背後背包，潔瑪也不例外。我們轉向對方，醺醺然大笑，然後走向倫敦地鐵站。

帳簿

愛情	T 愛我 他一直愛著我 我並未被欺騙
金錢	以打工支付生活開銷，追蹤花費 負債 9,669.32 英鎊 銀行存款 507.86 英鎊 席雅同意讓我賒帳進行治療，我欠她 825.40 英鎊（每次療程 65 加元，乘以 22 次療程） 不回家過耶誕節我可以省下 600 英鎊
職業	「庭院出清前男友」進行中： —市場調查已展開 —公式可以派上用場 每個月平均有三件旁白配音工作 打工＝醫療角色扮演及餐飲工作
總計	？？從零開始

第10章 市場價值

市場價值是資產在市場上可以售得的價格，或是事物在特定時間特定地點可以出售的價格。

「別再拖延了。」我大聲對自己說完，就被納維德的浮潛新裝備絆倒，手中咖啡灑上米色地毯。接下來十二分鐘，我都用來以氣泡水輕拍及小蘇打刷洗咖啡漬，直到髒污褪去。納維德外出進行每週理髮，我已經完成追蹤開銷的個人每週預算。我拿出一些錢用來寄送耶誕卡給這一年來曾經雇用我或對我的職業生涯提供幫助的人，我希望這筆意外支出能夠有所回報。

我收到倫敦大學金匠學院碩士生一封有趣電子郵件，她回覆了我在Gumtree其中一個貼文。她說她的論文是關於「西元兩千年的前十年間文化混合、標準化和混音專輯文化」。她想知道我是否還有其他像高中男友送我的那種混音專輯，不管怎樣，她對混音專輯的出價是含運費兩英鎊。

經過一星期的醫療角色扮演，體現一個只接受特定血型輸血的耶和華見證人，我在休假日專心處理「庭院出清前男友」的演出。我的計畫是完成英格蘭藝術委員會補助金申請書。我現在已洽得三家劇場公司，每一家都願意給我一星期的免費空間來製作這個作品。

這些研發週將在新年的前幾個月進行，前兩週將以創作中演出做為收場。有了劇場的支持，及接下來演出的票房收入份額，我有資格申請研展表演的補助金，而考慮到我需要支付酬勞給潔瑪，我勢必得申請。不過，截止日期就快到了，我為撰寫申請書一天付出的一小時，已證明並不足夠，我需要投注大把力氣完成它。

但今天不行，因為今天是混音專輯唯一有空跟我聊聊的日子。他回覆我 Instagram 的訊息說，這個方案聽起來像是一個「酷點子」，但是倫敦和他目前居住的波哥大之間的時差讓行程安排變得棘手。

我從書架底下拖出納維德古老的手提錄放音機，插上插頭，然後在十七歲之後第一次聆聽這初戀送給我的混音專輯。第一首曲子是 Tabitha's Secret 帶有回聲的現場收音歌曲〈損失、壓力和蝴蝶〉。當我聽到歌詞唱到「我在尋找一個可以緊附的靈魂／女孩，妳對此有什麼想法」，我立刻回想起第一次聆聽它的歡欣心情，以及熱愛這混音專輯的那種至高無上、毫不掩飾的純粹。成為某個人的女孩、屬於某個人的觀念，現在和我的女權主義及爭取自主權的需求相牴觸，但當時卻讓我內心充滿快樂。

我十六歲時，和混音專輯約會剛好快滿一年。那年夏天，我們一小群人在我的家鄉興奮地四處遊蕩，或者走路，或者搭地方公車，我們都還沒開始工作或開車。我的老家在奇基納—滑鐵盧，這是一個中型大學城，在多倫多以西，距離多倫多約九十分鐘車程。認識混音專輯時，他戴著牙套，穿著夏威夷衫搭配籃球短褲；還不知道怎麼挺起新增加的身高和突然變寬的肩膀，姿態顯得沒精打采，本人卻極具魅力。我神魂顛倒，只想接近他健碩的細長身軀，纏上他瘦長的雙手雙腳。

我對他的迷戀源自於我們漫無目標的白天，以及喝醉交朋友的迷人夜晚。在八月，我們搭巴士到多倫多參觀加拿大國家博覽會——這是一個包括飛行表演、遊樂園設施和企業貿易大會的巨型市集。

當我們搭乘搖搖樂，進入一個子彈形狀的炎熱金屬座艙時，他的腳擦過我的腳。一股活力貫穿了我，儘管我在搭乘設施期間放聲尖叫，但我回應的是這種顫慄的火花。

在那天晚上返家的巴士上，我們互相刺探透露對彼此的感情。

「我討厭最後留在朋友區。」他說。

「我也是。」我贊同。雖然沒有明確說出來，在奇基納終點站走下灰狗巴士時，我們兩人都心知肚明。

初吻發生在他爸媽家地下室，當時我們躺在破舊的棕色沙發，套著襪子的雙腳糾纏在一起地「看電影」。當然，我們一些同輩朋友開始發生性關係，而我們兩人以前都有過親吻的經驗。我們兩人都有過各種三星期或甚至三個月的交往關係，但這次似乎不太一樣。接吻象徵跨過一道門檻，從柏拉圖式到浪漫愛情，同時進入直到死亡方休的關係。我們都很害怕，他挪動身子來到我上方，我們緊張地雙唇接觸。沒多久，他的舌頭就伸進我的嘴裡，僵硬地攪動。他支撐自己體重的手臂開始顫抖，我可以聞到他面皰遮瑕藥膏的氣味。

這是個笨拙又充滿努力的親吻。當時我的腦海一直環繞一個想法：我這輩子都不能再這樣接吻了。不是他必須增進技巧，就是我得另找他人。

但我不想找別人，我嘗試以我的親吻示範想要怎麼被吻。結果造成臉頰皸裂，我們兩人都大口喘息，然而我們都堅持下去。

我們的初吻是在秋天；到了春天，他第一次觸摸我的陰道，我們是失去童貞之旅的副駕駛員。分發到這麼無聊的愛情故事，讓我有點沮喪。我原本預期在二十多歲期間多交一些男朋友，但能夠這麼早找到命定之人的巨大意外收穫，錯過各種情人似乎只是一個小小代價。隨著我們涉獵更多身體地形，我想要他更多的愛情和忠誠。然而，我認為他想要跟更多對象得到更多經驗。

第四首曲子到來，播放出裸體淑女樂團（Barenaked Ladies）的〈布萊恩威爾森〉，而通話的時間到了。我已經隨意化好妝，並且把音樂卡匣盒和提問清單放在筆電旁邊。

混音專輯在他家客廳和我 Skype，他太太則在廚房從頭製作千層麵，他們擁有一個開放空間概念的家。

在十五分鐘內，我們聊了彼此這十六年來的事。他提醒我，那錄音帶是禮物，但沒有特別緣由，就是想給。他用了很多心思在隨後要接什麼曲子，以及各種音樂間的關係是如何傳達重大意義。他當時一直很迷《失戀排行榜》這部電影，相信混音專輯是一種意味深長的意思。

提到那部電影，我想起約翰·庫薩克的角色其中有一場獨白，是評論其女友高切式內褲的象徵本質，這個場景促使我到百貨公司購買自己的白色棉質內褲。這件事是要向混音專輯證明，我喜歡他喜歡的東西；在我們明顯開始有所隔閡時，我們仍然有共通點。還有什麼比朝著對妳性趣減少的伴侶，賣弄新內褲更令人沮喪的事？我在筆記本上寫下白色內褲，然後把注意力拉回他現在說的事。

儘管錄音帶本身實體是偷自他爸媽的收藏品，再錄製覆蓋了一個廣播劇的錄音，他強調在歷史上那個時期，要花好幾小時才能製作一個混音專輯。非法下載每一首歌曲，再燒進光碟片，這是常發生問題的過程，因為電腦經常在中途當機。然後，他必須使用光碟和卡帶兼具的手提錄放音機，把音樂轉錄到卡帶，並且在中間暫停錄製他的評論音頻。我寫下可能冒著坐牢的風險，因為當時可是 Napster 取締時期[13]。在他身後，他太太把新鮮麵皮放到木製晾衣架上。

我唸曲目給他聽，他已完全忘記曲目以及他書寫的說明文字。他喘息的笑聲卡在喉嚨，最後帶出清楚的字眼「對」，然後是「我的天」。當他的 iPad 快沒電時，他上樓去拿電源線。在前往書房途中，他輕聲說話，並翻轉相機鏡頭讓我看到他睡在嬰兒床裡的雙胞胎。他插上 iPad 電源，繼續留在書房。

離開混音專輯本身的具體領域，我提出和方案前提相關的問題。「我們的關係對你最大的得與失是什麼？」

他從「得到」開始，舉出「有太多的第一次」。我早已決定不要在十七歲前失去童貞，他從未強迫我這件事。我們沒有談論我們不曾有過插入性性愛的事實，但我心中惦念著，這是其中一個我們並未共同打造的「第一次」。

「至於失去，」他說：「我想，是失去純真的感覺。」

我同意。

「呃，對，但對我來說，更……呃。」他提高音量，回頭探看。「當我們在一起的時候，我認為自己是非常正直的人，然後我，呃……」在繼續往下說時，他用指甲搔撓毛衣上像是嘔吐物的東西。「我處理我們分手的方式，讓我了解到自己和別人一樣，只是一個爛人。」

「可你不就是喜歡別人？」

他嘆息。

13 Napster 在一九九九年提供點對點的音樂檔案共享服務，同年十二月遭美國唱片協會控告侵犯著作權，法院要求 Napster 網站不得繼續提供未經授權的音樂交換服務，Napster 最後在二〇〇二年申請破產。

「你做了！」我幾乎高興地呼喊。

「對，我做了，但我當時說我沒有，而——」他再次回頭探看——「那次分手是我為人所做過最卑劣的事情之一，我對此真的一直感到很難過。」

「哦，你被赦免了。」我的聲音有點太過大聲，有點太像演員的聲音。

「不，不，這不是——」他搖搖頭。

我注意到混音專輯的髮際線有多麼後退，以及刻劃在他額頭的深深線條。他看起來很疲憊；肩膀在這十六年來也從耳朵寬度往外滑落；看起來就像他爸爸。

混音專輯問說什麼時候可以看到這個表演，我半是謊稱加拿大的演出日期仍有待決定。我已寫信給多倫多幾家劇場，但目前都尚未確認；南美洲方面則毫無計畫。

我說：「享受你的千層麵和雙胞胎吧。」

他大笑，聲音尖銳嘶啞，然後向我敬禮。

我闔上筆電，牆壁另一頭嗡嗡的電視聲讓我鎮靜下來。我動也不動地坐著，心中震驚不已，滿臉泛紅。我想要外出，我應該仔細做筆記，把資料輸進試算表，但我卻在滿滿的衣櫃中翻找，找尋我從加拿大帶過來的青少年日誌。

我得意洋洋地翻開一本滿是雜誌剪貼的厚厚筆記本，讀了起來：

混音專輯有了另一個女朋友。已有足夠的線索和跡象。我知道他有。我覺得在這件事上自己騙自己沒有任何意義，顯然不管我們曾經有過什麼，都不是愛情。你（身為青少年）認為這階段是愛情；然而，它不是。

我希望他像我關心他那樣關心我，我恨我還在恨他！

總之，還是有好處的。

我不浪費我的時間和他通電話。

他不在身邊讓我感覺情緒惡劣、內疚，讓我覺得自己是如此好妒的人，而明明我直覺地清楚知道到底發生了什麼事。他試著讓我相信我只是善妒和多疑，真讓我氣炸了。

他學校成績不及格，也喝很多酒。我希望他被自己的嘔吐物噎死。不，我不想要他死，這樣說太可怕了。我只希望他被警察抓走！被收取嚴重罰金！他的爸媽對他非常生氣。我希望他無處可去！我恨他傷害我。

我不是壞人，我不是壞人。

我很難過。

哦，親愛的，為這混蛋浪費的紙夠多了！我知道自己正在學習假以時日我就會了解到的事。

愛你的海莉

我早就設法忘懷在我們分手的那個晚上，我哭倒在爸媽房間外頭的事。我媽媽下床，彎腰到地板摇著我。她說：「如果我可以承受妳的痛苦，我一定會。」我早已忘記這所有一切，但他沒有。他在十六年後坦白招認，我沒料到會有這樣的結果。

米羅打電話來。當我告訴他，我正在趕我的補助金申請書，沒辦法去看喜劇秀時，他為了說服我，答應替我編輯預算並同意去看我想看的演出，就是我的教練參與演出的一場即興耶誕卡巴萊歌舞秀。

等米羅來接我的期間，我轉寄了流行音樂學院的那封電子郵件給我哥哥，問他是否建議我了解一下她可否願意以物易物。

去劇場前的酒吧裡，我掃掉了四分之一的烤雞，跟米羅提到混音專輯的道歉，以及我抹去了曾生動記述在我青少年日記的事件。

米羅求看我的日記。

「絕不！」我把筆電交給米羅，讓他查看預算。我突然想到，儘管和混音專輯分手，當時對我的傷害比較大，現在對他卻比較記憶清晰。我對米羅說：「和混音專輯的對話讓我對於曾經不想要的分手了解了一些事。」

「哦，是嗎？」

「稀釋發揮了作用。」

米羅把一塊青花菜塞進嘴巴，揚揚眉毛。

「因為我分手過八次，對上他的三次，我跟他的經驗就被沖淡了。」

米羅說他不懂，他一直是感情專一的人，而每一段長期關係都完美銜接。「從十八歲開始，我有過一段七年的交往關係，然後直接進入三年的感情，接著是在認識茱莉時所結束的六年關係，現在我和茱莉已在一起五年。」他從不須忍受分手後恢復單身的痛苦。

在他去點另一輪酒時，我發語音訊息給潔瑪，提供我和混音專輯通話的最新訊息，並強調我們需要把這種稀釋作用加入公式。

米羅回來了，手中拿著酒，一邊說明他是那種分手後就燒掉所有東西的類型。他無法理解我怎麼能留下這所有東西，更別提還要跟歷屆前任談話。

我告訴他，我離開多倫多時，清掉了我大部分東西。我把東西放在屋前草地，送走一大半。爸媽實施精簡化，不肯儲存東西，所以我珍貴的物品，主要是我兒時的日記，就被送到城裡的儲存櫃，留在那裡一年，直到我把日記帶到倫敦。

「每個月五十六點八九加元。」

米羅用手機算了一下。「妳花了六百八十二點六八加元來保存妳的文字。」

「我想我們最好把它加入公式。」

「這就是為什麼追蹤妳的開銷至關重要。」

我拿出手機，準備再次發簡訊給潔瑪時，看到T傳來的訊息：只是想說，我真希望我們現在可以一起吃鬆餅。

米羅問我為什麼臉紅。

「T，變得這麼——等一下，我得回訊息。」我打字：你還在試用期，來這裡。我愛你。

他的回覆占滿了我的螢幕：好好好妳好好好好好好好好妳好好好好好好好好好好好好妳好好好妳好好好好好好好好好好好妳好好好好好好好好好妳好好妳好好好好。

我笑容滿面，放下手機。

米羅說：「夥伴，你們兩人真是濃情蜜月呀！」

「或許我們可以跟你和茱莉一起吃晚餐？我剛要他訂機票過來看我。」米羅從沒見過T，但我希望這次可以碰面。

「呃……再看看吧，我和茱莉現在不太愉快。」他說最近他覺得自己比較像是她的哥哥，而不是情人。「太常上洗手間沒關門了。」

我點點頭，努力把注意力放在他身上。T 的許諾讓我們的關係重獲新生，同時我們非正統的戀情也將避開這些常見的陷阱，我不禁得意洋洋。

然後，我聽見他說：「但最大的問題是，她不跟我說她為什麼悶悶不樂，我不知道發生什麼事了。她就是如此安靜，我感覺就像跟幽靈住在一起。」當我問說茱莉是否抑鬱，米羅完全迴避了這個話題。「好，麥吉，我們來修正一下預算吧。」他加了幾排。「國民保險、退休金定期繳款、公共責任保險，還要給妳藝術家的費用，別放棄這個！」

我們談論了表演的時間表，以及如何架構我的研發週。

米羅說：「我不想聽起來像是自尊心受傷，但妳為什麼還沒有要我替妳做燈光設計？」

「我認為我請不起你。」

他把試算表轉向我，指著包括燈光的費用。「如果妳拿得到，就太好了。」

「你想跟朋友一起做事嗎？」

「我只想跟朋友一起做事。」

「我不知道。」我說：「我擔心這可能會引發爭論。」我試著解釋說，因為我很難和朋友爭辯，即使是在專業背景中，我經常默許以避免衝突，而後來不僅怨恨他們，也不為方案投入時間精力，來做為沒有捍衛自己想法的應對之道。

「跟我用不著這樣。」他說：「而且，我會給妳親友價。」

「成交。」

米羅在試算表上重新調整他的費用。

鈴聲響了，我們前往酒吧的劇場。我的教練問說有人喜歡蛋酒嗎，藉此拉開了表演的序幕。我們吶喊，而酒杯被傳遞到大家手中。這一小時的滑稽喜劇涉及了精靈、資本主義和家庭政治，我開懷大笑，也為T即將到訪而亢奮。米羅笑聲不斷，我猜想是在逃避等一下開車回去要面對和茱莉相處的愁悶狀況。

我和T的對話在耶誕節期間顯得更加緊密，我沉溺在彼此熟悉親近的舒適感。在離鄉背井的期間，能夠和自己口音相同的人通上好幾小時的電話，是一種慰藉。法艾為六對情侶及我所舉辦的跨年夜晚宴，讓我覺得自己像是徹底的局外人；我在午夜之前就逃離了，然後在候車亭透過視訊聊天和T一起迎接新年到來。在T所在時區的午夜時分，他的弟弟過世了。

兩個星期過後，他的浪漫戀情暫歇。而我既想要撫慰他的悲傷，又想抗拒在他符合我所有條件之前，和他進入正式關係地帶，這兩種渴望讓我動彈不得。但他這個下午就要到倫敦了。

當我打開大門時，T露出微笑，這是很難得的光景。他緊握行李袋的提帶，緩緩爬上臺階。我在門框內蹦跳，努力不讓只穿襪子的腳凍傷。他輕輕擁抱我。

「進來，快上來。」我說。

他轉換行李袋的角度，跟著我爬上通往二樓的狹窄樓梯。走進納維德的公寓後，我坐到沙發上，而他坐進扶手椅放鬆自己。

「你要喝杯茶或咖啡，還是喝水呢？不然，我還有果麥片。哦，我還買了一顆葡萄柚要給你。」我迅速起身，到廚房去拿。不知為何，T的腦海中一直存有葡萄柚茅屋起司是可以接受的早餐食物，雖然他從未吃過茅屋起司。我從廚房大喊：「我還替你準備了一個可頌。」（歐利說當我的朋友，就有一部分要忍受我咄咄逼人的主人款待。）我蹲下來檢視自己在微波爐前的映像。「你要果醬嗎？」我呼喊。

他走到門邊。

我放低音量。「你要果醬嗎？」

「不，不，這樣就好了。」

「我買了一顆葡萄柚給你。」我再說了一次，把水果遞給他。

「我等一下吃。」

現在，他的雙手摟著我的腰。我觸摸他顴骨上的疤痕。他俯下身來親吻我，嘴唇仍因一路從車站走來而冰冷。

「你有點臭。」我低語。

他往後退，驚懼地一隻手捂住嘴巴，另一隻手握住上臂，緊閉任何可能散發難聞氣味的地方。

我要他放心，說我不介意，並試著縮短我們之間的距離，但他和我保持一定的距離。

「我先去沖個澡。」

「吃完再去。」

「我不需要吃東西。」

我把他的可頌放回袋子，我咬了一口我的可頌，卻緊張到吃不下。

沖完澡後，他坐到我旁邊的沙發上。我雙手圈住他，我們親吻，直到我躺了下來，而他的手來到我的牛仔褲鈕釦上。

「我還沒準備好。」我盡可能輕柔地說。

他抽身，雙手舉向空中。

「抱歉，我必須——你得爭取獲得。」

「好，當然，對不起，我不知道。」

「沒關係。」

我們坐起身，他在沙發一頭，我在另一頭。我啜飲喝咖啡，雙腳伸向他的大腿，他的拇指握住我的腳拇趾。

「海莉，我很沮喪。我知道我不該提起弟弟的事，但……」他仰起頭，免得淚水滑落。

我爬向他。他開始啜泣，而我揉著他的背。

「我在弟弟過世後，這麼快就來找妳，請把它當成我是多麼想跟妳在一起的象徵。」

我們就這樣待在沙發，直到午後陽光從室內退去，我們靜靜留在傍晚的灰夜裡。我非常想尿尿，卻不想離開他。

「你想不想去吃點克朗奇區的酒吧食物？我們可以去看電影？」

「海莉，真對不起，我是如此該死的一團糟。」他再次落淚。

「沒事的。」我指指時鐘說：「我的室友就快要回來了。」

「好。」他抽身離開我的懷抱，然後起身。

他今天晚上要睡在倫敦東南一個朋友家中的沙發。他預訂一個月個人住處的誓言，現在已降級成兩個星期的沙發客。但他確實已在上飛機之前，開始接受治療。

我在浴室，照著鏡子。腳站好，從丹田發聲。

我們把他的袋子拿到我的修女小室，套上靴子，走進夜間的濛濛細雨。進入酒吧時，我擔心自己是否帶錯了地方。我們選擇了壁爐邊的木桌，但壁爐空蕩蕩的。他建議點一瓶酒，但我說不要。

「我會喝完的。」

我揚揚眉毛，他就讓步了。

「一杯酒就好，我還有時差。」

我到吧檯點了兩杯大杯招牌紅酒和一些食物。我放下酒的時候，帶著翻開新頁，進入舒適溫暖新篇章的感覺。但不知怎地，在我起身點餐的期間，T已陷入他淒慘消沉的故事中。

「海莉，我不知道。我想見妳，卻不知道自己在這裡做什麼。」

一陣焦躁不安湧上我的心頭。「瞧，這就是我說的退縮。」我沒說乾杯，便逕自喝了一口酒，我搖搖頭，發現我們又重演了老場景。

「這不是退縮，我只是在跟妳說我的感覺。」

「我需要你堅定可靠。」我握拳，拳頭放上桌面以強調想法：「我不相信你。」

他垂下頭。

「你還有許多事有待證明。」

「我到這裡。」他壓低嗓音說道：「我來找妳，這是我的浪漫表現。」

「這是第一步。我告訴過你，你需要隨著時間逐漸贏回我的信任。」

他沮喪地環顧四周。

「如果你不知道自己是不是想這樣，那麼你應該回家。」

「我一直在思考這件事。」

我們的食物送來了，馬鈴薯非常美味可口。

沉默中大概吃了十三口後，我說：「我不想成為在酒吧中吵架的情侶。」

「我也不想。」他說他和治療師明天有個 Skype 療程，這應該會有幫助。

我們啜飲嚼食，而酒吧慢慢坐滿互相拍擊背部和親吻致意的人們。

「真的很對不起，我傷害了妳。」他的嘴唇顫抖。

「沒關係，沒關係。」我未加思索便伸手握住他的手，試圖阻止淚水。「我們要不要看看電影院在演什麼電影？」

「好。」他拿出手機，大聲吐氣。

「真希望我有地方接待你。」

同時湧現的憤怒和同情讓我困惑。我交叉雙臂看著電影，沒有發出笑聲，他也一樣。但後來，當我帶他和他的行李去搭倫敦地鐵，我不想說再見。我們在車站入口熱情擁抱，做好計畫讓他在我明天蘇活區的配音工作結束後來找我，然後他就前往倫敦的東南方。

T 來到倫敦的第四天，我們來參加法艾和她的先生盧烏作東的伯恩斯晚餐[14]。約翰路易斯套著格呢夾克。嚴格說來，伯恩斯之夜還要再一星期，但盧烏有一場會議和它撞期，所以他們今年把年度晚餐往前挪。他們的公寓充滿奶油酥餅和蘇格蘭威士忌的味道。兩人都不是蘇格蘭人，但是他們在伯恩斯之夜的慶祝活動相識，所以這一天對他們有特別的意義。法艾的月事如期而至，以琴酒做為她失望之情的慰藉。經過六個月的嘗試，她還是沒懷孕，她唱了三次〈友誼萬歲〉（Auld Lang Syne），然後就快八點了。

我大口喝下一杯濃烈的琴酒調酒，發出品味的聲響。T 來倫敦之後，我一點工作也沒完成。即使我們沒在一起，我所做的也只是在補助金申請書上重寫相同的三個句子，擔心如何編寫下個月第一個研發週要用的腳本。大部分時間裡，我不是在腦海裡向 T 說教，就是給自己打氣說不要完全停工。

T 對著我舉杯說道：「我今晚一直跟著妳的步調。」

「好，但別喝太多，因為……」我朝他挑挑眉，盡力做出「我們就要好好享受」的意味。T 要替梅達谷一個家族朋友看家，這將是我們單獨在一起的第一個夜晚。

法艾晃蕩到我們之間，雙手摟著我，往我的臉頰印上溼吻。「到底誰需要寶寶？」她問。我們碰杯喝酒。「知道嗎？我可能不孕。」

「再看看吧。」我說。

「真的。」

她付諸大笑，我也回以笑聲。

T 氣惱地在旁觀看，他語氣尖銳地說：「抱歉，我需要說一下，我不欣賞妳監視我喝酒。」

法艾戲謔地對我嘖了一聲，我抽身離開她，然後瞪大了眼睛，對 T 皺起了眉頭。

「不好。」他說。

我不管人家怎麼看，就逕自轉身離開廚房，然後躲進法艾的房間，癱倒在地上。

就在此時，我聽見米羅到了，他在這個場合加重了蘇格蘭腔，接著是他的蘇格蘭裙引發了法艾的尖叫。他趾高氣昂走進主臥室來放外套。「麥吉，從地上爬起來，不然妳可就真的有得見識了。」

我遮住眼睛，告訴他我在生氣。

「小姑娘，起來！我想要見見妳的小夥子。」

我站起來，他擁抱我。我輕聲說：「T 讓我抓狂中。」T 這時候剛好進來，我和米羅放開了彼此，然後我介紹他們兩人認識。

米羅說，茱莉不太舒服，沒法參加聚會，然後就失陪讓我們獨處。我重回地板上的位置，T 在我身旁坐下來。

他說他沒有派對心情，他很悲傷，想要獨處。他在床上找到他的外套後穿上。

當其他客人在餐桌前就座時，我和 T 擠過他們身後，往大門口走去。幸虧他們都保持禮貌，沒問怎麼了。T 拉上外套，我問說等一下是否要去找他，他聳聳肩。「我不知道，我再發簡訊給

14 Burns Supper，讚揚蘇格蘭詩人羅伯特・伯恩斯生平和詩作的活動，一般在詩人冥誕的一月二十五日或附近日子舉行，但也可以在一年的任何時間。〈友誼萬歲〉（Auld Lang Syne）是以他的詩做為歌詞的蘇格蘭民謠。

妳。」我替他拉開大門，他離開走入夜色之中。

我跟大家解釋，說他的弟弟剛過世，大家都能諒解。

我們開懷大吃薏仁燉肉湯，奶油韭蔥、瑞典蕪菁和馬鈴薯泥、羊雜血腸各種菜餚也在席間傳遞。我跟盧烏一個同事討論到「庭院出清前男友」的方案，她是來自南非的電腦程式設計師，因為交往而搬來英國，儘管這段戀情現在已經結束，但她因為喜愛倫敦就繼續留下來。

喧鬧、臉色通紅的米羅從桌子另一頭大喊：「海莉的方案難道不是一個難以置信的長久笑話嗎？談論找出可以窮究價值的前提。我的意思是，這就是笑話不是嗎——你能接受到什麼程度？」

「哦，老天，米羅，饒了我吧。」我說，沒心情讓人貶低我的工作。

法艾提高聲音對米羅說，只因為他把自己賣給企業部門，為商展設計燈光，並不代表我們當中就沒有藝術家。

「但說真的。」米羅說，迷迷糊糊的眼神看向我。「物品的價格就是有人願意為它付出的金錢。」程式設計師問我對行為經濟學了解多少。

「非常少。」

米羅鼓勵約翰路易斯舔掉他鬍子上的醬汁，而一時分了心。程式設計師告訴我，當經濟學家了解到消費者的習慣並不理性，行為經濟學開始盛行。品牌聯想——或是故事——會左右買家為較劣等或相同的產品付更多的錢。米羅剛才假設的其實只是一種經濟理論，但不幸的是，經濟學入門卻把這個理論當成信條教授。她說她認識一個我應該去聊聊的人，對方是一個人工智慧專家及電腦科學家，研究故事和感傷是如何影響經濟。

「介紹一下。」我說，記下她的電子郵件信箱。

後來，法艾看到我盯著手機，向我保證，我留下來並不是混蛋。但是，她說，如果我今晚想要找T，就應該直接要他接受我的看法。

我吃了我的乳脂鬆糕，喝了一杯蘇格蘭威士忌，然後跳上Uber，這時我才發簡訊給T，讓他知道我在路上。

我一進到公寓，手中還在解靴子鞋帶時，就開始發難。「我不想跟你吵架，但你在推開我，這是舊事重演。我剛剛在跟你調情，而你該死地拒絕我。」

他在皮沙發上坐下，我看著他哭泣。

很好，我心想，你應該抱歉。「我以為我們今晚要一起睡。」

「是妳決定的。」他說：「或許我還沒準備好。」說到「我」時，他指向自己的胸口。

「你怎麼會還沒準備好？之前說還需要一點時間的人是我。」我伸手去拿剛剛脫下的靴子。

「如果你說你改變主意了——那我不行，我們說定的了。」

我們周而復始，說著我們的口頭禪——「我不知道我在做什麼。」「這壓力很大。」「我不主張。」

直到他放下手臂，然後說：「妳說得對，海莉。妳不該需要成為主張這件事的人。」他告訴我，他愛我，而且很抱歉。

我也回了同樣的話。

現在，凌晨四點鐘，我們都哭了。兩人拖著身體來到床上，清爽的白床單在這一團亂後給了我們撫慰。

我們在彼此懷中醒來，他讓我達了兩次高潮後才說：「我一直沒跟別人在一起。」

「我也是。」

這既是忠誠深愛的象徵，也准許了我們進行「拔出禱告」的無保護措施性愛，在整個交往期間，我們一直都是這樣辦事。我現在並不想懷孕，但已不再擔心自己會中獎。我從不曾懷孕，就像法艾一樣，我也懷疑自己能不能受孕。就某種程度來說，懷孕將清楚表明我和 T 需要找到在一起的辦法——我認為這也會迫使我們。

總之，許可獲准。T 在我裡面，而我們在這張都不屬於二人的乾淨床上。一道道陽光透過百葉窗的間隙落在我們身上。我們顫抖。我的手指觸摸他頸後髮際的汗水，抓住他如人體模型般的屁股。在我毫無商量餘地的事後如廁之後，我們裸身相依，身體慢慢冷卻。

現在已過了中午，我們決定去吃週日燒烤。這個下午，我們就像我一直想要成為的情侶。我打破我的緊縮規則，在一家時髦的咖啡館為兩人買了卡布奇諾，我們一邊喝，一邊沿著大街散步。T 在書報攤買了一份《觀察家報》。我們在一家酒吧的陽光角落細細翻讀，用約克夏布丁[15]沾著肉汁。他看報紙時，手放在我的肩膀上，不時停下來親吻我的掌心。午後中途，一個十人的銅管樂隊演奏一組曲子；長者成對跳舞，孩子在他們身邊蹦蹦跳跳。我痴迷，而 T 大翻白眼。我們爭辯業餘愛好的價值。最後，我贏得了他的認同，我主張曾屬於我們大眾的這些活動，例如藝術、音樂和運動，已被轉換成精英演出，把我們每一個人轉換成為觀眾。

T 堅持由他買單，並且告訴負責吧檯的人說，這是他有史以來最棒的約會。他替我繫好圍巾，然後摟著我的肩膀，我們在門口親吻了一下，才踏進天色變暗的大街。

T 來訪的日子就像這樣經過，從嚴峻生硬的時刻，蹣跚來到心照不宣、狂喜和寧靜狀態。面對他的悲傷和我的怒火，我們草率看待。日子愈久，我們就愈輕率。到最後，我們兩人都很高興他這一趟的來訪。但我們卻沒計畫再相見。

在Ｔ來訪期間，我的「庭院出清前男友」一事無成。現在距離我的第一次研發週，還有兩星期。我將需要暫緩補助金申請書，專注在做出類似腳本的東西，並且安排不同的朋友和同儕來工作室，給我一些意見回饋。

但首先，我查看了我的個人財務，補上之前忽略的收支追蹤。我非常擔心這件事。我跟Ｔ比我原本想要的，更常去餐廳，不過數字倒是透露了不同的故事：比起前幾週，我在和Ｔ共度的兩星期較少花錢。我沒注意到Ｔ有多常買單。

我想要準備腳本，卻發現自己躺在客廳地板上閱讀我的中學日記。我覺得噁心反胃，卻放不下手。翻查我舊日感情資料一個始料未及的代價是，揭露了深埋在我腦海儲存櫃裡的記憶，我已經忘記我不想記得它們。

就像這一件：我第一次以浪漫方式說「我愛你」的對象是混音專輯，而且我是在我們的兩個友人面前，第一次跟他說我愛他。這大概是我們初吻過後六個月，當時我們全都站在混音專輯父母家的玄關，穿著外套準備離開。我們這群人當晚發生了一些爭執，還沒有解決。

突然間，我得到啟發，我的眼神直直看向混音專輯，宣布說：「我只是想要你知道我愛你。」

一片靜默，混音專輯緊抓扶手。

15 Yorkshire pudding，形如杯狀，但口感不像一般甜點布丁，味道略鹹，外圍香脆，易於吸收肉汁，經常搭配烤牛肉食用。

我們的朋友不自在地挪動身體，嘴巴急切張合。

我說：「你用不著跟著說。」

他說：「不，我可以。」然後他緩緩吐出：「我也愛妳。」

我們分手後，我在日記上寫道：他後來再也沒說這句話。而我之後就再也沒當第一個說我愛你的人。

我當下心想，這真是令人厭惡的方案。我四處討求，從生活中搾出可能有趣味性的東西，這樣到底是在做什麼？然後，我又想，真恥於當時的自己，我會有好長一段時間找不到話來說了，但後來知道，我是害怕自己根本沒有改變。

當然，揭開我寧可保密的部分自己需要某種補償——公式要加入一些因子。我記下和物品相關的意外痛苦情緒，再繼續讀下去。

我和混音專輯的關係變得緊張，曾經是兩人都喜歡的東西，他卻開始翻白眼，其中包括我們的共同友人。他不再穿夏威夷衫和籃球短褲；他開始愛喝黑啤酒，在後院拍攝恐怖片的提議讓他難為情，而我只能聊的是戲劇的變革力量。當我強迫自己加入他的新朋友群，晚上最後收場經常是，我指責混音專輯喜歡上其中一個女孩，而他說我好妒來打發我。

在暑假尾聲，他和我的家人一起旅行到我哈洛姑媽家。假期的部分計畫是我要幫忙姑媽裝修她的日光室。我為這個計畫做了一個分配時間的日程表，但當我在我們約定時間等待時，哈洛拿著皮艇划槳，躡手躡腳走到我身後，惹得其他家人哈哈大笑。

她後來說：「我只是想和奇安去划皮艇。」

成為笑柄讓我情緒崩潰。「但妳要求我幫忙的呀。」我啜泣。我的家人對我笨拙的情緒表現已習以為常，混音專輯卻從未親眼見識。他的眼神晦澀難懂，我認為有東西被摧毀了。不像我的家人，他沒有維持永恆不變的義務，愛情從來就不是無條件的。

我一直認為那場崩潰事件最終對混音專輯產生了決定性作用，另外還有離開我，找別的女孩上床的預期好處。但重新翻看我的日記，我看得出他在更早之前，大約在我的愛情表白時，就已萌生退意。

當夏天結束，混音專輯聲稱我們之間曾經存在的樂趣已無法挽回。當時是晚上，我們並肩坐在我爸媽家前面的人行道邊。我們已進入高中生活最後一年，我的十七歲生日就要到來。在我們解除關係時，我拔起地面的青草，扯開它們的底部，露出根部附近的白芯，再把它們丟進下水道。我一直專注做這件事，此時他建議我們暫時分開一下。

我的自尊發作了。「暫時分開要做什麼？」

我盯著他卡其短褲下方露出的膝蓋，那裡已經新長毛髮。他往後靠著雙手，抬頭看著街燈說：「就是已經行不通了。」

我沒問說是不是有別人，因為我不想知道。

兩天後，我暗中看到混音專輯在學生停車場和其中一個女孩親熱，感覺就好像有人拿鐵棍重擊我的肚子。不過，這也是一種澄清，我不是好妒而是直覺準確的人。

只是，發現有人可以不愛我，還是讓我傷心至極。我穿了好幾個月的睡褲上學，我重複聽著那捲混音專輯，他怎麼能說這些甜言蜜語，然後又決定這不再真實。我在想自己是不是不應該如此固執十七歲前不上床的規則。我的胸部太小了嗎？我的個性太奇怪了嗎？因為我是戲劇怪胎嗎？還是因為我不抽大麻？

在那星期後來的即興表演中，建議關鍵字是「運輸工具」，我做了獨白，敘述分手三年之後，我在從多倫多返鄉的巴士上偶遇混音專輯。我告訴觀眾，看見他是怎樣讓我揪心，他是怎樣坐在我旁邊吃著一袋零食，我熱情洋溢說著話，滔滔不絕提及我即將到來的演出，以掩飾我的不自在。

「我猜想，我想成為繆斯女神及有趣的人，這是很難的平衡。」我嘲弄：「這就像古代的女性氣質和新時代的女權主義在我內心交戰。在這兩小時的巴士旅程，它們都在對抗，但我努力結合它們以取得最大成果，或是說最大獲利？」觀眾發出笑聲，儘管它針對的比較不是我剛才說的話，而是我謙遜的演說風格。不過，我接受它，然後回到我在後排的位置。

我和潔瑪緊握彼此的手，走進伊斯靈頓著名的準則拍賣行。這是相對較小的鋪面，擠滿華麗的木桌、厚墊椅子、節目單木箱、吹製的綠玻璃燈、小地毯、繪畫和花俏的枝形吊燈。在講臺後面，一名身著不合身西裝的年輕拍賣官對著在座位舉起喊價牌的一些人，連珠砲似地說著行話。一名帶著小狗坐在長沙發的女士對著一個手繪香菸盒不斷出價。

我很想知道物品販賣的背景是怎樣影響銷售，便建議兩人進行這次田野調查。當然，我也對舊東西情有獨鍾。

櫃檯人員給了我們喊價牌，如果想要出價就可以使用，我問說是否可以找時間和拍賣官聊一下。我們一起拍了幾張照片，並錄製一個短片以做為補助金申請書的概念驗證，在準備研發週的這十天，我完全擱下了申請書。

在香菸盒和其他幾個物件拍賣完畢，另一個拍賣官上臺後，就有人介紹我們和第一個拍賣官相見。他今年二十三歲，這是他的職業，正式工作職稱是估價師，專長在時鐘。提到估價，他解釋他們所使用的評估標準是年代、來源、材質、損壞程度、特色和出處。「出處」是一種藝術界的現象，物品（或藝術品）的價值會大幅增加，只因為曾有重要人士經手。

我興奮地告訴他珠寶盒的事，它是我陶藝家前男友的手作，被充作大麻存放盒好多年。「而這個前男友，在定居芬蘭之前，曾住在紐約。」我連忙說明：「當時他和佩蒂・史密斯[16]交朋友——哦，其實是他媽媽——但有時候佩蒂會順道來我前男友的公寓喝杯咖啡——就是他媽媽來的時候。而且很有可能佩蒂・史密斯抽過放在這珠寶盒裡的東西。」我想要知道這樣的關聯會不會提升它的價值。

我們熱情洋溢的估價師耐心地解釋，儘管名人持有的跑鞋可能賣到三萬英鎊，但因為我的珠寶盒並不屬於佩蒂，而且我也沒有任何照片或證據可以顯示她曾經抽過存放在裡面的大麻，這故事無法取信，也就沒有多少價值。他以其專業意見說：「可以影響妳所持物件價值的唯一方式就是提升妳自己的知名度。」

我洩氣之餘，目光掃視拍賣行，看到那位肥胖出價人帶來的狗正對著靠在櫃檯的一幅畫撒尿。在出價變慢，拍賣官落下木槌並高喊「成交！」之前，他們會喊「拍賣官警告」（fair warning）。我寫下這句話：「拍賣官警告」——有異議現在提出，否則就永遠緘默。

16 Patti Smith（一九四六～），美國創作歌手、詩人，兩度獲葛萊美提名，而著作《只是孩子》贏得美國國家圖書獎。

一小時後，我和潔瑪在攝政王運河畔的一家咖啡館，篩選我們各自的調查素材。

她首先說：「我認為既然是尋求價格，我們的公式最好還是源自資本主義。」

我點點頭，很高興能安撫像米羅這種愛唱反調，高喊「價格就是看別人出多少」的人。潔瑪對於怎麼進行這件事有幾個想法，首先是使用投資報酬率（ＲＯＩ）計算公式做為我們公式的基礎。

她開始說明：「投資報酬率是一種廣泛使用的財務度量，就是投資獲利或虧損和其相對成本的比率。」

「就是讓人得知物品的最後回報嗎？」

「沒錯，我們往下會再改進，但大致上說來，我們會以這樣的東西來處理表達式之間的關係。」她把她的筆記本轉向我：

投資報酬率＝（收益－成本）÷成本

估算投資報酬率有幾種不同方式，但基於這個式子簡明單純，潔瑪最喜歡它。

另一個讓我們的數學牢牢根植於資本主義的方式是，以公式的第一個表達式做為我們市場價值的表達式，這正是我們今天要著重的焦點。而我們同意，在第一個表達式，第一個變數將是市場現值。以此開始意味著所有隨後變數都會修改物品的財務價值。

在鑽研市場現值的細微差別時，我們了解到有兩個類別需要處理：

一、全新購入，而且可以再重新買到的物品

二、手工製作或古舊物，因此比較難或無法替換的物品對於可以輕易回購的物品，我們決定使用折舊公式來決定市場現值。

在見面之前，我挖掘出一個各種家用物品線上折舊表；而潔瑪則是相應地找到折舊公式。折舊就是物品根據典型損耗，隨著時間而減少的價值。按照圖表，不同物品每年減少不同百分比的價值。

她向我說明我們將要採行的複利折舊公式。「就是一年之後，項鍊折損百分之五的價值，就是價值一百五十英鎊的百分之九十五，也就是一百四十二點五英鎊，對吧？」

「我相信妳。」

「兩年後，項鍊價值一百四十二點五英鎊的百分之九十五，就跌到一百三十五點三八英鎊。我們一直從物品扣除相同的百分比，但隨著價值下降，每年百分比也有些微變化。」

聽懂這件事，讓我感覺棒極了。

為了評估古舊物和手作物品的市場現值，我設想從 Gumtree 獲得的出價中取中位數。

潔瑪圈起手指，做出ＯＫ的手勢。

「還有，」我繼續說道，想起混音專輯下載、燒錄再轉錄到錄音帶所花的時間。「讓我們加入前男友在找尋或創造物品所花費的時間。」

潔瑪說：「可以，但是妳必須確定各個前任在當時的收入，這樣才能算出他們一小時時間值多少。」

「我可以大致估算。」

經過一些討論之後，我們決定 Gumtree 的數據應該確實列入我所有物品市場現值（ＣＭＶ）的考量因素，因為它闡明了我清楚的市場。至於可以回購的物品，我們會以折舊公式和 Gumtree

中位數決定CMV；而古舊物或手作物品的CMV就列入Gumtree的中位數和前任的時間投資。

解決完第一個變數後，我們繼續討論和物品金錢價值有直接關係的面向。

我提到烏克麗麗少了一根弦，以及我升級了單車坐墊。

潔瑪在變數清單上添上損壞維修成本和修飾成本。

然後我說：「妳知道這個諺語嗎？訂婚戒指應該花上三個月薪水。」

她沒聽過。

我解釋，在我成長過程，有一個鑽石批發店的電視廣告，說花掉三個月薪水的最好方式是訂婚戒指。「我在想，關於這樣的相對犧牲，是否有我們可以列入的東西？」

潔瑪喜歡這個想法。「當然，任何東西的價格都和財務狀態有關。」

Google了一下，我們決定把這個概念納入市場價值表達式，將這個數據點稱為相對慷慨。禮物相對慷慨數值的決定方式是以物品買價，除以（經我估計）前任在交往關係間的月薪。

我想再加入禮物用心程度這個數據點，因為假設人們所收到最浪漫或最有意義的禮物很少是最昂貴的物品。「人們想要被值得花心思。」

「還有努力。」潔瑪加上一句。她建議我們建立一個送禮理由等級。

「道歉禮物必須列在下方。」我說。

「表面上是送給妳，但實際上是為了他們的禮物呢？」

「像是穿起來覺得不太自在的性感內衣？」

「或是吸塵器。」她問說有沒有禮物是偷來的。

「沒有，儘管實際說來，珠寶盒是借用的；而我後來在分手時，給了送我烏克麗麗的人一張支票。」

像是混音專輯等主動給予的禮物，則占據首位。特殊時刻的禮物也排在高位，只是遲送會被扣點。

「哦！」潔瑪驚呼。「這個呢？『是否想要這個禮物』？想要的禮物要列哪個等級呢？」

「好，這和為禮物付出的心思程度有關。」我說：「是關於送禮者的關注力和領會你的想望的能力。」

我們決定收到明顯不想要的東西排名最低。潔瑪加上：「至於妳原本不知道自己想要，但收到時，卻發現它再好不過，妳絕不想割捨它，這樣的東西則是最棒的。」

「妳在這個類別收到了什麼？」

她的脖子出現了紅暈。「那是個……是個……是——」她大笑。「我男朋友為我創作了一張音樂專輯——親自寫了歌，製作了封面。它……很迷人。」她闔上筆電，然後說：「我來花點時間看看筆記，我想我們可以建立表格，協助我們量化禮物理由和禮物心思之間的關係。」

交換過幾次電子郵件及一些語音備忘錄後，我們有了兩個（根據我的價值系統）的最終確定表，這將用來估算這兩個數據點的價值。

禮物理由	值
主動給予	1.1
特殊時刻的禮物	1.05
道歉禮物	1
實際上是為了他們的禮物	0.95
他們留下來／忘記的東西	0.9

心思	值
不想要這個禮物	0.95
想要並且表達想要	1
想要，沒有表達但有所暗示	1.05
想要，但他們直覺發現	1.1

潔瑪幾天後傳了市場價值的表達式草稿給我看。

這表示：先算出市場現值加修飾成本減損壞維修成本，以及買價除以前任當時月薪（這樣得出相對慷慨值）加上禮物理由乘以心思等級，再把兩者相乘。

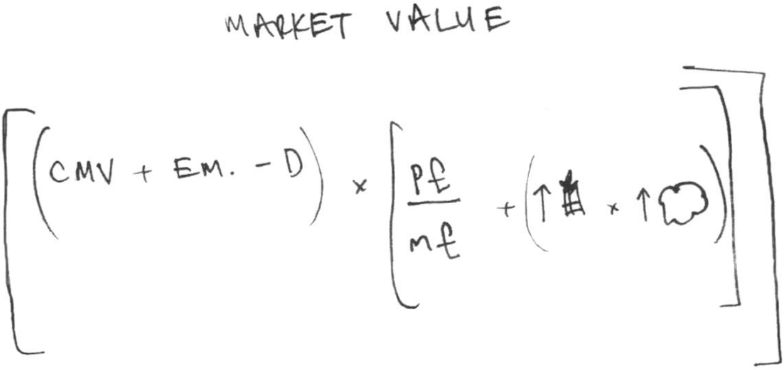

市場價值

第11章

時間投資

「時間的美妙之處在於可以花費在任何東西上，
而這也是它最醜陋的特質。」

——《時間貨幣》道格・齊格勒

我和法艾手中拿著咖啡，她的是從書報亭買來的，我的是從家中以保溫瓶帶來的。我們的背包裝滿了週六農人市集的蔬菜，任由約翰路易斯帶領我們穿過公園，直到法艾腰背痛，我們便找了可眺望男士湖的長凳坐下。

我目前在閱讀安迪・迪勒的著作《汀克溪畔的朝聖者》，迪勒在內文中寫出知名的句子：「我們如何度日，當然就等於我們如何度過人生。我們怎麼安排這個小時，以及那個小時，就是我們的作為。」自從T離開後的這星期，我一直苦苦掙扎在嚴重拖延的第一次劇場研發週準備工作。席雅推薦我看這本書，以轉變我的觀點，並且激勵我培養更嚴密的工作習慣，但我倒是很懷疑後面這一點。

謀殺推理派對在耶誕節過後就停了，而醫療角色扮演的打工也慢慢減少，但餐飲輪班仍在繼續當中。我穿著一身黑，在費茲羅維亞的精品藝廊搖搖晃晃端著放滿香檳高腳杯的托盤。這令人沮喪，但值班時間只有四小時，這表示我白天據說可以用來為研發週組織腳本和尋求支持者。我還必須報稅，我完全忘記這件事，直到納維德提醒我，剛好再一星期就截止了。

我和法艾聊到我們兩人二十多歲時，都花太多時間在徹底拒絕以金錢為動力的想法——我是在多倫多追求戲劇，她是在貝爾法斯特當社運人士——當時都比較喜歡經我們認定為未受貪婪污染的方案和經驗。但現在到了三十多歲，我們都想要錢——我是要擺脫負債，她是要撫養假設中的寶寶。只是，我們很迷惑，我們的時間價值是怎麼成為典範轉移[17]的因素。

「我們如何以時間質量換取金錢來最大化利潤？」、「我們願意達成怎樣的協議？」我們不斷提出問題，卻不知道怎麼回答。法艾的背痛緩和，現在她需要「尿尿」，所以我們就繼續移動。

「我認為時間就像這樣——」法艾說：「每一秒鐘都花費一分錢，價格別無選擇，所以不管這些錢流向哪裡，或時間怎麼花掉，都需要重視。」

「妳說得對，我們隨時在花時間。」

走到休息亭，法艾去上洗手間，我和約翰路易斯排隊等著幫法艾買第二杯拿鐵，在這期間我發了簡訊給潔瑪：非常重要，關於公式！我們需要計算時間浪費的臨界點。

法艾回來時，我拿著咖啡站著。她從我的牙齒之間抽走她的銀行卡，接過我手中的咖啡，然後對我使出「可以到那邊跟妳談談？」的眼神。

我像是胃部打了結，跟著她走到空無一人的演奏臺。

「我他媽的月經來了。」她一屁股坐上臺階。「去他的老天爺！」她抓住下腹部，劇烈搖晃，然後發出惱火的咆哮往後躺。約翰路易斯吠叫，她把牠拉到胸口。「我想要知道還值得繼續嘗試多久，什麼時候要認輸。」

我小心翼翼蹲低身子坐到演奏臺地板。

嘗試受孕已把她完美無瑕的性生活變成受日曆驅動的家庭雜務。她說她老公一直在追蹤她不規則的月經週期，規定現在只在她排卵期時行房。「我們做的時候，他呈現緊咬嘴唇的專注模式。為了國王和國家盡責任，這讓我們像極了維多利亞時代的人。」

我抗拒著找尋解決辦法的衝動，取而代之是傾聽和點頭，思索她說的話並表示同意。T 教我這麼做。法艾在發洩完所有失望情緒後，又是笑又是嘆氣。我告訴她，我共事過的一名女演員是靠針灸改善其受孕問題。

法艾說她怕針。

我告訴她，我喜歡得知關於她的新鮮事。

「妳應該去找像我在加拿大看的針灸師理久。」我說。

她翻了白眼。

「他的辦公室非常像看診間，沒有蠟燭或水晶。」我解釋：「他進行的是日式針灸，使用黏貼皮膚的小型離子球，有時會在壓力點用力按壓，但不用針。他也會讓妳坐在椅子上，檢視妳的脈輪、器官、經絡和系統有無情緒和能量阻塞。有時，他會詢問妳特定年紀發生了什麼事，如果妳願意，可以告訴他妳的想法，他會清除妳身體上的任何阻塞。」

法艾嘆氣。

「他也會完整介紹你應該吃和不應該吃的東西。他告訴我認識的另一名演員，說是做完果汁

17 paradigm shift，意指信念、價值或方法的轉變過程。

排毒後，別再吃這麼多蔬菜和喝這麼多水。」

蔬菜部分引起了法艾的興趣。「但他不在這裡，不是嗎？」

「我們可以看看他能否用 Skype 幫妳，這樣沒辦法貼離子球，但可以檢查阻塞。」

「親愛的，Skype 不可能進行任何真正的對話呀。」

我被刺傷了。「我尊重妳的不認同。」我打電話到理久在多倫多的辦公室。那裡現在是早上八點，但他星期六有上班。他接了電話，並發送簡訊提供倫敦的推薦地點。

法艾現在迫不及待想要訂好預約，就用我的手機直接撥號。一群父母推著嬰兒車，追著玩滑板車的小孩，經過我們身邊，她留言時聲音哽咽。

她掛斷電話時，T 剛好傳來簡訊。

妳是光。

我努力壓低嘴角，掩飾心中的喜悅。

「好了。」法艾督促自己。「我得去買衛生棉條，把情哥哥的最新消息唸來。」

我唸了他最近的簡訊給她聽。

我對妳的愛只會更深

妳是我最喜歡的人

我喜歡妳的想法

「他終於懂得追求我了。」

「他就該這樣！」法艾這句話說得有點太堅決，見到我的表情，她又補充一句：「我只是要說，妳應該被追求和被爭取——妳無疑是個大獎。」她爭辯說她沒意見，因為她「幾乎沒見過這個人」，並堅定表示，但如果我愛他，那麼她也愛他。

「我真的愛他。」

我還是忍不住會這麼想，但說比做容易，我必須記得去觀察假以時日會怎麼回報。

「妳知道沉沒成本偏見嗎？」

「不知道。」

我對於和亞柏特．艾夫瑞特．弗萊教授的會面，準備極為不充分。他是研究故事和感傷如何影響經濟的專家，由伯恩斯晚餐那位電腦程式設計師介紹我們認識。我這天上午剛報完稅，然後又跟T因為我們Skype的通話頻率，發生爭執。

我剛才以方案的初步細節取悅了亞柏特。我告訴他：「我和我的數學大師這個星期要處理時間投資的表達式，對於我們如何決定時間浪費的臨界點，可有任何想法？就浪漫角度來說。」

他說：「那麼，沉沒成本偏見就是，因為不希望先前的投資徒勞無功，就不斷把資源投入顯然會失敗的企業。」他評論說，這個現象發生在商業投資，但也出現在日常場景，例如，當我們點了太多食物，會為了讓錢花得值得，就吃太飽。

我從跟單車交往期間的撲克牌日，認識了這個概念。在撲克牌局中，它被稱為「套入底池」[18]。

18 pot committed，即玩家已經投入許多籌碼，在被加注全押後再不能棄牌，這個玩家便套入底池。

亞柏特來自美國阿肯色州，在倫敦主持不確定型決策研究中心，中心擁有經濟學到精神分析、神經科學、電腦科學和統計學等專業領域的學者團隊，研究人類對不確定性的反應。他們運用其研究對大型銀行、企業和政府提供建言。而現在，輪到我。

亞柏特說：「不幸的是，或說有趣的是，物品價值往往和我們的價值體系不一致。」然後問我是否聽過行為經濟學。

我告訴他，他的同事在我們見面時，曾經跟我解釋過一些些。

他說：「人們很善變，這就是行為經濟學嘗試了解的東西。人們不會理性購買及採取理性行為。我們行為的預測取決於複雜的因素匯集，其中有許多對我們是無意識及無法解讀的。這就是為什麼我們會這麼說：『我不知道為什麼，但我就是比較想要這件襯衫。』」

「或是『隨心所欲』。」

「正是。因此，行為經濟學著重所有影響我們做決定的因素——社會、情緒、認知和文化各方面的。當考慮這所有因素，結果就和古典經濟學理論的預測大不相同。」他接著說：「基本上，人類不會理性地下決定。我們忽略統計，相信自己是統計數據的例外。例如說，結婚是一種樂觀的舉動——有人可能會說是傲慢自大的行為。但是，提到愛情機率，我們全都想要相信自己會是特例。」

「但你不是結婚了嗎？」我指指他的手問道。

這演算法對他有效。他和網路上結識的女性結婚。「我可以了解這個理論和數據，而也仍受制於我自己的樂觀和傲慢。離婚的統計數據並不樂觀。」

後來，我查了這個數據，發現二〇一七年英國大約有二十四萬兩千件結婚，大約十萬一千件離婚。

「然而——」亞柏特繼續說道，而一種毀滅感逐漸充斥我心中。「數據也顯示，較高比例的人相信自己比百分比基準上的多數人，更聰明、更漂亮，並且有能力獲得比平均更好的浪漫生活及財務生活。人們天生相信我們更有能力可以打敗機率，克服困難。」

我用嘲弄的諷刺心態掩飾自己的恐懼，自動招認：「所以，這就像大家說的：『只有遠距沒有戀愛』，但我相信我和男友可以克服它？」

「我不知道確切的數字，但機率是你們不會。」

「所以，我什麼時候知道——」我命令自己微笑。「我什麼時候知道我是不是沉沒成本偏見的受害者？」

他說，他是根據為生活帶來正面事物的頻率，來思考交往關係。「就我的經驗，交往關係是無止境的協商。如果百分之五十一的時間都很好，那就足以維持。」

從車站走路回家的途中，我思忖我和 T 過得愉快的時間百分比。我們有達到百分之五十以上嗎？納維德現在人在希臘，要在那裡待一星期，申請工作。他說他不打算接受這些工作，只是克蘿需要見到一些行動。至少 T 不會假裝去做我要他做的事，我打他的手機，卻無人接聽。

我的震動按摩器很吵，這就是我喜歡納維德不在家的一個關鍵理由。我可以上午都躺在床上，盡情自慰。

我現在想要的是，讓我忘卻自身只見到顏色的性愛。自從我和人上床以來，我對崇高性愛的體驗就有如顏色。這就好像語言離我而去，我沉浸對我等同於陰影和色調的感覺之中。

在我失去童貞的時候，並不像這樣，但大約在我和項鍊第二十次上床時，我看到了顏色。那是半透明的藍綠色。

我們第一次發生性關係的時候，對兩人來說都是一種身體上的痛苦。我的處女膜有部分完好，開口對他太緊，我們兩人都用深呼吸熬過——我受戳，他被絞。當我包著塑膠膜的宿舍床墊提供緩衝，護著我得到成人經驗時，我心中突然浮現了平等主義。

經過幾次慢動作的抽送之後，我們喊停。失去童貞，我感覺的是索然無味。我以為經歷這種階段大事，會像是把自己浸入紫色醫用染料，有如工學院學生在新鮮人入會儀式做的那樣。我以為失去童貞會改變我對世界的看法，以及人們對我的看法。但沒有。我仍然是同樣的海莉，仍有著同樣早上起不來的毛病，有著同樣的努力精神，拚命想要爭取老師吝於給予的讚美。我不再是處女，然而我還是同樣的人。

我們等了五個月才做，我讓我大部分的前任都等了時日才上床。這不是一種促使他們為此努力爭取的戰略行為，而主要是因為我當時——現在也依然一樣——對自己的裸體沒有信心，無法立刻就裸裎相見。

我打開床邊上的筆記本，開始寫下：

圓滿點（從有感覺到上床的時間）

混音專輯——從來沒有

項鍊——五個月

烏克麗麗——幾星期？

單車——七星期的思慕期。第一次接吻到圓滿點的間隔？一星期？

打字機——等待到耶誕假期過後——三到五星期

背包——幾星期

珠寶盒——兩次約會

T恤——一年

思慕期（從迷戀到第一次接吻）

混音專輯——五個月

項鍊——零（認識當天就接吻）

烏克麗麗——零（認識當天就接吻）

單車——七星期

打字機——零（認識當天就接吻）

背包——在派對上互相打量幾星期，然後第一次接吻和上床都在同一晚

珠寶盒——第一次見到他和我們首次一對一約會之間的幾天

T恤——三個月

我想要跟項錬這樣的人在一起，以報復混音專輯。項錬舉止從容坦率，是個運動員，身上點綴著刺青，並且擅長修理東西。他對我也很有耐心，而且會落淚。

項錬喜歡衣服和打掃，整潔到一絲不苟，也是我交往過最有男子氣概的人。他本人絕非藝術家，但我們在一起時，卻為我戲劇學校的每一場演出起立鼓掌。他的停車技術如落下俄羅斯方塊般精確。他為人慷慨大方，體格令人生畏，會跟人打架。有一次他來接我時，車子後座有一條染血的牛仔褲。他特別惱怒，因為這條褲子是新買的，而且很貴。事情大概就是在商店街停車場，年輕人派系吵架，跟某人欠錢有關，然後又有別的事談不攏，項錬拽住一個人的耳朵，壓低對方的頭，然後迅速抬起膝蓋，撞向那人的鼻子。我震驚地拿起項錬的寬版洗白牛仔褲檢視，上面沾染的鮮血已乾涸呈現棕色。

我們坐在他的車子時，他會經常往手中放屁，然後往我臉上一丟，讓我十分火大。他也是除了我哥哥和爸爸以外，我會當面放屁的第一個男人。

在我們開始上床之後的某個時候，項錬跟我一起住在我的宿舍；我因為脹氣，難受到睡不著，當我跟他坦承我不舒服的原因後，他很關心又很高興這項挑戰。

「寶貝，妳需要放屁。」他說。

「我做不到。」我呻吟。

他不斷哄我，直到我成功。氣體嗖地排出，剛開始無聲釋出，後來如連珠砲般霹霹啪啪，熱鬧收場。我癱倒，項錬躺到我身邊，我們兩人都歇斯底里。

放屁點

混音專輯——沒放屁
項鍊——有放屁，三個月後
烏克麗麗——不記得有沒有
單車——有放屁，幾個月
打字機——沒放屁，他是對大便敏感的人
背包——他搬進來後曾經放屁，但大多是悄聲施放
珠寶盒——沒放屁
T恤——沒放屁，又一個對大便敏感的人

我和項鍊的關係是親密和界限的試驗場。我們嘗試過經期性愛，結果我的經血浸透了項鍊的恥毛。還有一次，我在他面前抽走吸滿經血的衛生棉條。我在他開車時為他口交，往車窗外吐出他的精液，結果只見它回噴到車裡。

儘管我們的身體探索充滿新奇，半年後，我開始了解到我們毫無共通點。我還清楚記得，我開進他家車道時突然想著，我不想待在這裡。我不再喜歡他，我最不想要的就是他的陰莖放在我嘴巴裡。這個想法讓我震驚不已，也很害怕它的後果，我告訴自己要選擇忽視這些感覺。我於是這麼做，努力這麼做，所以我跟他在一起的時間比我想要的多了十四個月。

在這段期間，當他把我拉到腿上，雙手伸進我卡其喇叭褲的口袋時，我就會兇他——而這個姿勢以前曾讓我酥癢興奮。然後，我就會對他極端地好，但只是出於內疚。我把自己日益暴躁的

狀況歸咎於「壓力」，並舉出我的心情和待辦事項來解釋自己性欲低落。我禁止自己每當他湊過來親吻我時就扭動脫身。這一切都是為了不讓他失望的詭計。我以前從來不曾當過想要結束關係的一方。

我不知道怎麼坦白，甚至是對自己，說我雖然通常喜歡有個男朋友，卻不想再跟他在一起。我把自己的離開無能視為一種極度討厭的缺點。我以為我只要能夠控制住情緒，就能讓這段關係繼續下去。

但最後，經過幾個月的退卻，我設法結束了這段感情。他來多倫多跟我道別，在整段交談中，我的牙關不由自主地打顫。我記得當時心中想著，哦，我的天，我們到這裡了，彷彿分手境界是個地方。

他離開我的房間，而我沖過澡後，就穿著睡衣到雜貨店買了價值十七加元的乳酪，然後窩進朋友的宿舍寢室。我們嗑著乳酪，猛看影集《玩酷世代》。在我為這段感情哀傷時，我的飲料選擇就成了一瓶 Zinfandel 桃紅葡萄酒，隨後加上兩顆強效泰諾，這止痛藥原本是項鍊買來緩解我的經痛。

我的肚子咕咕叫，我溜下床，赤身裸體走到廚房煮咖啡。我應該只吃一碗即食麥片，就開始工作，但我現在套著家居袍，攪拌鬆餅麵糊，一邊聽著我在耶誕節期間對項鍊的訪談。

我暫停錄音音訊，記下時間碼。這段時刻我需要分離出來，這樣就能在表演中展現。它是這樣的：

海莉：對於你送我當十九歲生日禮物的那條項鍊，說說看你還記得什麼？

項鍊：我……我不記得那條項鍊。真是非常遺憾，但我不記得了。

海莉：你不記得它是什麼樣子，或諸如此類的？
項鍊：對，不記得。
海莉：你記得買過它嗎？
項鍊：不記得。

之後我們大笑，我指責他太亢奮。他發誓說他記得其他許多事，也承認在我們談話前先打了電話給他媽媽，問她是否記得那條項鍊，但她不記得。剎那間，我懷疑起他是否有送那條項鍊給我。但我知道他有，他的確有。

我第二喜歡的錄音時刻是在我問說我們的關係給了他什麼。他說因為他在我戲劇學校課程的經歷，他有很多時間跟演員在一起。他現今在一家精釀啤酒廠經營酒吧，並明顯傳出招聘員工偏好演員的名聲。名聲大到求職者會在求職信中加上和高中戲劇課表演有關的說法。他還說，如果不是我的課程，恐怕他的恐同症要很長一段時間才能糾正；也不會跟目前的室友同住。他的室友是他最好的朋友，碰巧是同性戀男士。

我們沒有談到當初分手的事，也沒有提及最後一次見面的事——那是幾年前我在卡加利市參加巡迴演出的時候，在這之前，我們已有十年多沒見過面。他送花到後臺，並帶了四個朋友去看表演，演出結束後，他又在劇場附近一家威士忌酒吧，為我們一大群人安排了一張桌子。送我到住處時，他下計程車道再見，我們對嘴親吻好幾次。他的嘴唇如同我記憶中那樣冰涼柔軟，吻他感覺是很對的事。

我把楓糖漿夾進一盤鬆餅之間，走進客廳坐到納維德的書桌前。

就算當初我和項鍊之間不是愛情，我們還是親密地熟知對方很長一段時間，形成一種羈絆，禁得起多年來的距離及毫無音信。我在那時，窺見了關於時間、關於年齡的東西。有一種哲學認為，靈魂彼此有著神聖契約，我們以互惠協議進入彼此生活，以協助彼此進化。我一直覺得項鍊是一個小小的偏離——一個異常值，和我的「型」背道而馳。他是我任意選擇來對應混音專輯，而出於恐懼一直維持下去。但我們說話時彼此的自在感讓我思忖，我們之間是否有某種神秘事物，一種我先前並未相信的力量。而同時，我又記下了愈來愈多彼此合不來的清單：他不喜歡戲劇，不看書消遣，吸太多大麻，而項鍊是我以前——現在仍是——唯一交往過的真正紳士。他教導我應該期待怎樣的對待。

我們親吻之後，沒有後續的交流。我們也沒談到這一點。

我記得就在那時，理久曾問我十九歲時發生了什麼事。我告訴他，我和項鍊分手了。而理久說：「妳用不著再為此感到難過了，他沒事。」

我開始作筆記寫下我沉思中關於項鍊的事，我突然進入了方案模式，專注於寫作，好幾小時就這麼過去了。我覺得飢餓卻恢復了活力。我塞了一碗蔬菜到嘴裡，而就在我打開報稅資料做最後確認時，歐利打電話來。我沒理會，但當他再次打來時，我接起電話。

「我想我搞砸了。」

「哦，不。」

歐利在耶誕節時躲在比利時的根特。他的離婚文件經由快遞送達，但他在簽名處無法簽下名字。他原本想說，如果他回加拿大過節，就會在還沒準備好之前被強迫簽字。只是，結果證明，一旦被遞交文件，一切就結束了。

他氣喘吁吁告訴我，幾天前他看到社群媒體的貼文提到他的前丈母娘六十歲壽宴的地點，所以他去了那個飯店的大廳，等著見前任。

「等等。」我說：「你現在回到加拿大了？」

「我為這件事飛回來。」

「歐利。」

「我知道。」聲音中有種調皮的語調。

「這讓你覺得很好玩哦。」

他告訴我，他試過所有正常管道，而總之，這真的算是順利了。他前任的哥哥看到他，打了招呼。歐利遞給他一封信，要求轉交給前任。「大約二十分鐘後，他進來大廳，低低發出憤怒的聲音，要我滾，諸如此類的，但他確實同意明天上午上班前和我碰面喝咖啡。」

「我的意思是，你確實強迫他入局了。」

「我知道，但我別無選擇。」

打工的時間到了。掛上電話時，我和歐利已講了快兩小時。現在外面天色已黑，我出去散步，心中狠狠斥責T今天到現在都還默不吭聲。

米羅發簡訊來，問說他下星期什麼時候應該去劇場著手燈光設計。我告訴他星期四，然後回家準備針對這猝然的決定安排一個時程表。我艱苦地梳理我的管理清單，在凌晨兩點提交報稅資料。當T第一次打來時，我沒接。

我打開盒子，露出裡面的項鍊。墜子是橢圓形，10K白金鑲嵌著深色藍寶石，上方搭配一小顆鑽石，掛在白金蛇鍊上。

潔瑪看著這個沒人愛的珠寶，而從我收到它的大學宿舍到納維德在英國的公寓，我曾帶它搬了八次家。

我告訴她因為這是我收過最昂貴的禮物，丟下它會讓我內疚。

我們現在在巴特西藝術中心的工作室，今天是我的研發週的第二天。我一直在這個有穿堂風、地板嘎嘎作響的大型房間，來回踩著重重的步伐，努力將珠寶盒當作木偶來說話，並試著把我目前所得知的一切轉為腳本。

潔瑪按了一下她的鉛筆。「我們來談談項鍊和時間投資的關係。」

「好。」我曾寫信給她，我想要本週最後的創作中分享會，談談時間投資的表達式。這是我們唯一共度的下午。「我希望這式子能處理時機對或時機不對的想法。」

「妳說過，項鍊是妳朋友的親戚？」

「對，但那是營隊認識的朋友，他們住在另一個城市。」

「而你們認識當時，他在跟別的女孩約會？」

「對，但他不是她的男朋友。」我向潔瑪解釋，儘管劇情概要並不理想，還是有許多方面表示時機並不壞：我們同年，經驗相仿。而且，我朋友對這件事非常冷靜。她說我提到他時，臉都紅了，所以她知道我的情感是真實的。就這麼一次，我很高興自己是會臉紅的人。

我們討論和項鍊交往時機的負面部分。我就要離家去多倫多唸大學，而項鍊在另一個城市就讀警察學院，彼此有兩小時的車程。

潔瑪說：「遠距離應該和時機分開，自己獨立做為變數。」她在空白頁面上方寫上LDR（遠距離交往），等待稍後繼續討論。

我們剖析了時機適合或不濟的原因，並確定兩個估量方式：

一、在人生的那個精確時間點，和那個人交往有多合適？

二、風險有多高？

時機風險及合適度	數值	例子
風險高，合適度低	2	珠寶盒。 他剛結束一段十二年的關係，而且年長許多，非常想要有小孩，住到另一個國家。
風險低，合適度低	1.75	背包。 風險低是因為當時我並不熱切想要處於交往關係，而兩人沒有共事，也不是那麼親近的朋友。
風險高，合適度高	1.5	混音專輯。 風險高是因為他在我的朋友群，但年齡和人生觀都完美合適。
風險低，合適度高	1.25	單車。 合約到期，都返回多倫多；年齡適合，兩人都單身也做好準備。

我們組成一個體現風險和合適度之間關係的表格，藉此加入特定關係時機的因素到公式之中。

我們決定時機不好應該增加數值，因為很可能要為此付出代價，應得到補償。就項鍊的例子來說，我雖然處於就讀新學校的情況，卻無法完全呈現時機不好這一點，因為我經常和他通電話，或是跳上巴士就去找他。

對這份表格感到滿意之後，我們轉向遠距離交往的數據點。為估量這個數值，我們加總了通話和搭車所花的時間，以及與這些事相關的所有具體花費。例如，在二〇〇三年夏天，我曾讓父母「僅限緊急狀況使用」的手機累積了一千加元的帳單來和項鍊通話，相當於三星期薪水，這原本是要做為我的大學學費。

「只是——」我說：「遠距離交往省下了時間，就是並不想花在和伴侶的朋友及家人身上的相處時間。」可以避開住在同一個地方時，有義務維持的代理關係。

男朋友	分手年紀	交往關係的月分長度	人生 %
混音專輯	17	8 個月或 0.75 年	5.8%
項鍊	19	20 個月	8.58%
烏克麗麗	20	4 個月	1.67%
單車	24	32 個月	11.11%
打字機	26	6 個月（在 12 個月期間）	1.92%
背包	27	11 個月	3.27%
珠寶盒	28	8 個月	2.29%
T 恤	31（上次分手）	24 個月（在 3 年期間）	9.09%

潔瑪說：「那些盡責的社交次數需要納入做為提成。」我們把這個變數命名為關係管理。

「還有比跟和家人親密的這種人約會更糟的事嗎？」

我們一直談論時間，兩人都在便利貼上匆匆寫下文字，貼在牆壁上。我們做了一個圖表，顯示我每一段關係的存續時間，以及我當時的年紀，並且用我生活經歷的比例而非年月，來檢視關係的長度。

和混音專輯的八個月關係在我十七歲時結束，意指占據我生活經歷的百分之五點八；然而，我和項鍊在一起的時間接近兩年，分手是在我十九歲，則占據百分之八點五八；而我和T斷斷續續累積的時間，在三十二歲時，則是占我生活經歷的百分之九點〇九。以下是所有百分比以圓形圖呈現的情況：

潔瑪假設，隨著年齡增長，人們因為和時間的關係不一樣，可能會維持比較久的關係。

「我其實認為，在T之前，我隨著年紀增加，拒絕得愈來愈快。但是，和項鍊那一段，我卻是在交往的大部分時間中都非常想離開。」

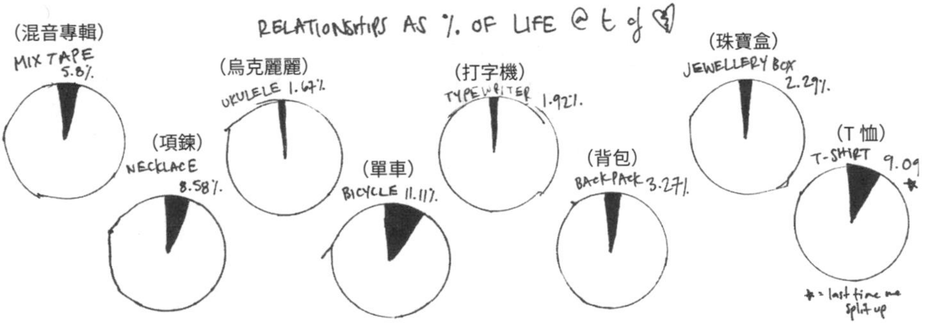

各段關係的人生比例圖

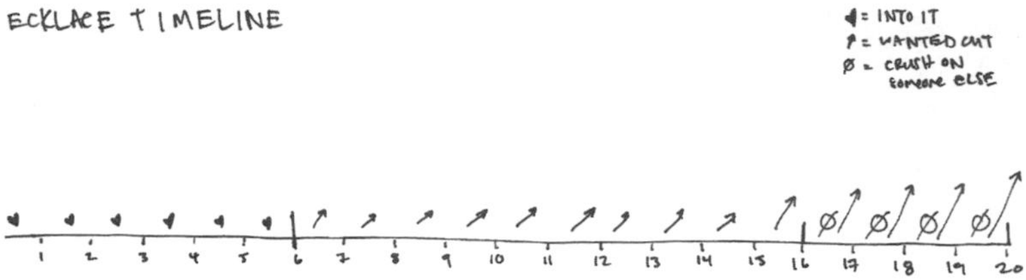

項鍊時間軸

♥：熱戀中　↗：想分手　φ：喜歡別人

和項鍊交往的時間品質

「我要做個時間軸。」潔瑪畫了一條線，用尺做出等距區間。

「跟項鍊交往時，我六個月就想要離開，卻在一起一年八個月。」

「好，所以這段關係中，妳有十四個月期間想結束。」

「而在最後四個月，我喜歡上了別人。」

「所以，想要置身在交往關係的時候，時間品質是好的。而處於交往關係卻想離開是壞的；當妳對別人有感覺，更是壞透了。」

儘管這似乎有點簡化，但潔瑪向我保證這是濃縮每段經驗到其基本事實的過程。

精確起見，我們把所有時間估算化成以月為單位。以項鍊的時間軸來說，我們分手時是十九歲又五個月，或說兩百三十三個月。二十個月的關係占我分手當時生活經驗的百分之八點五八，而這二十個月的百分之七十我想要離開這段關係。

另一種檢視它的方式是，在我們分手時，我已用了百分之六點〇一我在地球的時間，假裝我還想保持這段其實我想要結束的關係。

潔瑪驚嘆：「統計學是不是很強大？」

看到這個百分比，我手臂起了雞皮疙瘩。我咕噥表示贊同。

我們稱此為臨界點，只發生在你意識到想要離開這段關係卻留下的時候，可稱為「噁點」。

當我這星期稍早在拖延工作時，我在自己的社群媒體提出了和這個現象有關的問題，問說在了解到想要離開後卻繼續維持關係的最長時間是多少。從收到的一百多個回答中，人們在了解到想分手後平均維持了四點九個月的關係，而中位數是二點三個月，而異常值是二十四年和根本沒有時間。

我和潔瑪沒有太多時間討論沉沒成本偏見，以及其他我從亞柏特那裡學到的知識，但我們同意時間浪費的臨界點和噁點不一樣。如果還沒達到噁點，所揮霍的時間是在一段你仍想保持的關係中，嘗試弄懂自己是否應該結束關係，因為你預測這段感情可能不會有回報。時間浪費的臨界點或許只會在回想時發現，然而噁點是關於知道自己想離開卻沒辦法離開。

「沒有人教我們怎樣好好結束關係！」我大喊。

「妳應該寫一個指南。」潔瑪說。

我大笑。「好，如果這可以變成一本書的話，我就會在附錄♡19加上我的分手竅門。」

我們離開這個像是連續殺人犯巢穴的工作室，搭上地鐵後，我發了簡訊給T，我只想要你。

半小時後下了地鐵，我期待會收到一個撩人的回應，但沒有。我打給他，沒有接聽。

接下來的研發週日子飛快過去。我參加了一個保險廣告的試音，而損失了一個下午大部分時間。儘管讓我的工作室時間平白浪費令人氣憤，但如果我得到這份工作，就有幾千英鎊的酬勞。除此之外，白天就在合作團隊的輪替中模糊度過，這些人提供我智慧而我仍無法支付報酬給他們。我很少和T說到話——他打來時，我很少可以接到；等我可以回電給他，他經常在忙別的事，我沒有精力回覆他寫來的長長簡訊，只能回覆幾個字。

經過一個近乎無眠的夜晚，我已經為做為研發週結束的邀請演出，整合了四十五分鐘的資料。藉助腎上腺素和咖啡因，我幾乎沒怎麼看腳本就完成了。項鍊的錄音博得哄堂大笑，並在對觀眾介紹價格困境時，有了非常好的效果。我分享了試算表採用的一些初步數學——詳述如何算出我在每段關係期間的平均時薪，並且捲開用黑色麥克筆寫了數學式子的棕色肉品紙，再把它包裹我身體。沒有結尾，但我可以這樣就結束。第一次試演是分享素材和了解觀眾回應的機會。

表演比我預期的還要好。大約有二十人出席，其中包括山姆和他兩個同事、我幾個演員朋友、米羅（在最後時候他上舞臺幫忙，利用他的多功能工具拼湊我的數學紙卷）、亞柏特・艾夫瑞特・弗萊和那位電腦工程師。當我討論放屁點時，山姆狂笑出聲，我們只好暫停等到他冷靜。他現在想要我下星期過去，以討論接下來的步驟。

當我在場館咖啡廳進行演出後閒談時，米羅縮在角落捲著香菸，盯著他的手機。在表演期間，他坐在觀眾席最遠的角落，眼睛盯住燈光格柵。

等大家離開，我準備開始收拾道具時，米羅走近我，問：「如何呢？」

「你怎麼了？」我問。

他聳聳肩，開始小心翼翼捲起我的紙卷，整齊地放進我買來置放的盒子裡。然後他說：「我可以過去吃晚餐嗎？我的車裡有酒，背包裡還有一份八球[20]。」

擔心是不是他生活中有人過世，我說：「當然可以，但我現在禁酒。一切還好嗎？」

他抓抓鬍子。「等到妳家再說。」

在車上，米羅打開惠妮·休斯頓的播放清單，手指握住方向盤，嘴巴微張。當遇上一件交通事故時，他用拳頭重擊喇叭。

我大笑，拚命想要輕鬆面對。「你難道不能現在就告訴我？」

他關掉音樂，從儀表板抓下手機。「這讓我太心煩意亂了，而情緒激動時，不該開車……我要訂份咖哩。」他咕噥。

我從他手中接過手機，訂了戶戶送送餐。當我們到家時，送餐員正在等我們。

19 請參考書後的分手小提示。
20 8 ball，意指八分之一盎司（三點五四公克）的古柯鹼。

我們進入公寓後，米羅就爆發了。「她想要開放式關係！」

「茱莉嗎？請脫鞋。」

「還有誰？」他大叫，一邊被自己的馬汀靴絆了一下。他哼了一聲，撲通坐進沙發，要我倒一杯酒給他。「她不是情緒低落，而是跟我在一起很痛苦。」

我遵從，然後戳戳他說：「但這難道不是滿理想的？」

「該死的混帳。」

「米羅，少來，你是進步分子。」

「麥吉，這是理論對上實踐。」當我在廚房打開他的大餐，他狂喝酒並且不斷獨白。當他開始說：「妳知道有多少次我原本可以和美女來往，我是說出色——十全十美——」

我大喊：「米羅！別這樣說。」

「抱歉，但妳知道我的意思——我做過很多音樂節的設計。」

他一直吃著食物，灌下一瓶半的酒，又在納維德的電視餐托盤上吸了三道古柯鹼。談了幾小時多重伴侶和開放式關係的利弊之後，我聽見自己說：「我真希望自己能夠接受開放式關係，但我不行，因為我喜歡一夫一妻制，即使理論上我了解開放式關係的好處，認為它對我可能比較有好處——尤其是在我和 T 的狀況下——但我無法撤銷我的社會性程式。而且內心深處，我很確定自己無法撤銷是因為我真的不想如此。」

「夥伴。」米羅和我碰杯。「夥伴，正是如此。我不想改變自己的程式，我是個有占有欲的傳統人士。」他踉蹌起身，打開關上電燈好幾次。現在才晚上十點，但顯然回家的時間到了。然而，當我暗示時，他開始哭泣。

「米羅。」我憐憫地說，但同情心逐漸減少。這種單方面的對話讓我疲累，我已漏接了三通T的來電。心碎和剛戀愛的人是最讓人疲憊的同伴；他們完全陷入自身狀況，沒辦法聆聽。我擔心自己太自私——是個壞朋友。我擁抱了米羅。

當我試著抽身時，他緊緊抱住我，不肯放手。「麥吉，謝謝妳。」他的臉埋在我的頸窩，然後往我臉頰親了三次。

「好吧。」我說，掙脫他的懷抱。

他用袖背擦擦眼睛，然後說：「我怎麼就不能跟妳這樣的人在一起？」

我告訴他，我為他叫了Uber。

「麥吉，我不知道。」他再次淚水泉湧。「我認為我們在一起會很棒。」

我大笑，提醒他喝醉昏頭了。

等我把米羅哄上車時，他已決定嘗試一下開放式關係，表面上是挑戰父權制度中他的愛情觀，但也因為他真的愛茱莉，所以即使這是壓力下的聚合，也值得一試。

第12章

敘事影響

「轉變愈大，故事愈棒。」

——T引用同事的說法

在為一家藝廊開幕做過餐飲服務後，我直接穿過城市跟「穿著不恰當」團員，參加一個深夜即興秀。離巴特西藝術中心的研發表演已過了三星期，我的生活步調回歸。我正在為美國一家大型辦公室用品製造商的一系列培訓影帶錄製旁白。這大量錄音工作和我一個醫療角色扮演工作衝突，所以我不顧米羅的忠告，放棄了打工。米羅認為長時間來看，打工比較穩定且收入較多，但我覺得這種工作是一種宇宙中錯誤的能量回應。我現在已四處奔走好幾個月，重複申明：「我愛錢，錢愛我。」而我賺比較多了。我同時訂下保險廣告演出，如果它播映，我可以藉著在暖房比手劃腳的片段拿到三千五百英鎊。

自從米羅和茱莉展開開放式關係，我和米羅相處的時間變多，或許這就是為什麼我夢到和他的春夢。

在夢中，米羅站在我公寓外的門廊高歌：「我需要答案。」

我知道答案在裡面，但納維德不喜歡我沒先告知就讓別人過來。我封住門，手臂壓著門框。米羅上前親吻我，非常輕柔地吻我的唇。一陣歡愉貫穿我的陰道，接下來，我們就在納維德的床上做愛。我裸體在米羅上方，問他：「找到了嗎？」卻在他回答之前就醒來。

一星期後，我又夢到他。這一次，我們在一個地下酒吧，肩並肩坐著。在這場夢中，我跟米羅說第一場夢的事。在我形容門口的那個吻時，我還沒說完話，他就突然湊過來吻我。行動再度開始。我困惑地醒來。

當我抵達酒吧，準備展開即興秀時，米羅和他一個兄弟坐在門口附近的一張桌子。我用圍巾包住臉，隱藏我赧紅的臉頰。當我們說話時，我提醒自己，他其實不知道我的乳頭是像蚊子叮咬褪去後的顏色。

演出開始前，我們的即興秀教練考驗我們，要我們避開無聊的選擇。「換句話說——」他強調：「要敢於冒險，對其他人當時行為的理由做假設，場景間要有變化——風格大膽和類型轉換——全面性的A到C——我不想一整個秀都是在講魚柳條[21]。」

「A到C」是即興秀的術語，意指相切連接的想法，是一種骨牌效應。例如說，如果有人談到燈塔（A），第一個聯想可能會是有個漁夫（B），但不是觀眾可以明顯得知相關聯的漁夫，而是談論從漁夫得到的聯想，像是性或工會暴動（C）。

這個建議帶來一個滑稽而生氣勃勃的表演。在餘韻中，我大聲說話，在演員休息室擁抱隊友。然後我們的教練進來，而我惹上麻煩，因為我一直在進行強迫其他對手親吻我的場景。他戲謔地

21 fish fingers，也有指交的意思。

責備我。

「至少我一直是來者不拒！」我大笑，但心中翻攪著羞愧感。

「是，海莉，妳誰都能親——這真是了不起。問題是，妳處於預設模式。」

我不再吱吱喳喳，坦然承受。「你說得對。」我把這種坦誠認錯，以及不帶戒備記取教訓的新能力歸功於T。而最大的秘密是，接受比生氣的感覺好多了。

等我結束演出後，米羅買了一杯酒請我。

「真是太棒了。」他的兄弟湊上來親吻我的臉頰。他想知道我們如何在沒有腳本的情況下，呈現出這樣的表演。

我發現很難直視米羅的眼睛，便大口喝酒。當他的兄弟起身準備替我再買一杯時，我致歉並且穿上外套。

「麥吉，別丟下我。」米羅懇求。

我跟他說抱歉，然後回家消化我的強迫性接吻習慣。

儘管我一直很珍重性愛，卻對親吻無所顧忌。我在大學是個任性的熱吻者，我練就了在舞池讓陌生人跟我調情親吻的技巧，這包括把我的臉蛋保持在對象的接吻距離，無所畏懼，直到最後水到渠成。

這或多或少就是我勾引烏克麗麗的方式。我們在歐利友人主持的一場詩會中相識——我和歐利都在多倫多上大學。烏克麗麗在那天晚上讀詩，我從未認識和我年齡相仿的人能夠以如此精準和力量來使用文字。我決定採取行動。

事實上，那天晚上我是懷抱找人上床的使命。這是我第一次帶著這樣的任務外出。前一星期我和一個同學上床，我們之間一直累積著張力，但顯然我們都不想更進一步，只是想掀起鍋蓋釋放一些壓力。不過，我想要沖淡這樣的經驗，證明這是我所經歷的性愛海洋中無意義的一小滴。

但它不是，和項鍊分手後，這是我唯一有過的性經驗。這必須改變。朗讀詩歌過後，我對這位可口的詩人使出醺醺然的眼神，幾小時後，在我的廚房吃過炸豆餅後，我們躡手躡腳來到我的寢室，親吻愛撫，但沒有碰觸彼此的重要部位。我告訴他，我其實不想一路到底。他說我跟他交談讓他感到很幸運，我要他猜我跟多少人上過床。他很驚訝居然只有兩人，被認為是世故女子讓我飄飄然。

隔天他打來，我接聽時，他放了事先準備的語音訊息。他是一個對文字滿懷熱情的建築系學生，演說充滿晦澀難懂和不露鋒芒的幽默；訊息提及我們前晚創造的幾個笑話。我為之著迷，總算有知識分子了！

他是我第一個不是一九八五年出生的男朋友，他早了三年。他也是我第一個還愛著前任，然後藉由我繼續過下去的男朋友。他不看色情片，因為在道德上反對，卻會聽音檔。當我像項鍊教導我那樣，粗魯地對待他的私處時，烏克麗麗暗示割過包皮的人需要不同的手法。此時我才恍然大悟——不是所有男人都有同樣癖好。耳朵也一樣，這是項鍊的敏感帶。烏克麗麗在我輕嚙他的耳垂時沒有興奮，不是因為他壓抑，而是因為這對他沒有效果。

經過和項鍊偏向原始肉體的連結，這種新穎的文學式關係讓我陶醉。但是烏克麗麗不會陪我走路回家，或是寄開黃腔的電子郵件給我；社交上顯得害羞遲鈍；他不會討好我的同學。從頭到尾，我們持續了四個月。我不記得我們第一次上床後見面的情形，也不記得這段關係是怎麼生根，我只記得我會在同學愛去的麥克芬酒吧喝醉後，踉蹌穿過雪地到他在多倫多西區的住處。他會翻白眼，但總是擁抱我。

在我們第一次發生關係時，我們已互相認識了幾星期。他編輯了一個「性感歌單」以遮掩可能會被室友暗中聽到的聲響。他們住在一家轉角商店上方的公寓，那裡天花板很高，隔音很差，整個地方都鋪著紅色油氈地板，使用光禿禿的燈泡做為照明。他的床靠窗，雪花會在透氣孔吹來的風中舞動。我發現歌單令人神迷，我們的性愛喚起一種涼爽的森林綠意。

達到高潮後，他退出，背靠著牆壁，絕望地說：「靠，我怎麼老是遇上這種事？」

在窗外街燈的微光中，我看到他用掌心捶擊額頭。「怎麼了？」

他悄聲說道：「保險套還在妳裡面。」

「快弄走，快弄走！」我低聲尖叫。在過去，保險套會緊緊套在挺入我的陰莖上。我平躺，雙臂像球門柱般放在頭上，有如被釘住等待解剖的青蛙。

他爬向我，冰冷的手指在我陰道裡搔撓，直到拉出那團溼透的橡膠。它看起來就像消瘦的蛞蝓。聽見它重重落在硬塑膠的垃圾桶，我蜷縮成胎兒姿勢。「沒關係，我會吃事後避孕藥。」

他希望隔天上午陪我去藥房。

我告訴他，我沒辦法隔天就去，因為有個技術排練，但我會在星期天去買。

他喝斥說藥局星期天沒開，而且事後藥必須在七十二小時內吃。他的語調傷害了我，但我不想放掉我異想天開的人設。

我用手指算了算，星期五晚上到星期六晚上，是二十四小時；加上星期六晚上到星期天晚上，是四十八小時；星期天晚上到星期一晚上，就是七十二小時。「只要我在星期一晚上吃，時間上就來得及。」

他說：「的確是，不過，時間愈久效果就愈差，但妳有吃避孕藥吧？」

我沒有。我跟項鍊在一起的時候有吃，但藥吃完後，我又沒跟任何人上床，所以就沒再去拿處方。烏克麗麗像是道德上憤憤不平，以急迫和權威的態度要我再繼續吃，然後又陷入自憐地說：「真不敢相信我又遇上這種事。」

我拿起他浴室門後的毛巾裹住身體。「我不會懷孕的。」我以氣音說道：「我要去尿尿。」在他住處的陰暗浴室裡，我捶打我認為是子宮所在的身體部位。我低聲唸誦：「我不會有小孩，我不會有小孩，我不會有小孩的。」

當我回到床上，他正在吃剩下的披薩。他現在的舉止帶有安撫意味，解釋說：「因為我的緣故，我的前女友被迫吃了三次事後藥，真的很糟糕。」

我聽了一會兒他的咀嚼聲音。

他提議說星期一跟我去藥局。

我說，我得在課堂空檔才能去，所以別在意。「如果妳懷孕，我會支持妳所做的任何選擇。」

「我會拿掉。」

「看妳。」

「我知道我會這麼做。」

「那麼我會陪妳去看診，如果妳要我去的話。」

我把雙膝拉到胸前，窗戶透進來的穿堂風拍打我的背。我說：「我感覺現在一切都變得醜陋，魔力破滅了。」

他吞嚥了一口，目光上下看著我。「海莉，妳一直非常酷，沒有生氣或怪我，妳一直很有魔力。」

我伸出手，輕觸他的膝蓋。

星期一我採取備案，月事來了。幾週後，我去大學醫務處，拿了避孕藥的新處方箋。我停了六個月的藥，現在又開始吃。我的胸部腫脹、屁股膨脹，肚子也鼓了起來。輕盈的我已換上新皮囊，我開始在大學跑道跑步，卻不夠持續，無法恢復到使用合成荷爾蒙之前的體型。

幾個月後，烏克麗麗的光輝逐漸消失。當他把他的日誌忘在我的公寓時，我看到他對前任女友的愛意不滅，對我充滿困惑，我並未覺得淒涼憂傷。為了正常化我們利用彼此填補空虛的狀況，我挑起了「關於享受彼此的陪伴就夠了」的討論，我們不相愛也沒關係。但一旦我們承認這件事，可能成為愛情的希望就離去了，而他的缺點變得更加明顯。他的手肘乾癬讓我不自在；遲鈍的嗅覺讓我暴躁。我知道他是作家，但他愈是跟我分享他的詩作，我就愈是相信自己在正確文字的使用上是更好的鬥士。

情人節決定了一切。他帶著他的舊烏克麗麗過來，唱了一首他為我寫的曲子，卻荒腔走板。我長久的夢想——成為繆斯女神，在複合式咖啡館，看著情人在深深入迷的觀眾前，唱著一首關於我的小夜曲——如今破碎了。他在整首歌曲中保持對我目光凝視，只有在確認他八頁歌詞時才稍稍放開，這跟滿足是背道而馳的。我裝作驚嘆和榮幸。之後，他送給我那把烏克麗麗。他已經有了新琴，而他知道我想學彈烏克麗麗。

隨後六週，我無數次帶著分手的意圖去找他，但都失敗了。其中一次，我帶了一百加元的支票。「烏克麗麗的錢，你本來可以賣掉它，卻送給了我。」

儘管他經常提到自己是窮光蛋，而且學生貸款主宰了他所有決定，但他不想拿烏克麗麗這筆錢。「那是禮物。」他說：「學琴就好。」

經過另一次跟他分手的失敗嘗試後，我和歐利準備了腳本，裡面提到：「既然我們兩人都不把它視為愛情，也看不到共同的未來；而且既然我不是真的認為自己現在想要展開一段感情，所以我想我最好專注在學業，我們分手吧。」我打給烏克麗麗，唸完這個腳本，在讓人冒汗的四分鐘對話後，我自由了。

那天晚上稍後我打給項鍊，就是問候一聲。我們分手已經一年，他交了新女友。在電話最後他說：「好的，寶貝。」當我了解到他是在跟她說話時，並沒有心痛感。烏克麗麗在幾星期後兌現了那張支票。

而幾個月後，我流落到了醫院，被診斷出深層靜脈栓塞。我有兩處栓塞，一處在鎖骨下方，另一處在腋窩。沒有什麼重大問題，但根據急診室醫師的說法，血栓就像是往心臟建造的樂高積木。如果我等一星期後再尋求醫療診治，就很有可能心臟病發作或中風。我立即被停藥了，並且受到絕對不要再服避孕藥的嚴格指導。

提到我過去的血栓故事時，我從未把這件事和烏克麗麗連結在一起，頂多是「A到C」的連結。當時可能會是我的任何男朋友、朋友或醫師鼓勵我繼續吃避孕藥，在二〇〇五年時，我循環系統的風險尚未為人所知。

我在日誌中寫下：

待和潔瑪討論的外卡：

長期影響：A-B=烏克麗麗落下保險套-血栓

短期影響：A-B=去找項鍊-在巴士上坐到刀子

我來到坎登人民劇場的大廳。山姆剛剛告訴我，他的劇場打算在秋季節目規劃中，安排為期三週的「庭院拍賣前男友」節目。

我們確定日期，演出將在十一月中旬開始，直到十二月上旬。這表示要在十月底排練，我有八個月時間來安排好所有藝術、數學和行政管理要素。這聽起來是很長的時間，但其實不是，但我非常高興。

我告訴山姆在研發週後我這方面的所有進展：我已找到友人艾爾森過來擔任戲劇總監。艾爾森住在加拿大，但要來英國執導另一個方案，再緊接著留下來導演我的演出。我已找到一個音效設計師。還有兩次研發週，一次是大約六星期後在坎登人民劇場這裡，另一個是在夏天。隨著會面接近尾聲，我喋喋不休說著在劇場大廳和面對馬路的櫥窗設置愛情成本相關裝置的事。

山姆說，當務之急是取得補助金，因為沒有這筆資金這一切都不可能發生。然後，他就把我交付給製作人，敲定合約。

在回家的巴士上，我收到米羅的簡訊。

去布加洛嗎？

米羅看見我就放下香菸，拉過我給我一個擁抱。我鬆了一口氣，因為我沒有臉紅。我們坐進酒吧裡少數的雅座，他宣布他剛拿到酬勞，今晚他請客。

「我也是！」我舉起手臂說道：「我拿到保險廣告的拍攝費用，扣除佣金，三百英鎊。」「哦，夥伴，這真是好消息。」但他已經起身，湊過來親吻我的頭頂，捏捏我的肩膀。

我們點了漢堡和蘋果酒。

他詢問我的個人財務狀況。

我告訴他，我欠治療師二千零八十加元。但其他方面，大量的旁白工作及穩定的打工，意指我可以開始稍稍減少我的負債——如果那筆商業廣告的錢進來，我就可以減少好大一筆負債，但我不會再指望這一點。

我跟他說，我已經在 Gumtree 收到八個想買那把烏克麗麗的訊息。他不懂這麼花俏的東西怎麼會如此受歡迎。

「人們想彈琴。」

「但妳不想。」

「我的手指在琴弦間移動得不夠快。」

「我們就是這樣去蕪存菁。」

「或者說，它就不是我的表現方式。」

他很高興聽到演出已經列入節目表，並提供我一個場景設計師的參考名單。他不想談茱莉，兩人大約已進入開放式關係一個月，茱莉已跟其他一些人約會幾次，但米羅至今只查閱了交友 app。

我們喝了更多的酒。

他沒問 T 的事，而我也不太想提起他。要說什麼？只能抱怨我們沒有任何再見面的計畫，因為他基本上是在芝加哥為一個題材待命，所以不能離開，但也沒邀請我去找他。我看著米羅的交友個人簡介。「你比這些照片好看。」他顯得不好意思，我要他別這麼蘇格蘭的模樣。我一一列出他的特質，從金融素養到他的大手、藝術敏感性到靜脈明顯的脖子。當他反駁說，沒有人覺得他有吸引力時，酒精加上筋疲力竭讓我斷絕了禮儀，我聽見自己說：「上個月我做了兩場關於你的春夢。」我大笑，而他瞪大眼睛慌張地注視著我。「這不代表什麼，但是——這很榮幸，對吧？」

「該死，麥吉。」我看到他像在聚集著什麼。

哦，不。

然後他說出來了。「我喜歡妳。」

「我也喜歡你。」我以刻意的熱情說道，走在友善和撩人相接的路線上。

「不，我喜歡妳。」

「我——」我微笑，看著他的眼睛。「我也喜歡你。」一說完這句話，我心想，是嗎？靠，不，我有T了，我愛T。但是米羅在這裡，米羅心情愉快。

米羅志得意滿地往後靠。

「但又怎麼樣？」我反駁。

「妳難道不覺得這值得關切嗎？」

「你有交往對象了。」

「但它是開放式關係。」

「而且我有交往關係了。」

「是嗎？」

我咬著臉頰內部。

米羅湊向前，輕敲桌上的杯墊邊角。「我，對，媽的。我想我愛上妳了，而我甚至不知道這是什麼意思。」

不不不。

他繼續說：「我想自從愛丁堡之後，我就愛上妳了——我甚至不喜歡刈包。對不起，我不想讓妳不自在。」

我告訴他，沒有的事。這並不完全屬實，但我的好奇心、厚顏無恥和恐懼在我內心交戰，我無法控制自己的嘴巴會說出什麼。

他說他有點迷戀我。「不是那種令人毛骨悚然的情況，而是——我就是想跟妳在一起，我可以跟妳說上好幾小時也不會厭倦，而大部分的人真的讓我厭煩，而我，我們顯然是好朋友，但我——這不只是因為茱莉已經跟別人上床——這件事已經很久了，而且……我想知道是不是我瘋了，還是它存在於我們之間。」

我緘默不語。一方面這讓人感到愉快、認可及興奮；另一方面，這也很危險、不自在且欠缺考慮。

三名西班牙女子打斷我們，問我們願不願意加入她們這隊。今天是猜謎夜，酒吧擠滿了人，已沒有其他地方可坐，而且她們想要有英格蘭人可以幫忙參詳。我們說，當然沒問題，但也提醒她們說，我們兩人都不是英格蘭人。三名女子塞進這凹字型雅座，然後我們面向出題人。

我和米羅大腿貼近坐著，相互湊過身來小聲說出我們的答案。在中間休息時間，他去買酒請我們大家喝。我偷偷看了一下手機，有T的未接來電。我發簡訊給他：嗨，我和米羅在酒吧猜謎，回家後打電話給你。

米羅從酒吧做了一些手勢，口中說著什麼。

我回答：「我看不懂唇語。」我心想，他不了解我，他不愛我。他不了解我，T知道我很不會看唇語——我完全無法理解它。我聳聳肩，做出「沒關係，你選」的唇型，我做出OK的手勢然後大笑。

「你們真是美好的一對。」其中一個女子說。

我告訴她，他只是個好朋友，我們兩人都在跟別人交往。

另一個女子問：「他們在哪裡？」

「他的在東倫敦，我的在美國。」

「啊？遠距離？絕對行不通的。」

朋友替她道歉。「她只是眼紅啦。」

第三個人指著米羅說：「但說真的，他真的喜歡妳。」

「對。」我說：「但他不了解我。」

這句話讓她大笑，她把空杯舉向我。

米羅帶著品脫杯的酒回來了。「妳們這麼開心在笑什麼？」

「就是愈了解一個人，就愈不喜歡他們。」我說。他「哈」的一聲，然後瞇起眼睛。「我可不同意。」

米羅證明自己是我們這組唯一的猜謎人才。感謝他的腦容量可以裝載舊流行文化的花絮及有用事實，我們贏了。我們得到五十英鎊，我們高興極了，而且喝醉了。我們互相喝采擁抱，在我和米羅抽身準備結束擁抱時，事情就這麼發生了，就像呼吸一樣，我們親吻了嘴唇，我感覺陰道的衝擊。

「抱歉。」他說：「抱歉，希望這樣沒關係，抱歉。」

我往他的肩膀拍了幾下，說沒事。

三名西班牙女孩朝我眨眨眼，就一溜煙地跑去吧檯了。

她們放了音樂，而米羅趁機抽了菸。T不抽菸，我不想要跟菸槍在一起。我們在外面的取暖燈底下顫抖，笨拙艱難地處理這沉重的靜默。

米羅在一張木製長凳邊緣小心坐下。「我不想糾纏不休，我真的沒有，但如果我誤解了，真的非常抱歉。」

「你沒有誤解……」我抱住胸口，尋找說完話的正確方式。我沒料到這扇門會打開，突然間我們就來到門廳。我想要離開房子，卻也強烈好奇。

他按熄香菸，起身再次吻我，在他知道就要出現「但是」之前，迅速吻了上來。

我抽身，雙手深深埋進外套口袋，抓住鑰匙。「你沒有誤解，那又怎麼樣？不是只因為我們有這樣的感覺，就表示需要遵照行事。」

「因為妳愛T？」

「對，我——我是，而且我投入了許多。」沉沒成本偏見浮上心頭，但我撇開了它。「而你不是——你跟別人同居——我知道你們改採開放式關係，但它不是——它就是……不行。我對多角戀沒興趣。」

他抬頭望著街燈和煙霧中的倫敦朦朧夜空。低下頭時，他伸過來握住我的手，懇求：「請先別說不。」

我把下巴抵在右肩上，閉上眼睛。「好，但我也沒同意，而且我現在要回家了。」

他說他接受。

「沒有承諾。」我說：「機會非常小。」

「我知道，我知道，我可以再親妳最後一次嗎？」

我點頭。嘛起的緊閉雙唇重重印在我的唇上，我的牙關感受到壓力。

我在回家的短短路程中，恍恍惚惚走著，直到走在前面的人回過頭來看我一眼，我才發現自己在晃蕩口袋裡的鑰匙。真不知道我的端莊舉止怎麼了。

T 接聽了電話，說：「嗨，寶貝。」

這是我和 T 交往關係中的新進展，我對此興奮不已。寶貝關卡已取得，我們進入了暱稱的幸福之中。

「嗨，寶貝。」我滿足地咕噥：「你好嗎？」

「不太好。」他談了十分鐘關於正在進行的題材以及跟編輯的衝突。進展緩慢，而且不受他的控制，很令人抓狂。他告訴我，為了他爸媽，他不能為弟弟哭泣，因為事件順序不對——還有比白髮人送黑髮人更可怕的事嗎？今天沒有理由出門，他透露自己一直躺在地板聽 podcast，主持人是一個他認為膚淺又糟糕的記者。

我不得不在此插嘴。「你為什麼要聽讓你生氣的東西？不是往傷口撒鹽嗎？」

他說：「妳說得對，妳說得對，妳對我真是好。」我等著他問我晚上過得如何，但他沒有，反倒跟我說，他這個月沒辦法去治療。我和米羅的親吻擁抱削弱了我的強硬立場。我只做出「嗯啊」的回應；然後我問他今晚有何計畫。

他說可能會去健身館。

「好主意，你的感覺會好多了。」

「對……」他先是顯得勉強，然後明確地說：「對。妳說得對，妳對我真是好，海莉，真的很好。」

「不，我——不，我……只是我自己。」我沒有隨意坦承那個吻，這會讓我失去所有尊重，況且之後什麼事都不會發生。

T說，如果要去鍛鍊，他現在就得掛上電話，因為稍後要去一個晚餐聚會。當我們說再見時，他突然停下話。「哦，不！我沒聽到妳過得怎麼樣？」

我說沒關係，我們可以下次再談我的事。

他道歉說都是他一直在說。我們說了我愛你，然後再見。

然後他就掛上電話，而我面對自己修女小室的牆壁。我自慰的時候，心中不斷翻轉著：T／米羅／T／米羅／T。

當我打電話給法艾，告訴她我夢到親吻米羅，然後實際上也親吻米羅時，她情緒激動。「妳和米羅的故事，現在這可是原創故事。誰會在餐車前排隊時認識，然後成為密友，並且在一年半後談戀愛。」

我告訴她，我們沒有談戀愛。

我聽得出她揚起眉毛。「少來了，這是諾拉・艾芙隆[22]的腳本。」

22 Nora Ephron（一九一四～二〇一二），具有美國電影製片、劇作家及小說家等身分，知名作品包括《絲克伍事件》、《當哈利碰上莎莉》及《西雅圖夜未眠》等。

「但是法艾，」我抗議。「我愛T。」

「我知道妳愛，但是米羅住在倫敦。而且他——這傢伙是為了妳而出現。」

「他跟別人同居。」

「所以呢？」

「所以他不算單身。」

「他跟T一樣像單身。」

「妳就是不喜歡T。」

「我不認識T，但和他在一起似乎真的很不容易。」

「的確是，但和米羅終究也會變得不容易。」我在公寓來回踱步。納維德去看脊椎按摩師。當克蘿發現他無意接受在希臘面試的任何工作後，就跟他分手。納維德後來去飲酒作樂，這件事最後以在溫布利球場，為兵工廠隊瘋狂歡呼而閃到腰後收場。法艾現在開了免持聽筒，我提高聲音以蓋過她的洗碗聲音。「米羅看起來理想，是因為我不了解他。而跟T在一起，至少我知道自己處理著什麼——而且他了解我，他了解我。」

「但不應該有這些爭吵，親愛的，應該要充滿樂趣的。」

法艾今天心情很好，因為她和盧烏對倫敦東北區的一棟房子出了價，而且月事已遲了幾天。

「必須要受到這麼多傷害才值得嗎？」她問。

我跟她說我看過的一本書：哈維．亨卓斯寫的《得到你想要的愛》。在書中，他描述和某人迅速墜入情網時的「我認識你」那種感覺，是我們「蜥蜴大腦」的產物，這是認出另一個人擁有和我們小時候原始照顧者的相似特質。我們原始的部分想要回到「犯罪現場」，修復出錯的事。

如果以自覺的溝通對待那些「我認識你」的連結，那些連結就具備療癒和徹底轉變的巨大潛力；如果不是，最後夥伴關係就會因為加劇原本嘗試修補的傷口而傷害彼此。「我和 T 無疑擁有『我認識你』的愛情，他比我所認識的任何人都更願意談論他的感覺。」

「親愛的，妳用不著為自己辯解。」法艾說，不管跟誰在一起，對方終究會惹惱你，事態會愈加困難，這就是時間的影響。「何必讓它變得比原本還困難呢？」她問：「沒有得到療癒會怎樣？只是帶著包袱走。」

我同意。背負包袱會產生不良影響。

在從事這個方案以前，我並未把它們結合在一起，但我知道自從混音專輯後，我之所以從來不當第一個說我愛你的人——儘管多年來我都好想對 T 說出口——部分原因是混音專輯當時猶豫再三才對我說同樣的話，這讓我極為無地自容。

在我們掛上電話之前，法艾說：「我和盧烏擁有很美妙的原創故事，而且說真的，我們這種神話般的關係讓它保持了浪漫。好的故事很重要，讓我們維繫在一起。」

亨卓斯同時主張，彌漫「好喔」（meh）這種毫不在意調性的關係，就是沒有太多激情和熱情，可能就是屬於沒有良好療癒力的關係，連結並不深刻。

我不想要「好喔」，這是和烏克麗麗在一起時的問題。那段關係缺乏活力，沒有迫切、必要或深不可測的感覺，我想要以能夠改變我的方式去愛。

但是，當受到跟我保持距離的人吸引，我要怎麼擁有高風險的療癒關係呢？

我把這個問題帶到隔天和席雅的療程。

「對，妳對於無法得到的男人有自己的想法。」她說這是在我的人生中發展出來的一種情結、一種神經質行為。「妳會受到和妳保持距離的男人吸引，因為這對妳安全又自在。」她解釋說，在我內心已把愛情和被拒絕感情結合在一起。敞開心胸並能夠對我做出承諾的人感覺像是太強烈了，我還沒有可以接受它的受體。

這是否意味我應該跟米羅在一起？我做了那些夢，他的告白又讓我受寵若驚，而T的距離，讓我很想平衡一下分數。但是米羅不懂，他很可靠，擅長後勤組織工作，卻不會進入創造過程的瑣碎事務，不會拆解人類動力學的細微之處；我們的對話只涵括六成我想要參與的範圍。T是我認識唯一我覺得可以對他呈現全部的自己，或大部分自己的人。他樂意以真誠的熱情探究幾乎每一個主題，這是我無法忍受失去的特質。成本效益分析令人困惑。

席雅說我沒有跟T簽訂任何事，也說如果我和T可以自覺地處理我們的關係及其衝突，就很可能有修復舊傷痕的機會。

我突然憤憤不平，問說：「一段關係成功與否難道不該用療癒和傷害的等級來衡量嗎？而不是用持續多久？或是兩人是否共同持有資產？」

「妳覺得呢？」她反問。

「我和烏克麗麗的關係對我的人生紀事影響甚小，我一直在考慮從演出中刪除他的部分，但這件事本身就落下了痛苦的困境！」

「痛苦的困境？」潔瑪拿了一根芹菜問道。

我切碎生菜，把它們鋪在納維德的電視前，加上幾種鷹嘴豆泥，為今天下午的會議做準備。我提醒她。「痛苦是增加還是減少物品的價值呢？」

「對，當然。」

我們打算找出關係指數（RI）的表達式，但是我對於和烏克麗麗平淡關係的想法，以及和法艾討論到關係神話的重要性，讓我出現這令人興奮的腦波。

我揮舞一片紅椒，解釋說每當談論到我血栓的故事，我從未把它們連結到是烏克麗麗的關係。然而，沒有血栓事件，這整段關係很容易會被徹底遺忘。「所以，不是快樂或痛苦讓價值上揚或下降，而是影響。」

「重要的是關係中的情緒影響嗎？」

「對。」我說：「影響的價值在於它促成進化和成長，然而毫不在意的『好喔』沒有任何挑戰，讓我們停滯不前。」

潔瑪點點頭，咬嚼食物，伸手去拿她的筆記本。

「得到具影響力的經驗的時候——不管正面還是負面的——是我們經歷的個人進化帶來令人滿足的敘事路線，帶來好的故事，而好的故事是有力的通貨。」

「是，是，是。」潔瑪說：「物品次要於演出。」

「沒錯。我在演出中真正販賣的是故事。」

潔瑪說，我為影響價值的觀點帶來了一些重要的考慮因素。「我們需要回顧量化的數據並改變數字以反映影響。在檢視數據點之間的關係時，要把這個想法擺在首位。」

「很好。」

「要是——」她沉思：「在可以從關係中挖掘到的故事價值，以及妳在交往時的關係品質之間，做出區別呢？」

我的手握成拳頭，然後舉起來，為她無聲地喝采。

「可能值得在公式中加一個表達式，來衡量該物品所代表的敘事影響。」

「這很重要。」

首先，我們改進關係指數的定義，變成「交往時，關係中各方面的衡量」。其次，我們整理目前在這關係指數下的所有數據點，從回顧中找出和關係價值有關的任何變數，再放進我們命名為敘事影響（ＮＩ）的新表達式。敘事影響衡量「關係如何在分手後，有助於且／或影響人生」。

在敘事影響中，我們要評估：

—從關係中獲得的實用技能和知識
—從關係中學到的重大人生教訓
—在關係中經歷到的階段大事
—關係中對你人生故事有益的好故事
—增加的包袱
—療癒與受傷的比例

在我們梳理這些數據點時，我告訴她，烏克麗麗是怎樣驚駭於我對「基礎喜劇文件」的知識缺失，又是怎樣著手校正這一點，他堅持我跟他一起觀看巨蟒劇團[23]的全部作品。

「所以，要評估從烏克麗麗得到的技能的話——」潔瑪說：「和妳喜歡或不喜歡巨蟒劇團比較無關，而是和他們的喜劇對妳的人生有多大影響比較相關。」

「以十的等級來說是四。悲慘地，我會看只是因為他要我看。我當時沒想過我可能會從事喜劇，所以我當下沒有真的在吸收課程。」

參照試算表，我們把我所獲得的實用技能和知識視為關係的一種結束，決定對每一段關係找出首位，並且以一到十來分等級。

關係	獲得的最好技能或知識	值
混音專輯	介紹我蘿莉・安德森[24]的作品	6
項鍊	教我如何路邊停車（當時等級十，但現在我已經不開車了；真的開車時，我再也想不起怎麼路邊停車。）	3
烏克麗麗	巨蟒劇團的全部作品——在融入英國很有用處，但喜劇職業上則不然	4
單車	教我怎麼不用食譜做鬆餅	9
打字機	確保我絕不會忘記怎麼唸「feral」（野生的）這個字	8
背包	介紹我《荒涼山莊》、《米德鎮的春天》和《第凡內早餐》等經典書籍	8
珠寶盒	芬蘭歷史	2
T恤	不擴大衝突的技巧	10

23 Monty Python，一九七〇年代英國的超現實幽默表演團體，有喜劇界「披頭四」的稱呼。
24 Laurie Anderson（一九四七～），美國前衛藝術家，作品涉及音樂、表演藝術、裝置藝術等各方面。

然後我們檢視在我各段關係中所拾取的重大人生教訓。嘗試評估從每段關係得到的「道德」或最大的「外帶」時，我們認定如果要被視為人生教訓，那就一定要是真的銘記在心的教訓。如果我在後來的關係犯下同樣的錯誤，那麼就不算數，因為我沒有學會教訓。

潔瑪說：「要測試這教訓的價值，我認為我們需要估量妳從中獲益的時間長短——或是就包袱的例子來說，如果產生，妳會背負它多久。」

我陶醉在這偉大的想法，便慢慢唸出她的名字：「潔瑪瑪瑪」。

我們google了平均餘命。在加拿大，女性是八十二點三歲；而在英國的數字是八十點九六歲。既然我們不知道我會在哪裡退休，就考慮採用平均值，那就是八十一點六三歲，但這個數字讓我

關係	學到的最大人生教訓	使用幾年
混音專輯	愛情有條件	74
項鍊	我無法命令自己去愛上誰	71
烏克麗麗	我對於暫時和功能性的關係不感興趣	70
單車	關係是需要關注的第三實體	66
打字機	如果大家都向你警告一個人，要聽他們的話	64
背包	用不著因為宣稱愛情或是同居，就必須留下來	63
珠寶盒	我想要智識均等的人，而不是老師	62
T恤	如果得到的不是你想要的，那就離開	59

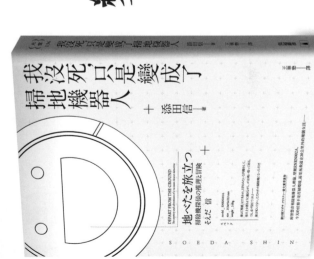

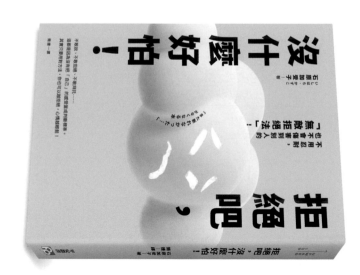

沮喪，所以潔瑪讓我提高我的餘命到九十歲。我們從九十歲扣除分手時的年紀，得知我將會實踐多久的教訓。

我們推敲什麼算是增加包袱，認定包袱是會背負到後來所有關係的東西。我無法先說我愛你，是因混音專輯而來的包袱，這對於我和 T 恤的關係造成直接影響。沒有這個包袱的話，我早就說出口了，那麼 T 要麼就是回答我同樣的話，而讓我感到莫大的寧靜；不然就是告訴我，他沒有同樣的感覺，這雖然痛苦卻很明確。但我的包袱反倒讓我留在灰色地帶好多年。

潔瑪問我，我從烏克麗麗的關係中帶走怎樣的包袱。

我說沒有。「我從不曾完全投入，如此一來，就比較難以深受影響。從烏克麗麗的關係中唯一接近包袱的是，我會擔心自己的陰道嘗起來特別糟，或是早上我很惹人厭。」

「但過了一陣子，這些傷害證實都是暫時的——不再反映在妳的行動當中嗎？」

「對，它們是我可以復元的小傷口。」

「好，我們可以說任何徘徊超過一年的傷害都算是包袱？」

我用一塊蘿蔔沾走最後的大蒜鷹嘴豆泥，然後點點頭。

這讓我得到療癒與傷害的比例。我們認定傷害評估特定關係中所造成的損害，而現在損害已經復元。療癒體現的是，發生在特定關係中的療癒級數。例如，藉由列出和 T 復合的嚴格標準，並且堅持立場，這就在修復一部分的我，即害怕要求真正想要事物的我。

我不知道不去解釋我和 T 復合的事，要怎麼和潔瑪分享這個例子。所以我改而告訴她美國專欄作家丹．薩維奇建議，離開營地比發現它要好。「只要療癒勝過傷害，就處於優勢。」

她暫停筆記，然後說：「但這不是療癒對上傷害，對吧？因為如果我們對影響感興趣，不管是正面還是負面影響，那麼我們想要療癒加上傷害——我們想要給予兩者價值。」

「妳說得對！」

她做了筆記，而我去泡茶。

當我帶著茶壺回來時，潔瑪問：「就我們好故事的數據點來說，哪一個比較重要？是人生故事中具有深遠影響的事件，還是常分享的有趣故事？」

「有差別嗎？」

潔瑪大笑。我想著我所看過所有的自我成長書籍，其中提到文字的力量成為思想，思想成為行動，而行動成為塑造我們生活體驗的力量。「不管它是我們重複告訴自己還是和別人分享的故事，敘說和重述的行為就塑造了我們理解自己人生的方式。」

潔瑪說有道理，而這決定好故事將由對自己或對他人的敘說頻率來估量。然後她說：「這是一個運用妳之前提到的稀釋效應的好地方，對嗎？」

她再次命中目標。每個好故事的影響力被我擁有多重關係做為比較點的事實給稀釋了。

潔瑪建議把稀釋效應納入敘事影響的表達式，「像是好故事的述說頻率除以關係的總數。」

我對她舉起大拇指說道：「除以八。」然後我臉紅。「或是……嗯……」

「什麼？」

「我不是很確定是不是八。」

潔瑪一臉困惑。

我把所有零散的蔬菜都集中到一個小盤子。「我和 T 復合了。」我輕輕說道。

「哦。」

「對，我還沒有真的告訴過許多人，因為他，呃……」我喝了一口茶。
「靠不住？」潔瑪替我說完。
「對。」我擠出笑容。「我甚至還沒告訴家人。」
「已經多久了？」
「幾個月。」我說抱歉沒有早一點告訴她。
她說她理解，然後漠視它。「我們只認識幾個月。」
「不，但我們一直在進行關於我愛情生活的這件事。」我笨拙地找尋字眼。「我只是很害怕和他在一起行不通，我會成為雙重傻瓜，但他那方面已做了許多改變，所以有希望。而且他同意我要求的事——不再不做正事——致力發展嚴肅的關係——家人和孩子。」
「所以，他會搬來這裡？」
我在扶手椅裡垂頭喪氣。「我不知道？很難知道他會怎麼做，我不知道我是否應該離開還是給予承諾。」
她問我想要保持關係的原因。
我笑著告訴她，在我第一次帶T一起回去時，我的哈洛姑媽說：「妳最了不起的就是不放棄，而這也是妳最大的問題。」我問潔瑪，是否覺得我在做徒勞無功的事。
她沒有回答這個問題，但是巧妙地把對話導回數學，並且在我不太願意跟她說T的事以及我和各個前任的關係之間畫了一條平行線。「這個想法很有趣，討論和不同人的舒適等級。我在想，妳會不會覺得教訓、技巧和包袱諸如此類的事，受到妳現在和前任相處的愉快狀態而改變？」
我同意，它的確為事情上了色。很高興能再次就理論探討，我們探究分手後和前任的友誼等級，並為此建立一個排名系統。

在我洗碗的時候，潔瑪收拾好她的包包。她告訴我，直接讓她知道我是否想在方案中列入T。退出或承諾，她對兩者都沒有意見。

我不相信她的話，但我謝謝她，在門口給了她一個擁抱。

幾天後，她發電子郵件給我，寄來公式初稿，一個粗略版本，它看起來如下：

補助金申請在昨晚上傳了。為了慶祝，我今天上午沒有進行方案工作，而是睡懶覺，並且縱容自己去克朗奇區我最愛的咖啡館買了一杯咖啡。我品嘗它，在附近漫步，直到最後來到一家健康食品店，盯著一整面的岩鹽燈牆。一名穿著編織毛線衣的女子走到我身邊，問我是否願意試算一下塔羅牌。

「當然好。」

我跟著她經過一堆營養補充品，爬上狹窄的樓梯，進入一個有斜斜天花板的小房間。她示意要我坐下，並且把我的出生日期時間輸入一個網站。圖表出現時，她問說：「那我

DRAFT 1

$$\text{COST OF } \heartsuit = MV \times \left[1 + \frac{NI - t}{t}\right] \times RI \times WC$$

圖例：
Cost of ♡：愛情成本
MV：市場價格
NI：敘事影響
t：時間投資
RI：關係指數
WC：外卡

初稿

們看看吧？」

我點點頭。

她說。我對人很友好，深深著迷於他們的行為。「妳可以成為心理學家。」

我告訴她，我是演員。

「這有道理。」她說我現在的職業發展有點放緩，但等我三十五歲就會起飛。

我在心中記下這件事，決定在那之前都不要恐慌。

她說我的太陽在處女座，月亮在天蠍座，而上升星座在牡羊座。上升星座顯示如何向世界表達自己。「所以妳的核心人物具備動力、實幹和執著。而關於心智、聲音和溝通的水星，在妳的圖表上也非常強烈。妳想要事情有用處，想要去做有用處的事。但其中有些令人不安的事。」

我做好準備。

「妳想要一切完美無缺，當事情不完美，就會為妳帶來極大的痛苦。妳想要在工作上做到『不差毫釐』，對伴侶也有同樣的要求，而為自己施加太多壓力。」

我告訴她，我原以為我已愈來愈擅長減少完美主義者傾向。

她看看圖表又看看我，然後說：「自信是需要加強的區域——妳的自我感知很弱——要通往事事完美另一頭，就是要相信自己。」

我想要捍衛自己的自尊心。但她的評論會讓我生氣，可能意味其中有實情。我讓它悶燒。

「妳是生性浪漫的人，但很難找到妳想要的那種愛情。」她說月亮在天蠍座，我的人生本質就是強烈，需要激情。「但妳其中一個問題是——」她指著螢幕右下象限的一團符號。「妳的月亮和土星緊密相連，而土星是限制和阻礙。」她解釋土星和冥王星在我的第七宮，這裡掌管人際關係和其他重要事物。冥王星是關於力量和控制，而土星則加上不想受到批評的特質。

「所以這是什麼意思？」

「從關係來說，這讓事情變得棘手，因為妳想要力量、控制、自立自強，而且只想要嚴肅的關係。」

我聽到笑了起來，告訴她正是如此。

她說，我已學到展現脆弱並不安全，但要得到我想要的激烈愛情，唯一方式就是移除我的盔甲，讓自己變得脆弱。

我告訴她T的事，說我們算是復合，而我在想我是否應該停損逃跑，還是這值得投資更多。

她建議我們詢問塔羅牌。

我洗牌，切了兩次牌。她鋪開紙牌，我選了三張。

過了一會兒，她說：「啊哈，在你們兩人之間有個紐帶。這是……我想說這和祖先相關，就好像你們兩人有著屬於祖先或兩人前世的未竟之事。」

這樣的談話不會讓我驚慌失措。我雖然是不可知論者和無神論者，卻真的想相信宇宙存在某種事物，會插手事情發生時的原因。

我鄭重地告訴她，祖先紐帶很有道理。

她說：「他現在朝妳而來，如果妳想要看看他是否稱職，就必須以雙腳邁入。」

「我應該去芝加哥找他？」

仔細斟酌後，她證實：「如果可以，的確是。」

和她坐在一起，時間像是暫停了。她不肯讓我付錢，重申這是試用。我加入她的電子郵件清單，然後忘記我原本要來買的洗髮精就離開了。在回去公寓的路上，我打電話給T。那裡現在是清晨六點，他昏昏沉沉，但心情美妙。

「我想去找你。」我輕柔地說。

「什麼？」從他聲音中，我聽得出他咧嘴大笑。

「我想去芝加哥找你，很快就去，我有了頓悟。」

他說：「好，好，當然好，我很想妳過來。當然好，快來。」

我尖叫。「這有趣嗎？」

「確實是。」

我告訴他，我今天就要訂機位。

他說：「很好，寶貝，我現在要回去睡了。」

那天晚上，在納維德批判性的目光下，我訂了直飛芝加哥的機票。

今天晚上是米羅的生日酒會。自從幾星期前我們在酒吧猜謎時接吻後，我就沒見過他。我現在已經擦上又擦掉紅色唇膏三次了，我無法確定哪種樣貌最能表現：「我不在意。」我一直在躲避他，聲稱工作繁忙。工作是繁忙，但事實是我不知道怎麼處理這個情況，而且我還利用了米羅太壓抑而不會談論自己情緒的這個事實，儘管他做出了不尋常的愛情表白。

我不應該緊張，我有T。

當我到酒吧時，米羅正在外面擁抱一名我不認識的男子，努力平衡兩手各拿著的品脫酒杯。

「嗨。」我向他揮手，低聲說道。

「嗨！」他掙開跟朋友的緊緊擁抱，過來和我輕輕擁抱。我們的肩膀只是相觸，他輕拍我的背。我們鬆開身子的時候，我要自己不可臉紅，但在我們四目相接的剎那，我的臉頰燒紅。他也一樣。至少，我們處境相同。

米羅替我敞開門。「我在這裡會不會很奇怪？」我低語。

「不會。是太好了。妳要喝什麼？」

「水。」

「少來了。」

「白酒？不，蘋果酒。等等！不。我應該買酒請你！」在他走向酒吧服務生時，我大聲喊。

他探向酒吧，為我點了一大杯白酒。在他們拿來感應式刷卡機時，他推開我，感應他的信用卡。

「米羅！是你的生日耶，我應該招待你的。」

他的朋友都在包廂，但我的酒送到時，他沒過去加入他們。

「那，妳好嗎？」

「我很好。」我輕快地說：「你好嗎？」

「我跟茱莉分手了，我不想在電話裡告訴妳。」

他面帶笑容，卻對著他的酒杯說話。

「哦，該死。我──該死。抱歉。」

他對我舉杯，我跟他碰杯，兩人目光交會了好一陣子。我先喝了酒，不知道要說什麼。他是因為我才分手的嗎？我應該告訴他我一星期後要去芝加哥嗎？為什麼我還沒跟他說我要去芝加哥？自從我訂機位已過了八天，現在說似乎太晚了。我只去一星期。當他更多朋友來到，並闖進我們之間來祝福他時，我鬆了一口氣。

當恭賀隊伍消失後，米羅轉向我。「這很瘋狂——請不用客氣，大可以說不，或是要我滾開。」

「什麼？」我的太陽神經叢[25]一陣緊揪。

「呃，我哥哥下星期結婚，而……我需要一個約會對象。」

真感激他沒有再次表白他的愛，我不禁發笑。「你需要一個約會對象。」

他做出一個陰沉的表情。

「我只是想說，帶一個他們不認識的人去可能會有點奇怪，這會怎樣呢？解釋你剛分手，或是——？」我滔滔不絕說著，嘗試勸哄他。

「麥吉，這可以是柏拉圖式的。」

我想要揚揚眉毛，卻只有鼻孔翕動。

「聽著，那是在馬爾地夫的一個度假村。全包式服務，完全免費。妳很會跟人相處，我的兄弟姐妹全結婚了，那裡會有一堆小孩跑來跑去，而我家人喜歡跳舞。」他接著說：「我只是不想自己一個人去，我分配到的是雙人床房型——不管我去哪裡都會有空椅子和多出的餐點。」

謝天謝地，他一個朋友鑽進我們之間，介紹自己。當他們開始聊彼此近況，我在包廂找到位

25 solar plexus，印度教傳統的第三個主要脈輪，位於肚臍區域，相當於道教的丹田。

子，脫下我的雙排釦厚大衣。

沒多久，米羅閃身來到我身邊，並遞給我另一杯酒。「別在意婚禮的事了，我到處找妳。」我啜飲一口。「這旅行聽起來很棒，真的很棒，但是——」

「我懂了。」

「我是說，就這時候來說這可能太過了，而且——」

「對，不，對。我知道這件事不太有機會，我只想說這是我的生日，或許……不要緊。」

我們的膝蓋相抵，我有種想要伸手摟抱他的衝動。我想要坐在他的腿上，想要感受他的重量在我身上。

有人問：「海莉，妳是怎麼認識米羅的？」

米羅說了刈包餐車的事，而我只聽到腦海裡席雅的聲音，提醒我還沒跟T簽下任何東西。他沒有完全遵守他那方面的協議，而且從歷史看來，他總是讓我失望。

在酒吧裡坐在米羅身邊，被他的朋友圍繞，我成了我一直想要的那種女朋友，就是立刻被他的哥兒們接受，被我所愛的人欽慕，既安全又自由。

當米羅從桌子後面一扭一扭走出去買另一輪酒時，我看了一下手機。裡面有T的訊息：寶貝，妳什麼時候回家？

我回簡訊給他。在酒吧，四十五分鐘後到家。

我起身走到吧檯的米羅身後，他轉身遞給我第三杯酒，但我沒拿。「我得走了。」

他的神情變得悶悶不樂。「是嗎？」

「對，我累極了，而且——」我翻找皮夾，抽出一張十英鎊紙鈔，把它壓在他的手中。「拿去，對不起，我沒辦法喝這杯。我早上有個旁白工作。」我謊稱：「我剛剛才想到它的時間。」
「好，那麼——」
「我會考慮一下婚禮的事，但可能不會去。我覺得它有點——」
「太多了？」
「對。」
他陪我走出酒吧，似乎突然間徹底清醒了。
我們走向對方，彼此相距咫尺，額頭相抵。我的手指撫過他的鬍子，他壓抑住一個打嗝，他聞起來像洗衣精和啤酒花。
我說：「生日快樂。」輕捏他的手後，就往後退。
「我是認真的，麥吉，我會等下去。」
我微笑，轉身離去。冷冽的夜色打在我身上，我釋放情緒回到自己。我在「世界盡頭」酒吧逗留，擠過學生和觀光客，進入令人作嘔的廁所。我懸空往馬桶排空膀胱。地鐵北線，現在空蕩蕩的。到家。
T很高興我微醺。
我消除紊亂的思緒。「米羅要我跟他一起去參加婚禮。」然後半真半假為自己做偽證。「他和茱莉採取開放式關係，我認為他喜歡上我了。」
「他絕對會喜歡上妳。」
「嗯，他柏拉圖式地邀請我去。」
T輕笑。「哦，老天。」

「我不會去的。」

「沒辦法跟那個搖滾明星搞外遇，我幾乎要為妳感到難過了。」

「嗯，不。不，天啊，不要。」我大笑。「跟我說說你在忙什麼。」

他列舉了他一直在擔心的各種事。我把電話轉為擴音，調低音量免得吵醒納維德。T傾訴的時候，我轉開椰子油罐，拭去我展現魅力的嘗試。在手指仍因油脂而滑膩時，我在他說話時撫摸自己，悄然讓自己高潮。

T問：「妳為什麼喘不過氣？」

「我沒有啊。」我說，控制了語調。「治療的狀況怎麼樣？」休息一個月之後，他上星期回去治療。在我們一個相處甜蜜的時刻，他認同這很重要，便在我們通話時，寄了電子郵件給他的治療師。

「很好，但不容易，我昨天去了。」他提到現在弟弟去世了，他很難領會自己的人生角色。他在考慮寫下這件事，但害怕這樣做會物化他的弟弟。

當我的話因為呵欠而模糊不清時，他催促我去睡覺。

我穿上他的T恤，鑽進被窩。現在已過了凌晨一點鐘，我問他是否期待見到我。他只簡單回了「想」，但我已經累到沒辦法質問他這件事。我們掛上電話，我打開我的白噪音睡眠app，選定城市雨聲模式。

米羅傳了簡訊過來。婚禮的事不要有壓力，別完全抹煞我。X，又，妳今晚美麗動人，我沒有物化妳，只是客觀地說。XX。

帳簿

愛情	米羅喜歡我，或說愛上我 我吻了米羅 我不覺得有罪惡感，但我更喜歡 T T 沒有懷疑 我要去芝加哥 我沒讓米羅知道芝加哥的事
金錢	前往芝加哥的機票費用是 350 英鎊 研發週、旁白工作及前往芝加哥，這樣更難維持打工 負債 8968.13 英鎊 銀行存款 930.03 英鎊
職業	為保險公司拍攝電視廣告—祈求它能夠播映 「庭院拍賣前男友」將要演出三星期！ 補給金申請書提交到藝術委員會—等候回音
總計	？？不是最糟狀況。

第13章 關係指數

「兩個寂寞的人互相保護，互相觸摸，互相說話，這就是愛情。」

——里爾克[26]

經過一番催促後，T 同意來接機。他遲到了，我靠著一根大型水泥柱，看著其他旅客跳進車裡。我不想生氣，但還是生氣了。米羅總是早到。我要自己不要整星期都在比較和對照，提醒自己占星家說要雙腳邁入。T 又出現他平常那種搶先一步的情緒波動。在上星期減少打電話給我的次數後，對於我今天上午等不及要見到你的簡訊，他不怎麼熱烈地回覆了：哦，是嗎？而不是我一直希望的興奮語氣：我也是。

我看到 T 走過來，他瞇起眼睛掃視。我走出柱子，向他招手。他加快步伐，在我們開口說話前，就摟住我的腰，親吻我。他今天早上刮過鬍子了，我立刻原諒他，雙手梳過他的頭髮。

「我原本想要為妳做一個歡迎標語，但是——」他卸下我的背包，接過滾輪行李箱。「妳可以走二十分鐘嗎？」

我挑起眉頭。

「這是快速叫到便宜 Uber 的訣竅。」

我點點頭，決心來好好運動。

他走在前面，我們穿過等候著更慢、更昂貴車子的大批旅客。我跟著他沿著人行道行走，經過匯入歐海爾國際機場的四、六、八線道。太陽高升，天空遼闊。我注視廣告牌，提出摩天大樓和密西根湖的許諾。

等我們抵達T的住處，才中午過後沒多久，而我剛睡了兩小時。他轉租了半知名政界人物的公寓，這裡有一個房間，還有從地板到天花板的整面書架，以及燃燒木柴的壁爐。雙扇玻璃門通往以愛迪生燈泡勾勒出的露臺，但三月的天氣還太冷，沒法享受它，我已等不及要依偎在壁爐前面了。

「這裡真完美。」我說，在磨損的皮沙發上伸展身子。

「別在意它。」T指著角落的佛龕。他提議要替我泡杯茶，但又過來我這裡，把我的腳放在他胸前。我想要消除彼此之間的空間，但他似乎需要我的腳那麼長的距離。我用八卦填補兩人之間的沉默：歐利和前任的調解會沒有帶來他所希望的收益，而且前任現在還有新的伴侶。T嗯哼地回應我，直到他開始打盹。我輕輕抽離身體，開始翻找廚房。

他突然出現在我身邊，問說：「妳在找什麼？」

「茶。」

「哦，對，抱歉。」他僵硬地用手臂推開我，打開一個餐櫥櫃。「這是妳要的棗子，不是便宜貨。」他指著流理臺。「還有香蕉，菠菜在冰箱。」

我向他道謝，問說果汁機放在哪裡。

26 Rainer Maria Rilke（一八七五~一九二六），德語詩人，同時也撰寫小說、劇本、散文及法語詩歌。著作包括《祭神》、《時禱書》、《新詩集》、《馬爾泰手記》、《旗手克里斯多夫．里爾克的愛與死》及《致奧爾弗斯的十四行詩》等等。

水沖擊在金屬茶壺的背面，他關上水龍頭，把茶壺放到爐架，俯身確認點火。
「果汁機放在哪裡？」
「什麼？」
「果汁機。放在。哪裡？」
他轉身面對我。「我不知道她有沒有。」說完後，他就坐到桌邊，打開筆電。
我試著露出笑容。「所以你是在不知道有沒有果汁機的情況下，買來這些做果泥的材料？」
「去櫥櫃找找。」
「哇。」我咕噥，一個一個打開櫥櫃。
「怎麼了？」他反射性地問，眼睛仍盯著螢幕。
我停下動作。「T。」
「是。」
「你可以陪我嗎？」
他噘嘴吸了一口空氣。「好。就一下——我得回這封電子郵件。」
我結束搜尋，沒有果汁機。
我從背包拿出我的筆電，躺到沙發，把筆電放在我的肚子上，我要向單車提出採訪邀請。輸入 Wi-Fi 密碼的途中，茶壺響了。T 不為所動，我默默從五開始倒數，最後才把腳放到地板上。把水注入陶土馬克杯的時候，我看到他現在掛在 Instagram 上。我怒火中燒，下巴緊繃。
在我把茶吹涼的期間，我們來回討論，其中包括我們一切必定出現的意見情緒。他不解為什麼我們之間就不能輕鬆自在相處，而我已厭倦爭取他的注意力。

「我很害怕。」他說：「我的所作所為都讓妳失望。」

我聽見自己大喊：「大家都害怕！愛情很可怕。」場景最後是我緊緊捧著現已變得微溫的茶，頹然倚著書架坐下，威脅要離開，而他道歉，把我納入懷中，帶我到沙發。

「我不想變成這樣的女人。」

他撫摸我的頭髮，直到我再也找不到話說。然後，我們相互擁抱了好久，默默不語，直到這樣的舒適轉換成肉欲，我們親吻，解開衣服。

性愛過後，嘴巴微張時，他告訴我，跟我上床感覺就像回到家。我親吻他鎖骨的疤痕，緊緊抱住他的軀幹。我好愛他的肋骨。即使我說不用上館子，他還是想要帶我出去吃晚餐。他請客，而我退讓了。T 對於外出用餐有卓越的品味。我唯一的要求就是，我不想走超過三十分鐘的路。

前往餐廳的路上，T 的手指撫過我的背部，輕扯我的髮梢，按摩我的頸子。他的雙手傳遞了一種健康質感。芝加哥很冷，但行道樹已添上花蕾。儘管人行道空蕩蕩，呼嘯而過的車流卻紛擾人心，帶來不愉快的步行體驗。真可惜，因為如同 T 說的，我們走路時最要好。過了一會兒，他壓在我肩膀上的手臂重量讓我困擾，我看看手機，發現我們已走了三十八分鐘。

「我以為你說走路到餐廳不用三十分鐘。」

T 說我們可以叫 Uber。他舉起手機，走出到一條多線道上。

我往左看又往右看，再往左看，然後小跑步趕上他。我的直覺因為英國生活經驗而混亂了。當他說我們還有十六分鐘的路程，我嘆了一口氣，但堅持沒關係；我不需要計程車。

T 在我前方大步走進餐廳。被問到我們是否有訂位時，我瞪大眼睛看著 T。他瞥了我一眼，要我「冷靜」。

我們被告知要等二十五分鐘，但可以坐在吧檯喝飲料。

我瞠目結舌，米羅總是會先訂位。

「太好了。」T說，然後輕鬆穿過擁擠的用餐區，坐上吧檯椅。我跟在後頭。當我脫下雙排釦大衣，掛好包包時，他說：「這樣還可以，對吧？」

「不理想。」我反駁。原本應該是一個沉浸在彼此陪伴的愉快夜晚，卻因為我們無法取得一致步調而變得疲累焦躁。

「我們可以去別的地方。」

「你們要喝什麼？」一個聲音沙啞，有著刺青的調酒師攔截了我們的爭吵。她的輕鬆自在引出我深深的羨慕。我真希望自己是個滿不在乎的芝加哥人，而不是一個緊張兮兮有著餓怒症的杞人憂天分子。

「尼格羅尼雞尾酒？」我問，調整了心情。

她說這裡主要以葡萄酒聞名，但很樂意為我送上任何想要的東西。

我點了一杯甜度極乾的白酒。

T皺著眉頭看我賣弄了一句他知道我在倫敦學到的語句，然後點了一杯山吉歐維榭紅酒。

調酒師回來的時候，我抬高聲音說：「另外，可以給我來點麵包嗎？我今天剛搭機過來，從下飛機到現在都還沒有吃過東西，我擔心空腹喝酒。」

「沒問題。」

我滿意地轉過身，見到一臉懊悔的T。我湊過去問道：「我讓你難堪了嗎？」

「沒有。」他環顧周遭。「別這麼仔細看著我——妳在審我。」這是我們用來簡稱感覺被審查的說法。

我壓低聲音問：「你以前來這裡吃過嗎？」我拾起無關緊要的對話，可以把我們從這種不自然處境拉出來的話題。

「我們把專題報導賣給紐約時報之後曾經來過。」T比我大十歲，職業上也領先我。他值得讚揚，而我經常忘記他多有成就——他總是詢問我的意見，並且經常因此修改他寫的東西。

「哦，哇。」我盡可能輕柔地說：「真是太棒了。」

「我不知道。」他說，轉頭對著吧檯後方的喇叭。「這音樂很……嗯哼……它很……時髦。」

他皺皺鼻子，彷彿聞到難聞的氣味。事實上，它聞起來像是焦化奶油、鼠尾草和牛至的味道。「這裡的食物真的好吃，昂貴但是好吃。」

「我點的，我自己出錢。」

「不要。」T說：「我請妳來的。」

「是，但我好餓，我想要不受拘束地點我想要的東西。」

等餐廳為我帶位時，他已喝了兩杯酒，而我是一杯半，並且吃完所有麵包。我不該試著趕上他的步調，但我想要把邊緣稜角打磨得圓滑一些。

在無言中，我呼嚕嚕吃著最神聖的波隆那肉醬麵，T開始噴濺醬汁。「我不懂這玩意兒對我怎麼一點也不簡單。」

我擦掉下巴的醬汁。

他示意指指餐廳的其他人。「這些人都在聊什麼？我們要共度六天時光？」

「空白頁嚇到你了？」

「對。」他像是鬆了一口氣地回答。

我們現在這種簡略的對話給了我希望——這是進步的象徵。空白頁讓T害怕。他不喜歡早早就對事情做計畫，但漫無目的的共處日子也促使他進入生存恐懼。一般來說，我渴望許多的獨處，而他總是到處走動每小時做著不同的事或找不同的人。這些相見時刻，我們基本上是把自己鎖在一個房間，互相凝視，挑戰我們自然的節奏。

我拿出筆記本，規劃這一週的行程。我要去辦瑜伽通行卡；他要花時間在書房；我會找我住在這城市的少少幾個朋友。我們決定要一起去健行，並且在他的手機上訂了兩場喜劇表演的門票。這是很好的計畫，我們兩人都滿足地往後靠。

我在這種腦袋微醺、時差及吃飽義大利麵的舒適中，就脫口說出：「你難道不開心我來這裡嗎？」

T猶豫了一下。「不是，不是，我——」他重新折好餐巾。「我在這裡必須小心謹慎。」

我的脊背急凍成冰柱，我開始怒火中燒。為什麼他不能讓我們愉快休息一下？為什麼要扭轉一切？

他接著說：「這看起來像是，當妳決定來芝加哥，妳是在未告知我的情況下，為我們的關係下了某種決定。」

我皺著眉頭，然後了解到他說得沒錯。「我想的確是這樣，我決定進來。」我大膽表示：「我以為你已在裡面等著我。」

「我也正在弄懂這件事。」

「瞧，不。你不懂，你不懂。你已經投入。」我翻臉，我努力不要放聲大喊。「我告訴過你，你需要堅定，不能再立場游移不定——」

「立場沒有游移不定——我只是——我不是堅定的人。」

「這一次你需要當我們的捍衛者，你讓我成為這個角色，這——我好厭倦一再重複說過的話，我們說好的，不會再重蹈覆轍。」

「對。不會，對，妳說得對。」

我的手肘撐在桌上，我把臉埋進雙手之中。

「嘿。」他從我臉上拉開我的手，捧住我的臉頰，越過桌子說：「我愛妳。我真的很開心妳來這裡。對不起，我處理得這麼糟糕。妳是我認識最棒的人，一直對我很有耐心。我不配得到這一切。海莉，我欽慕妳。」

我跟著道歉，但克制自己說出恭維。

我們彼此進入一種寧靜態度，溫柔纖弱，像是周圍環繞了一個氣泡，我們在燭光下凝視對方。

我堅持要付我這部分的帳單，但信用卡卻刷不過，我的手機又沒電，無法打電話讓威士卡公司知道我到海外旅遊了。

T說：「海莉，我想要由我買單，我很高興妳沒辦法結帳。」

我坐在Uber後座中央，依偎在T的身旁。他親吻我的額頭，在司機過彎時抱住我。真希望這趟返家車程能夠長一點。

隔天上午，我睡到太陽升起。我親吻T，四處翻找咖啡紙杯。他沒有紙杯，他只在咖啡館喝咖啡，以抑制咖啡因成癮。我套上瑜伽服，帶走他的墊子，開始走路。

我到瑜伽教室時，課程已經取消。不馬上回家似乎很重要，把這段時間保留給 T 自己。在隔壁咖啡館裡，我買了一杯我剛開始認為是太過昂貴的卡布奇諾，後來才發現它的價格其實和倫敦的相當，只是因為我已經戒除買咖啡的習慣八個月了。藉由店裡的 Wi-Fi，我發送了採訪要求的電子郵件給單車。隨著太陽高升，我在窗邊的桌位愈來愈暖和。我想要寫一些筆記，卻沒帶筆和筆記本。我走回櫃檯，自動上鉤，一本線縫裝訂筆記本及一支粗實的筆要價三十三點九美元。我回到我有著好風景的位子，畢竟，我必須讓錢花得有價值。

法艾打來。「妳能想像嗎？」她抱怨：「我的公公婆婆在梅費爾的晚餐聚會問我說，我的陰道分泌物稠度是否像蛋白一樣？」她愈是發洩，約翰路易斯就吠叫得愈是厲害。盧烏跟他的醫師爸媽提過，他和法艾正在嘗試懷孕，而她已承受了他們的「忠告」重擊。

我說：「哎，至少他們真的知道他們在說什麼──醫學上來說。」

她說結婚讓她最不喜歡的就是，增加了父母的監督。她自己的爸媽或許酗酒，卻是「自己活也讓別人活」的相互寬容類型。「現在，我有了酒鬼以及霸道父母要應付。」

「但是他們崇拜妳。」我說，想到單車的媽媽對我的鄙視。我問法艾，是她喜歡伴侶的家人，還是他們喜歡她比較重要？

她認為他們喜歡她比較重要，因為這表示在她背後不會有什麼戲劇性情節。

我告訴她，我真的不在乎我的家人怎麼想。

「等等。」她說：「如果妳不在乎，那為什麼還沒跟妳哥哥說 T 的事？」

我被揭穿了，支支吾吾告訴她，他很有保護欲，我怕他會生我的氣，因為我回到曾經受過傷害的地方。「我知道他的理由，況且比起傷害過我在乎的人，我比較偏向原諒傷害過我並為此彌補的人。」

「對。因為在遠處，線條很清楚；而近距離就成了點描畫。」我告訴她，這樣很好；並且記下要跟潔瑪談談跟前任的親朋好友的關係。「而終究──」我說：「交往關係是存在於兩個人之間。」

「嗯，應該如此！但不幸的是，交往關係卻是存在於兩個人的社交圈和個人生態系的環境之中。每個人都會有一整村的人在後面排隊。」

「以及在他們的腦海裡。」

「沒錯。這正是我的問題，我現在努力在跟我的老公和他的爸媽生寶寶。在我們辦事的時候，他在腦海裡聆聽他們的話。」盧烏去做了檢查，發現他的精子數偏低。他們把這件事視為正面資訊，因為他有些簡單的事情可以做，像是不要再這麼常泡熱水澡，並且穿著寬鬆的內褲。

我突然間很想上洗手間。「法艾──我想咖啡因產生效果了。」

她大笑。「最後一件事──我們對那棟房子的出價被接受了，我們就要搬到沃爾瑟斯托了。」

我跟她說這太棒了，而她說：「快去，快去！」

咖啡館的洗手間壞了，所以我改去借用瑜伽教室的。等我回來準備繼續寫的時候，我的桌子已被別人占用。

在附近街區閒逛時，我想著法艾的觀點，她不想要彼此關係以外的戲劇性事件。當我這方的人不贊同時很煩人，但是我必須重視自己的感情勝於家人的判斷。我想到法艾的生活以正確順序展開，時間線進展和慣例一致。我不想要按照慣例，但的確想要有進展。我提醒自己，我的量尺並非按照是否擁有共同財產，而是以能夠療癒舊傷口的程度。而且，T 給我的親吻正是我需要的方式。我們身體的化學作用毫不費力，而且我們有永遠也說不完的話。愛情不正是關於一輩子的對話嗎？我決心和善地走向T。風兒一路帶著我，隨我沿著小巷走回T的公寓。但是T不在家，當我的手機接上Wi-Fi時，他傳的簡訊跳了出來。

我在瑜伽教室外面等妳。

在隔壁的咖啡館，要為妳帶什麼嗎？

海莉？

在急忙趕回咖啡館時，我焦急地打電話給他。我們嘗試，我們試著相互妥協在中途相見。幸福時刻稍縱即逝，當我抓向它們，它們變得費力且衰弱。

隔天我們去哈姆斯林地健行，哈姆斯林地是一個鬱鬱蔥蔥，長滿苔蘚的林地，但這活動卻被爭執前一晚觀賞的單人喜劇秀給破壞了。不管和T相處多久，我還是無法了解他變化無常的本性。他怎麼能前一晚還靠著我看表演，開心地哈哈大笑；卻一早醒來，聲稱表演老套、令人倒胃口，只是迎合通俗大眾的幽默呢？

我試著這麼說：「你明明喜歡的東西怎麼能在一個思考過程中就把它否定？」

他說得快，令人欽佩，我完全被他的聰明才智輾壓。

「你要知道。」我搖搖頭，在小徑上停下腳步。「你要知道，你對單人秀和喜劇有這麼多意見，但是——」我再次搖搖頭，繼續往前走。

現在換他停下來。「說呀。」

「你沒有實際參與，你做的就只是批評，真正進行這類工作的人是我。」

「現在，我們在談話了。」他幾乎開心地慫恿我。

「你從事喜劇是在大學，那是好久以前的事了，你不是專家，你是評論家。」

「這真是他媽的刺人。」

我聳聳肩，繼續往前走。

「但妳說得對。」

聽到他這麼說，我微笑，很淡的笑意。這種迴圈式的對話讓我筋疲力竭。「我不喜歡為了好玩而爭吵。」這讓我心跳快速，頭顱感覺緊繃。

他說他喜愛它。

「我知道你喜歡；你就是從這裡得到莫大樂趣。」的確如此，T 整個人生都致力於勤奮訊問的體系，以及來自一切可能立場的人們。

我們大笑。我們不是那麼常笑。我們的幽默感並不一致，但我們不會使用幽默來轉移焦點，這必須是為了更大利益著想。

我們處於驚險的平衡狀態，直到他說他擔心我們太不相同。

「T。」我警告：「我不想聽到你擔心我。」

「我只是實話實說。」

「這太誠實了，你需要對朋友或治療師說這些。這注入太多懷疑，讓我們無法向前邁進。我們必須放下石頭，才能向前邁進。」

「了解。」

「我厭倦——」

「鼓吹行動。了解。我會藏好它。」

「你用不著藏著它，只是不要告訴我。」

碎石子小徑帶我們越過橫跨芝加哥河向北支流的橋梁。我們並肩佇足一會兒，欣賞替冷冽河水作框的眾多樹木和灌木，我們的怨恨消失了。T 為我拍了一張照片。

走出步道時，我們寧靜平和的親密感是一種珠寶，從豬糞裡開採出來，排列在這段關係的頂點。

我凝視著一個碎裂的陶製馬克杯，它已經被黏回去，杯子一邊寫著「愛你」，另一杯是「幹你」。我在柳條公園的快閃藝廊，分手關係博物館在此巡迴展示藏品，而在法艾的建議下，我前來朝聖，開始閱讀每一個標語牌。

這裡滿是跟我手邊物品一樣的東西，由公眾匿名捐贈。有一件放在醬缸的結婚禮服，這是一個女人因其軍人老公從不去治療創傷後壓力症候群，而跟他離婚之後所留下的唯一東西。一個來自求婚未成的「嫁給我」標語占滿了整面後牆；旋轉展示架上放了一個木條箱，裡面都是混音專輯，是一對交往十八年後分手的情侶為彼此製作的。

我到的時候，曾試圖買學生票，謊稱我把學生證忘在家中。但管門票的婦人抓到我唬人，她說：「妳可以給我看大學的電子郵件。」

我說：「哦，算了。」一邊戳點手機螢幕。「只貴了兩美元。」

我嘗試鑽系統漏洞的做法，直接觸犯了我之前在招財冥想中所學到的意識形態。我應該高興地購買全票，對宇宙發出豐足的訊息，而不是短少和缺乏的訊息。我誓言要給我接下來看到的遊民兩美元，以安撫財神。

在梳理整個空間兩小時過後，我領悟到我應該跟館長談談，詢問他們在這些分手故事中所注意到的模式，以及他們如何選擇展品。我回到入場櫃檯，要求跟館長談話。結果發現，我沒辦法跟博物館的任何人提及「庭院出清前男友」，因為館長今天不在，而這博物館是個小企業，助理館長也在入場處工作。

儘管她知道我是騙子，還是很寬宏大量跟我聊了這些收藏品。她說：「帶有最多焦慮情緒的物品往往是關係提前結束的紀念品，這些關係都有著未開發的潛力。」

不久之後，我在一家一九八〇年代的主題咖啡館，寫下這件事，以及關於為什麼具有未開發潛力的關係，讓人極難從中恢復的其他一些想法。

因為想像中的關係永遠不會證實有誤，它依舊存在。這些具有未開發潛力的關係全是許諾、沒有成果，就像是尚未開啟的禮物。這就是單車和Ｔ之間的差別。我和單車已打開包裝，見到了實際情況。我和Ｔ繞行一個仍包著包裝紙的禮物許多年，只剛剛要開始拆開它。

我今天給了Ｔ一些空間。當我說：「別離增相思。」他回以：「熟悉生侮蔑。」

納維德發了簡訊給我。他昨晚勾搭上來自冰島辦公室的同事，希望她可以用我的洗髮精。我告訴他，我想要知道更多細節，還有當然，她可以使用我任何盥洗用品。

然後，我換檔改而回答一連串關於「庭院出清前男友」的行政上電子郵件。我們下個月在坎登人民劇場的工作室有另一期研發週，我安排了音效設計師和舞臺設計師加入我們。我們大約再三星期會從藝術委員會得到補給金的申請結果。我的總監艾爾森寫信告訴我，我下一個任務是替表演找到一個結局。還沒確認整個公式之前，我要怎麼能找到結局？公式是我的框架裝置。

他幾乎立即回信說：

是，它是裝置。妳不是真的需要它成為完整教科書，才能寫表演的結局。妳知道情況是怎麼樣的：妳負債，妳決定賣東西——哎呀，它們全都是來自妳各個前任的東西。妳不知道怎麼替它們定價。妳突然想到要制定公式，妳試著制定公式。制定公式真的很困難，因為有許多考慮因素要列入，因為它包羅妳為過去愛情付出或受益的一切。妳終究會制定出公式，得以決定出價格。然後妳會告訴我們妳對這定價的想法。

這樣簡化我的表演架構讓我生氣，但我承認他是對的。我回信說：好的，好的。

他迅速回道：寫結局。

〔嘆息〕好，我會寫結局。

這件任務的前景讓我既興奮又膽怯，我做了一個清單列出我為表演已經創立的所有組成部分，以及我需要和想要創立的組成部分。我的電話響了，是我的旁白工作經紀人，她想知道我是不是真的在芝加哥。

「明天有個工作——一定要在明天——是個廣告，買斷價，三萬英鎊。他們喜歡妳的聲音，想訂下妳。」

我又驚又喜又恐慌，問她能不能在芝加哥的工作室錄音。

她已經問過他們了，而因為模糊難懂的美國演員工作規則，這不是選項。

我的胃部翻騰。我在我們通話的時候，google了班機，但什麼都沒辦法讓我及時趕回倫敦，即使我願意付五千美元的機票錢。「有沒有辦法可以改天錄音呢？」

她說沒有。顯然是他們原本的旁白人員取消工作，所以工作名單緊急換人。

「真是折磨。」

「墨菲定律，不是嗎？哎呀，親愛的，別擔心，還會有更多工作的。」

我告訴她，我真的非常遺憾。

她的電話從來不會講很久，就掛斷了。

我寫下：

愛情成本等於三萬英鎊以及待追加。

我沮喪萬分，沒辦法再咬下另一口餅乾，此時我的手機又響了。我心中歡喜鬧騰，想說他們改變主意了，然後發現是歐利打來。

相距八百一十公里，歐利在大步走路，快速說話。他從前任的姐姐那裡收到一封措詞強硬的電子郵件，前任的姐姐是家庭律師，她警告歐利如果不退開，他們就會對他申請限制令，而且他的前任現在將只透過律師跟他溝通。

「我做了什麼？我做了什麼？我永遠也沒辦法讓他看到我有怎樣的改變，學到了什麼，以及……我們兩人這一生中最棒的性愛，是，我焦慮的時候，我們經常爭吵，但沒有人比我更能讓他歡笑。而且——而且——我在調解會也讓他笑了。他想要變得正確，而不是為了愛情而戰，這份愛情是他媽的真正稀有，這該死的自我為中心的蠢蛋。」他發作了一陣子；我聽得到車流在他身邊呼嘯而過。他在我們老家市外的一個高速公路休息站，他哥哥的朋友是個律師，他現在正要去見她。

我問說，他們最近一次調解會發生了什麼事。

當發現歐利的前任在跟新對象約會，歐利對這人「伸手」，而這人就跟歐利前任分手了。

「歐利。」我說。

「是，我知道。」

「你們已經分手兩年了——」

「我知道有多久了。」

「你必須尊重別人的界限。」

「我知道。」手機傳來更多的咒罵聲，我聽得出他在踢東西。

「啊！」他大喊，然後聲音就安靜下來。

我聽了一下他的呼吸，然後說：「歐利？」

「我還在。」

「你會再度去愛的。」

「妳不懂，在他之前，我從未愛過任何人，而我永遠也不想再去愛。愛人就像把你的心放在盤子附上一把屠刀交給他們，然後希望他們永遠不會剁碎它。」

我告訴他，跟其他人在一起可能會比較好。「有個電腦科學家告訴我，下一個總是比較好。」

「妳才不信，如果妳信，就不會在發生那堆亂七八糟的事情之後，還努力想要能夠跟T走下去。」

我繼續留在電話上，努力說服他，但再多的保證，再多的愛之深責之切，都無法穿透他悲傷的力場。在我們通話的時候，T從另一個線路打來三次。

「歐利，歐利。」我打斷他。「我得先掛了。」我向他保證，我會馬上再打給他。

他說不用了，反正他就要去見那個律師。

一個不認識的聲音接起了 T 的手機，問我是不是 T 的妻子。

我第一個念頭，是他朋友在開玩笑。但是當聲音又說：「妳是 T 的伴侶嗎？」我的笑容消失了。

「我這裡是醫院，他要我們跟妳聯絡。」

「是的——我——是。」我結結巴巴。「一切還好嗎？」

聲音告訴我，T 發生車禍，他騎單車時被撞了。

「哦，我的天。」我匆匆把筆電塞進背包。鑽進咖啡桌底下拔電源線時，我的膝蓋不斷顫抖。手機裡的聲音告訴我醫院的名字和住址。

「等一下！」我尖叫，開始在塞得滿滿的包包中翻找紙筆來寫下醫院名字，以免忘記。

「好了，我什麼時候要到？」

「他可能在診療室或在做檢查，妳的先生有保險嗎？」

「他是加拿大人。」

「他有美國醫療保險嗎？」

「我不知道。」

「妳不知道？」

「他來這裡工作，而我只是過來找他。」

坐在 Uber 上，我狂亂地 google 醫療保險。車流嚴重堵塞，原本應該四十五分鐘的車程，開了接近兩小時。我躺在後座，時而哭泣，時而要自己正面思考。

一名護理師打給我。他們擔心他的腦部內出血及可能血腫，所以要送 T 去做斷層掃描。

司機告訴我，他的弟弟原本是 Google 電腦工程師，後來在溜滑板時被撞，遭受到永久性的神經損傷，現在住在他們媽媽的地下室。

在這個時候，我開始祈禱，祈求神、祈求宇宙、祈求我爺爺——庭院出清的守護聖人——讓T沒事。我跟Uber司機，跟旁白領主交易協議，還說我永遠不會再跟米羅說話了，我不會再對T這麼生氣，不再為他沒有做到我們復合時的承諾而懲罰他。

到醫院後，我被告知T肋骨骨折、腦震盪，以及手臂骨折。沒有內出血，不過他們確實必須讓他接受橈骨的小手術。麻醉應該很快就會退去，他們會讓我知道什麼時候可以看他。他們一直把他稱為我的丈夫。

我坐在等候區的藍色塑膠椅上，瓷磚地板積了一層灰，角落更是聚集了厚厚的灰塵。泛黃的牆壁貼著紙張捲起的布告，告知洗手和手機使用規範。我注意到大家都在用手機，所以我打給媽媽。我哭著告訴她一切，說我在芝加哥，我和T復合了，他現在人在醫院。她問說，我們是否需要用到她的信用卡號碼，這句話讓我哭得更加厲害。她說她愛我，說一切都會平安無事的，說她一直很喜歡T，還說別忘記吃東西。

一名護理師過來告訴我T醒來了。他的頭上略略歪斜包著繃帶，讓他看起來像是二次大戰電視影集中的軍人。他的右眼角下拉。我看到他的第一個念頭是，他美麗的臉龐啊……我擔心他被毀容，我立刻為自己的虛榮心感到羞愧。後來我才知道，繃帶纏得很緊，壓得他的眼睛閉合。他臉型結構仍舊完好無缺。

「嗨，寶貝。」他伸出手，然後又縮回手，握住他的肋骨。他的手臂掛在吊帶裡。「我的單車徹底毀了。」他低語。

我坐在他身邊，手指極其輕柔地按向他的鎖骨。

「擦傷，海莉，是一道擦傷。」他告訴我，他的繃帶底下縫了九針，是他那張壞蛋臉的另一道傷疤。他當時騎在密西根大道上，一手抱著果汁機——這是他要給我的驚喜。一個開送貨卡車的人沒看到他，T 被夾在路邊停放的汽車、回收箱和卡車之間，而卡車稍稍右行，T 被擠到翻過車蓋。司機懇求他不要起訴。

「希望你有留下他的詳細資料。」

他向我保證警察會留的。「原本還可能會更慘。」我說。

我說：「我知道。」說完，我親吻他沒受傷手臂的手指。在回家的 Uber 上，我發現到我們餓壞了，又快脫水了。

他說他不在意吃什麼，所以我點了越南河粉，直接送餐到公寓。在回家的整趟車程中，他的手一直放在我的頭髮上，我們的呼吸節奏一致。

河粉送到後，T 一掃而光，但我失去了胃口。當我發簡訊給媽媽時，看到有一封來自米羅的簡訊。我沒讀取就直接刪除。我點燃壁爐柴火，我們肩並肩坐著注視火焰。T 的頭靠著我的頭，之後他會告訴我，他最想做的就是呼吸我的味道。

生命很脆弱的聯想，讓我震驚，讓我臣服在採取行動束縛彼此的渴望之下——像是結婚或孕育孩子。我在想，如果他決定這裡就是他想要的地方，我當然會搬來這裡。我想要投資在我們身上。

上床後，T 陷入昏睡，但我睡不著，所以就到客廳打電話給我哥哥。

奇安說，首先，他很遺憾 T 發生車禍。其次，他很遺憾我害怕告訴他我們復合。

我告訴他，這是我對於做判斷的恐懼。「我不想成為大喊狼來了的男孩。」

對此，他問說：「小莉，我只想知道，這次說實在有什麼不同？」

「瞧，你評判我而不是支持我。」

哥哥感受到我的怒氣，但還是保持冷靜。「我確實支持妳，但這傢伙上次對妳很壞，把妳當成狗屎一樣，我不想看到妳再次受到傷害。」

我戳弄餘燼。

「我知道，但我愛他。」

奇安說：「好，那麼就說定了——別跟我抱怨T的事，因為當我聽到他的事大多是負面的話，我就會想要妳離開。」

我告訴他，我知道了。

在我的最後一晚，我們看了另一場喜劇秀，這一場表演是在一家墨西哥樂團酒吧（mariachi bar）的後方裡屋進行。簾幕勾勒出舞臺，往後拉起的布幕整齊得有如貝殼。T用西班牙語為我們點了莫希多雞尾酒，而我在舞臺前方附近占到兩個座位。我們哈哈大笑，高聲吶喊，全場都沒有放開對彼此身體的接觸，我們之間的生硬感覺終於放鬆了。T今晚噴了古龍水，他的麝香氣味把我傳送回我青少年時代的高中體育館舞會。每當我聞到香味，內心就如小鹿亂撞。

表演結束後，在觀眾離場時，我們留在座位上，喝完我們的酒，並且輕聲討論明天怎麼去機場最好。我摟住他的脖子，親吻他的繃帶。

走路回公寓的路上，T問說，我們今晚能不能不談性愛，他只想好好依偎入睡。有點醉酒及惱怒，我在芝加哥河邊大發脾氣。我整天都在期望有個兩人最後的美好一夜，做愛呢喃。我把這個要求理解為卑劣的拒絕，發現自己蹲在裙子之間，蜷縮成一團。我啜泣著說：「你怎麼能在我們的最後一夜，不想跟我上床呢？」

他說他討厭這種最後一夜必須浪漫的壓力。

「你應該要覺得幸運的。」我對他吼叫。

他低頭看著我，聳聳肩。

然後我說：「我一直在照顧你——這整趟旅程被你的事故給吸收掉了，而且我還損失了三萬英鎊。」

他不知道我在說什麼。

我知道我應該感到羞愧，居然藉此對他發作，但現在，釋放滿腹怒氣卻有種施虐般的愉快感。T沒有反擊，而是蹲在我身邊。「還有呢。」他問。

我告訴他我錯過的旁白工作。

「哦，海莉。」他畫圈按摩我的背部。「那真是要命的一大筆錢。」

現在，我尷尬至極，我道歉並且說：「我是想要照顧你。」

「但我們就是沒法相處，是不是？」

「你為什麼這麼說？」

他嘆氣。「我老是說錯話。」我們沉默地坐了好一會兒，直到他不帶任何強烈情緒地問：「如果這麼讓人失望，妳為什麼會想要跟我在一起？」

「因為我愛你，而且……」我用鼻子碰觸膝蓋。「而且我有一種感覺，就是在這一切困難掙扎的另一端，有一段美好的關係在等待我們。我一直在為此堅持下去。我不知道。」

他說：「我也是，我也有同樣的感覺。」

他伸出沒受傷的手臂，協助我從地上起身。我們走路回公寓，而終究還是力行性愛。隔天上午，我們再做了一次愛，然後他拉著我的行李箱，一起走去他最喜歡的早餐店。吃著水波蛋，喝著咖啡，他的肩膀放鬆了。他伸展雙腳，手肘放在桌上。他看起來很好——受到好好喜愛、好好餵養、得到好好休息。而我的班機在今天下午離開。

登機後，我看到T在Instagram張貼了大量我的照片，並配上美妙的文字說明，提及他的單車事故及我的優雅風度。有如船帆得到風力，我受到激勵，拿出筆電放到餐桌，開始寫下我和單車的交往故事。我盡可能挖出所有細節。我還沒收到單車對於採訪要求的回應。

♥

單車，顯然就是給我單車的人，但我們的交往關係卻是以雕塑作品做為開始和結束。他是我在戲劇學校畢業後的第一份工作中，第一天上班所認識的第一個人。工作在加拿大鄉間一處農場的露天劇場進行。這不是天命，卻有著田園詩歌般的詩情畫意。

當時我二十一歲，立刻就喜歡上他。

在接下來六個星期中，我們繞著彼此打轉。他邀請我跟他一起去買二手衣——他只穿二手衣。在晚餐休息時間，他會用微波爐加熱豬排，跟我談論藝術。除了擔任戲劇導演，他也雕刻作品，主持生存技能研討會、畫風景畫、讀書和包餃子。在我們一次閒聊中，我賣弄風情地說：「嗯，我真的很喜愛文字，文字對我非常珍貴。」幾天後，我在我的更衣室發現了一個用紙張包起來的手工木雕。在那張紙上，他寫了這首詩：

一些奇怪的韻律和節奏
對我似乎格格不入
一字一句都無法顯示
妳讓我的心發光發亮的方式
但我袖中有物
它握有更多我確切相信的真理
我無法那麼擅長以文字表示
但可以在木頭上雕刻一首詩

這是目前為止，約我出去的最浪漫方式。我們彼此四肢交纏，在奧特湖畔喝酒，共騎單車前往農人市場，在卑詩省小鎮隨著現場音樂共舞，就這樣度過餘下的夏天。我們對彼此說：「真不敢相信我會遇上這樣的人，對於想做的事跟我想做的事完全一樣。我們一樣，我們一樣，我們是一樣的人。」

害羞、說話輕柔而身材魁梧，他是農場的萬人迷。所有年輕女子都競相爭求他的情意，我非常驚訝他「選擇」了我。我們時時歡笑，而當我在意自己的胸部小，他擁我入懷，為我唱史丹．羅傑斯的歌曲。

這是我所擁有過最為快樂的關係展開方式，如果可以將這份幸福分裝，再加以配給，我一定會做。

他在我寄宿的合租房子裡過夜，我們第一次睡在一起。不想要有不必要的分開時刻，我們早上一起刷牙。我們讚賞自己在浴室鏡子裡的映像，發現我們很容易會被視為一對，兩人都開心極了。

他放在馬鞍袋裡的牙刷已磨平了刷毛，在我把牙膏遞給他，他用牙刷直接沾走我擠出的剩餘牙膏。

他說廣告裡展示的分量是一種行銷策略，讓人消耗得比需要還多，然後花更多錢。「這有道理。」我大笑，並且在我們可以再次親熱之前，在漱口吐水上，花上比他多了指數成長的時間。

當我們夏日劇場的契約結束，我和單車都搬回多倫多。我不再是工作中的演員，而是一個苦苦掙扎的演員。他在一家大型文化機構找到一份聲望卓越且需要全心投入的工作。儘管如此，我們開始將彼此生活編織在一起。他把我介紹給他朋友，他們教我怎麼玩撲克牌；到了週六，他就為我們做無食譜鬆餅；我們開始稱呼我們自己是「夢幻隊伍」。

單車在二十四歲的年齡，似乎已具備品味和技能的全部本事。他喝加蜂蜜的濃咖啡，拉小提琴，攥緊錢包。他毫不妥協地投入在他的單車上，並為它給予他的堅實屁股感到驕傲。他從未在服務業工作；我總是追加更多小費，或讓他覺得羞愧而付上百分之二十。他對世界抱持悲觀看法。他的信念是，地球被搞砸了，我們搞砸它的，我們無能為力，因為人性自私，人類墮落。但他長滿老繭的雙手和結實的身材讓我目眩。

我們的親吻不溫和也不激烈，我們的性愛沒有新意，但如果那段時間有人追求我，我會嗤之以鼻，心想你們可知道我男朋友是誰？我在日誌上寫道：我喜歡關於他的一切，只除了他並不有趣。但我真的時常讓他開懷大笑，這幾乎令人心滿意足。

單車在我們展開關係三個月後，對我說愛我，當時是在多倫多一個深受歡迎、遊客如織的地點，後來那裡已付之一炬。我們在露臺上，太陽已然西沉，在前往多倫多年度徹夜藝術展覽暨派對，我們兩人都需要用我們老爺手機處理一下事務。

他掀開手機，然後又闔上，說道：「不——等等——不。」

感覺到他的嚴肅態度，我跟著照辦。我以前看過他害羞，卻從未見過他臉紅。

他的聲音低沉緊張。「我只是想要告訴妳，我愛妳。」他微笑，然後微微聳肩，像是在說：「那麼妳擁有我了。」

我臉上先是失去顏色，然後一陣衝動從恥骨區來到我的丹田。我的胸部、脖子、臉頰開始赧紅，接著我的嘴巴輕輕說出：「我也愛你。」這種美好的告白讓我們充滿毅力，傲慢自在地在前六個月翱翔。確信我們兩人組擁有絕對可靠的力量，我們開始拆開禮物。

在二十一世紀前十年，單車竊盜在多倫多可說是傳染病。「世界最多產的單車小偷」伊戈爾．肯克指揮一支小偷大軍，協助他在倉儲累積囤積超過三千輛單車。我自己的萊禮林登藍色休閒車就被偷了，這輛單車是家傳寶物，配備柳條籃和紅色坐墊包。當警方破案，公開倉儲時，我出差不在城裡，單車先生去找我的單車。但警方說，我在他前面騎單車的照片不夠清晰，無法證明哪一輛單車是我的。

在我隨後的生日中，單車送給我一輛新的古董單車。在米橘色的下管上用粗體字拼出英文字樣「Free Spirit」（自由精神）。我感覺自己聞名且受矚目。他還給了我一本法蘭西絲．威拉德一八九五年的著作《輪中輪》，威拉德是女權主義象徵人物，也是單車冠軍。她對於騎單車所寫下的文字，也是生活的忠言：

儘管這個悖論或許看起來很奇怪，完全不嘗試去做，會做得最棒。你必須下定……決心——

迅速下定決心，否則就會被丟向遠處的泥潭……這是人生的詛咒，幾乎每個人都會往下看，但顯微鏡永遠不會讓你自由。你必須眼睛盯牢望遠鏡，上下左右查看。

我提議——邀請我自己？——在耶誕假期時，去拜訪單車的老家。他很高興能帶我去他們草原省分的老家一星期。我已經明白單車是家中回頭的浪子。他姐姐去澳洲一年，最後跟一個重生派基督徒的澳洲人私奔，對方沒有工作而是居家教育他們的孩子，禁止他們吃糖，其中包括水果。我確信自己將會和單車永遠在一起，於是決定自己會是那個澳洲人的對照組，當個完美的姻親。迷住父母是我的專長，混音專輯和項鍊的媽媽都很喜愛我，他們的爸爸更是溺愛我。我毫不懷疑他的父母會有任何不同。

但在我沒能在晚餐加入唱聖歌，而我拿他們兒子說笑的行動也未能奏效之後，我打給歐利尋求協助。「他們是那種認為自己小孩的大便都不臭的爸媽，妳無能為力。」

要是我能夠謹慎一點就好了。我的策略——和他爸爸開玩笑，奉承他媽媽——讓我一無所獲，只有困惑的表情和搔頭。我便秘了三週，即使我的腸胃道在「最佳表現」。

我和單車借了他爸媽的車子，出發去一日遊。我們應付了他們提供的無數建議，像是要去哪裡，要做什麼，直到我們不顧一切想要逃離他兒時住家的古板、壓迫和陳腐氣氛，我就隨便同意了一個提議，肯定地說：「這聽起來很棒，我們就去那裡。」在身後傳來的一堆開車指示中，我拉開車門。

開到街區盡頭，我問：「我們今天到底要做什麼？」

單車一頭霧水。

「我不好。」

他開到路邊停下車。

「你爸媽不喜歡我，我大不出來，而且我受夠古典樂了。」他立刻關掉錄音帶播放器，中斷剛才傳來的可怕十八世紀輓歌。他沒有試圖要我相信他們喜歡我，但他確實承認他們不是「最容易相處的同伴」，建議我們去找同時回家過節的多倫多朋友。我們把這一天用在互相高歌，在全國最棒的二手衣物店翻找。我們衝進快速照相亭，在照片中，我容光煥發，戴著紅色貝雷帽坐在他的大腿上，開心大笑。

然而，大約一年後，我們早期那種呈現自己最好一面的行為——我沒有屈服在情緒氾濫中；他盡最大努力保持坦誠並表達他的感覺——已經消退。我訴諸暴躁愛哭的自己來博得他的注意力，而他卻沉默以對。他證實是個吝嗇的人：不只小費給得少，送禮乏善可陳（木雕和詩作開創了先例，但再也沒有相符的來者了），同時也吝於付出時間和感情。

我以前在德國結識的一名年長女演員告訴我，我們在早期交往關係中所呈現的自我版本不是謊言，而是最好的自我版本。新的愛情喚醒我們發揮潛力，我們存在於它的高峰一段時間。然而，除非我們做很多治療，否則很難存在於最好自我版本之中。席雅說，交往早期有很多投射出現。你不了解整個故事，就用適合你品味的細節來填補空白。然後，禮物的包裝紙撕開了，你所有關於它原本可能怎樣的構思能力被驅逐，只剩下一個受限的實際物品。

大約一年半後，單車對我說：「我恨錢，我恨妳必須賺錢。」他恨他聲望卓越、需要全心投入的工作。他說，如果他用不著賺錢，就會徜徉在林間及雕刻之中。

「但你還是可以呀！」我說。

「不，我不能。」

大約在同一時間，我們去玩雪橇，卻發生了爭吵，因為我想之後去吃早午餐，但他不想。他說：「只因為我賺得比較多，並不表示我應該在這段關係上出比較多錢。」

我說：「我不想要你這麼做。」

但是我的確想要吃遍所有好餐廳，並且出去旅行。他不想成為我的旅行同伴，他在大學時期曾以交換生身分去過義大利，然後就不再旅行。他想要存錢，以支付房地產的首付。

他說：「我已厭倦為妳昂貴的品味付一半的錢。」

之後，每一杯不是在家裡煮的咖啡，每一份不是在唐人街買的蔬菜，都成為我們價值觀較量的小小戰場。當他終於辭去工作，我想要搬進只有我們兩人的公寓，然後養一隻貓。當我傳給他多倫多貓咪救助的網頁連結時，他回以搞笑的電子郵件。但當我為搬入的時間線施加壓力時，他回答：「直到妳控制好個人財務之前，我無法談論搬進來的事。」

我見證了他胸毛的演化，從胸膛上方的一根細毛及乳頭周圍的細緻捲毛，最後變成一片毛茸茸及有斑點的覆蓋層。而我的形象在他眼中失去光澤。一度被視為「充滿奇蹟」和「令人欽佩的積極」的我，現在成了「沒完沒了的情緒化」、「持續不滿」和「情緒操控」。我對單車嘮叨一些不重要的細節，像是外套掛在哪裡。當他不想過夜時，我表達了不悅之情。我挑起關於我們性生活的爭吵，我說：「我二十四歲，一星期做愛一次並不夠！」

他會說：

「妳忘了我曾為妳做過的每一件好事。」

「妳讓我自覺像是有史以來的大爛人。」

「別再他媽的哭了。」

我一直在哭。

他說：「妳不是我愛上的那個人了。」

我反駁：「你不像以前那樣愛我了。」

這件事讓我困惑，而且又拚命希望它並不屬實，我就一直維持這段關係，希望證明有誤。但幾個月來，我們所做的只有爭吵。

我爸爸來多倫多，並堅持我跟他見面去吃午餐。他說：「海莉，如果妳一直沒得到妳想要的，就結束它。按照自己的主張去做。」

尊嚴。

所以，我對單車說：「或許我們應該分手。」

而他說：「這會讓人鬆了一口氣。」

於是我們就分手了，就坐在他繼承得來的皮卡車裡。「真不敢相信，結果不是妳。」

「我也不敢相信不是你。」

「如果不是妳，那會是誰？」

我列舉我會怎樣缺席他的人生，當我提到：「……不再出現在撲克牌桌了」，我第一次見到他落淚，這是小小的勝利。

接下來幾個星期，我都穿著一件綠色滑雪外套，帶著一雙疼痛的眼睛，在多倫多到處閒逛，或是躺在野餐桌上，並未努力不要哭泣。我開始把我們的關係視為餓犬，牠消瘦、不被理睬，因為哀嚎而被踢。我會這麼想：但你知道狗兒是什麼時候死的？你怎麼知道，交往關係——兩人間的一種隱形紐帶——什麼時候被忽略，或受損到無法修補？

我不再吃東西。我以傑克丹尼威士忌和冰塊來維持生活。我得了鏈球菌咽喉炎，仍繼續下去。我得了猩紅熱，仍繼續下去。我把在酒吧碰到的男人帶回家，卻只是跳下床，在浴室裡嚎啕大哭——經典情節。我無法弄懂如何為我未來的生活找到新的夢想。

一個月後，在我們必要的東西交換中，單車打開我公寓大門的鎖，沒有敲門就進來，然後把他的鑰匙遞給我。我遞給他一個袋子，他查看了一下，然後不發一語閃身進入我的浴室，帶著他的紅色牙刷出來。

「沒必要浪費它。」

說再見時，我們在唇上印下一個平淡的吻。

我們關係的形狀是我可以理解的形狀，就像這樣：

這是一個令人滿足的經典軌跡，悲傷但是仁慈。

我和單車分手的六個月後，他打電話來祝我生日快樂，最後告訴我，他和我前一年夏天曾經共事並同住的舞臺監督上床了。我靠在一個垃圾桶，然後說：「我未來兩年到五年都沒辦法跟你說話了。」我不知道我為什麼會脫口而出這樣的時間表，但這讓他笑了。它卻把我帶到嘔吐

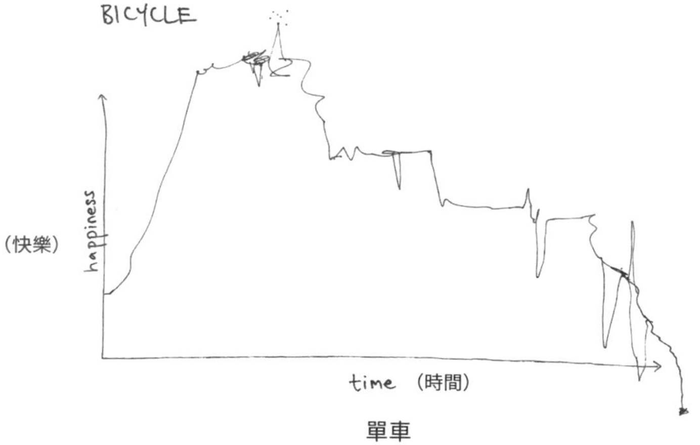

單車

邊緣，我掛上他的電話，然後回家，撕裂他那件我還留著的內褲，重新擺設我公寓裡的所有家具。當我對我們共同朋友哀嘆：「我甚至不想要去想說不要這樣。」他們會皺著眉頭：「但是海莉，妳和他分手了。」

「為了他！」我會哭喊：「我為了他，跟他分手。」

對於他不願意努力爭取我們的關係，我一直壓抑著憤怒，而他的新愛情解鎖了這個怒火。在某種程度上，他會說我只是虛張聲勢，而我覺得像是傻瓜。我把他的繼續前進，視為背叛及否定了曾經存在於我們之間的愛情。

經過幾個月做為這樣陷入痛苦的人，每次說話都會拉回我是怎樣傷心之後，奇安露骨地告訴我，大家都想要我走出單車，別再說到他。我了解。我不斷談論我的分手，已經讓我的朋友家人筋疲力竭。我也了解，我遠遠還沒有對它咆哮完畢。我需要花錢請人聽我說，我需要接受治療。不到一個星期，我就坐進了席雅的沙發。

在我和單車的交往過程中，為了支持他的藝術層面，我爸媽委託他為我哈洛姑媽的生日創作一個雕塑，價值相當於一百四十八英鎊。分手一年後，我跟媽媽聊天時，突然想起這件事。我好奇在他離開多倫多，搬去西北地區和新女友同居前，他是怎樣處理這個半成品的雕塑。

我媽媽向我坦承，在單車打電話並告訴我，他和我的前舞臺監督上床後，他也聯繫了我爸媽，讓他們知道他終於完成了雕塑。在我毫不知情的情況下，他們和他通信。我爸爸悄悄開了兩小時的車到單車在多倫多的家，載走雕塑，並給了他一張支票——他後來也兌現了。然後，我爸媽再偷偷往北開了五小時的車，把雕塑運到姑媽家，藏進她的房地產裡。

家人之後一再向我道歉，並問我怎麼改正這件事。姑媽甚至提議要舉辦一個燃燒儀式。我說：「如果妳想燒掉它，就燒掉它，但我不想再跟這個雕塑有任何關係了。」沒有時光機，就沒有可以滿足我的解決方案。事實上，這件事仍讓我困擾，所以把這個軼事加入表演之中或許是個錯誤。跟艾爾森上次談話時，我提及此事，他要我刪除。但我想保留，因為我所創造的表演是關於價值，以及我們如何決定物品價格，如何表達我們的價值觀，如何學到我們的價值觀——即我們的價值。

席雅曾經告訴我，原諒是一個要花時間到達的地方。它花了五年，但我和單車一起抵達。我沒有經常想到他，他和新女友並不長久，她幾個月後就離開了西北地區。就我所知，他現在跟另一名女子住在那裡，她是個老師。我一年查看她的推特一次到兩次，單車並不使用社群媒體。

八小時後，飛機降落在倫敦希思羅國際機場。手機傳來米羅的 WhatsApp 簡訊，他邀請我下星期四去一個藝廊的開幕式。絕對不行，我對自己這麼想，收起手機。但在前往卡克福斯特的皮卡迪利線地鐵上，我看到T已經刪除他先前張貼的我所有照片。當我問他原因時，他辯解說：「妳對我的意義勝過於社群媒體上的一些照片。」但這扯走了我船帆上的風力，趁手機在地鐵上還有訊號時，我回覆米羅：

從芝加哥回來，剛下飛機，一直沒睡，星期四可以……X

他立刻回覆了：芝加哥？？什麼？星期四的事太好了，今天好好休息。X

納維德跟他的冰島曖昧對象已經占領了公寓（她送給我一瓶高檔的身體「舒芙蕾」（乳液），做為使用我的洗髮精的感謝回禮），所以我和潔瑪今天改在惠康收藏館的閱覽室，研究關係指數（RI）。這個閱覽室位於一個科學博物館，牆壁陳列了一排排的書籍，盡頭有一個大型樓梯，上面散落著抱枕，提供人們閱讀及休息使用。階梯通往放置滿滿書架的圍繞式內縮樓臺。我們坐在角落的桌位，往外可以眺望尤斯頓路。到目前為止，還沒有人要我們別再竊竊私語。

關係指數是可以用來評估幾乎任一關係的典型數據，它體現了處於特定關係中時，該關係的品質。

迄今的數據點有：

—關係的高點／低點
—樂趣和痛苦的比例
—「詩情」／浪漫的質量
—性愛的品質
—你的親友vs.他們的親友
—誰提分手
—歡笑的多寡
—爭吵的頻率

潔瑪想知道我是如何區別從樂趣和痛苦的比例，以及歡笑的多寡之中，辨別出關鍵高點和低點。

對我來說，關鍵高點和低點是關係中的明顯時刻，標示出動力的關鍵時刻——定義出和對方截然不同極性的時刻。和單車的關鍵高點包括，在我寄住房子的閣樓房間第一次親吻他；在一次露營行程中，一起在安大略北部裸泳；以及我生日時，他在我朋友面前為我拉小提琴。

潔瑪說：「所以針對關鍵高點／低點，讓我們選取最高三件和最低三件，並且以一到十的等級來評估它們。」

關鍵低點包括乞求他愛我，而且按字面意義跪了下來；氣憤他說想要「熬過我的高潮」，這樣我們才能真的做愛；以及在一家摩洛哥餐廳中發生的事件，當時他媽媽輕率地說：「我了解我兒子遠比妳更有自由精神。」單車完全沒有提出異議，就好像我面前是那些優秀的美國上流社會精英，我友好地點點頭，順著她對我個性的被動攻擊怒氣，擔心糾正她會被認為是小題大作。後來，我對著洗手間隔間小聲說出我慷慨激昂的辯解之詞：「繼續留在穩定工作但其實痛恨它的人可是妳兒子，我才是追求夢想，即使成功機會渺茫。」

樂趣和痛苦的比例是和關係中的整體氣氛有關。

至於讓我歡笑的多寡是關於他們在我眼中的有趣程度。

我做過一些調查，得知歡笑已獲科學證實對健康很重要。笑的時候，神經系統就會自行重置。身為表演者，我知道當觀眾大笑，他們的防禦心就會撤離，此時就比較容易接受複雜的想法、較黑暗的題材，而且比較可能哭泣。

「那麼——」潔瑪問：「這和歡笑的品質及爭吵的嚴重程度比較有關，而不是它們的次數嘍？」

我點點頭並解釋說，我長久以來一直把幽默感列為未來關係中的第一優先，卻很少愛上讓我笑死的人。

她問說T是不是不風趣。

「對我是不風趣。但那是因為他是表演玩笑，而不是跟我一起開玩笑。」

潔瑪說，如果她男朋友不是那麼搞笑，他們現在可能早就分手了。「但他確實是我所見過最有趣的人，對，他在表演時很有趣，但在家裡也非常傻里傻氣。」

我告訴她，我真是太嫉妒了。

她大笑。

我問她，他們吵架時的程度有多嚴重。

她說他們沒真正吵過架。

我不相信那些說沒吵過架卻又聲稱關係良好的伴侶。兩個人怎麼可能所有事都保持一致，而且好多年？一定需要一些摩擦來保持動能。但我繼續著重在數學。「至於「詩情」／浪漫的質量——」我說：「我希望能夠想辦法反映，浪漫表現只有在前後都有可靠行動時才有價值。否則，浪漫表現就是自私的。」我分享了我對於浪漫表現的廣泛思考——我曾對此進行過一個完整的個人秀。我的看法是，相較於接受者，浪漫行為對執行者比較有意義，也比較反映出他們。除非，執行浪漫的人一直充滿愛心、關懷別人，而且通常很可靠。

「妳說的『通常很可靠』是什麼意思呢？」

「妳知道的，就是在他們說要打電話來的時候打來，準時出現，諸如此類。」

「而且想來也是心情一致，不會忽冷忽熱。」潔瑪補充。

「沒錯。」

她說，她會想辦法以數學方式表達這一點。潔瑪走出去接電話。我接到銀行簡訊提醒我帳戶餘額不足，我還偶然發現有一封來自醫學角色扮演老闆的電子郵件，在徵求願意讓醫師在她們身上練習抹片檢查的女性，為期三天，酬勞加倍，同時必須簽署免責切結書。輕率地跑去芝加哥，結果落得帳戶再次歸零，這是妳的苦行贖罪，我心想。我草率回覆：我加入。

等潔瑪回來後，我們討論關於性愛的品質這一點，很快就發現我們需要為這個變數估量幾件事。我和單車剛開始交往時，性愛品質等級是八（十等級制），因為我們墜入情網，兩人之間的氣氛是如此甜蜜。到最後，它的等級變成四，因為他對我的歡愉失去興趣，總是飛快讓我高潮，以便進入我，然後我們就會開始對我們性愛手法及頻率爭吵。

「好，那麼頻率也很重要。」潔瑪寫下來。

「對，早期我們時常做，但後來減少成一星期一次，這對我不夠。」我的性欲往往比跟我交往的男人高；穿插的幽會情事幫忙化解了我這個開始出現的情結，相形之下，我擔心自己好色討人厭。

潔瑪揚起頭到一側，然後說：「我們來體現關係開始和結束時的數據點。」

「此外，在和單車開始發展關係時，我只跟五個人睡過，所以我以為品質等級是八，但回頭想想，其實是五。而且他沒有真的拓展我的本領，不過舔陰倒是的確讓我很舒服，這從此徹底改變了我的性生活。所以——」

潔瑪打斷我，她說：「我認為我們應該把它保持在八，因為這是關於在交往關係期間的關係品質。」但她建議我們增加一個限定詞（qualifier），用來連結他們引領我進入的性愛新領域對未來是多麼有用處。「嚴格說來，這是一種敘事影響的因素，但我想它在這裡也管用。」

我認同。

我們做了一個表格來協助適當衡量這些測量。

最糟的情況是很多不好的性愛，因為儘管沒有太多性愛令人不快，我們同意再也沒有比頻繁的不好性愛更糟糕的了。

當討論到你的親友vs.他們的親友，我們決定衡量兩件事：我有多喜歡他們的親朋好友，以及他們的親朋好友有多喜歡我的親朋好友，因為這些事影響到我。他們親友喜歡我的程度無疑會影響我對他們的感覺——例如：單車的父母——但這是差一個輩分的關係。這在我的前任有多喜歡我的親友也一樣，比較偏向他們的範疇。我們同意這兩者都可能產生極端影響，但如果的確產生極端影響，那麼就屬於公式中的外卡。

評價	性愛品質	性愛次數
最好	高	高
次好	高	低
次壞	低	低
最壞	低	高

潔瑪為RI增加了一個變數：妳對他們的照顧程度／他們照顧妳的程度。我從來沒想到要衡量我們對彼此展現的照顧程度。我注意到潔瑪畫了小茶杯做為這個變數的符號。我想像她和她男友會互相詢問要不要喝茶，然後撫摸彼此的背部，小心翼翼遞過熱騰騰的馬克杯，吹涼它，一起依偎在沙發上看電視。我說：「我們當然要加入照顧這一點。」

我們在討論誰提分手這個數據點時，為它建立了分手情況的排名系統，程度從最不殘酷到最殘酷。

這個圖表剔除極端狀況，像是死亡、疾病、成癮、性別或性向改變、虐待、大量背叛——甚至是被留給別人等等。這裡考慮的是簡單明瞭的分手情況，拆解狀況如下：

排名	殘酷程度	誰提分手	想分手嗎	數學	正當理由
1	最不殘酷	妳	是	1÷20	妳想要結束，就讓它結束了。這是最好的情況，因為由妳掌控，而且是妳想要的結果。
2	次不殘酷	他們	是	1÷10	妳想要結束，卻是他們來結束。這傷害了妳的自尊心，但結束終究是妳想要的。
3	第二殘酷	他們	不	1÷-10	妳不想結束，他們卻結束它。這令人痛苦；這可能讓妳猝不及防；可能讓妳覺得被拒絕。但至少，對方為自己感情負責，並正直以對。
4	最為殘酷	妳	不	1÷-20	妳不想結束，卻結束它。這最為殘酷，因為這表示妳已經了解到妳在跟懦夫交往，了解到被愚弄，而且不滿。妳發現到他們非常堅定不想成為「壞人」，而妳成為造成關係結束的人。妳跟妳還想在一起的人結束關係，而對方已不想再跟妳在一起。

最後，如果我沒墜入情網，交往關係中的組成部分品質就沒什麼價值，所以我們提議在整個公式中加入指數。指數就是數字和自己相乘的次數，例如，二的三次方（寫成：2^3），其中的三就是指數，意指 $2 \times 2 \times 2 = 8$。我們的指數就是愛情的力量[27]，運用在RI的表達式。在一段關係中的每一部分都經過評估之後，整體就要加上我是否有墜入情網的指數。如果這段關係我沒有墜入情網，就不會有任何改變，但如果我有，那麼RI就要加上平方，這表示不管RI得出的數字為何，都要和自己相乘。所以，如果得出七十八，就得乘以七十八，那就等於六千零八十四，用來說明愛情是如何讓一切更加強大。

幾天後，潔瑪傳給我RI表達式的草稿。記住這還要加上「愛情的力量」。

單車沒有回應我的採訪要求，讓我愈來愈感覺到受傷，直到他寫信來說他很樂意談談，這立即推倒了我的仇恨，取而代之的是對他尋求科技協助的喜愛。

我們的通話從讚揚順應我們願望的科技開始談起。

「成功了。」

「成功了！」

「完全成功了耶。」

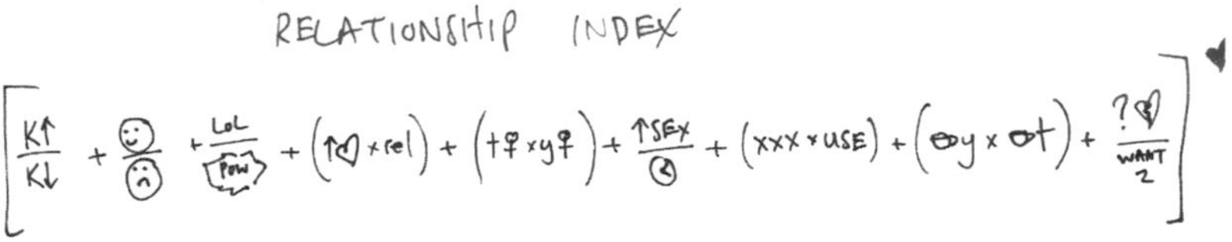

關係指數

他說話快速，有時上氣不接下氣，而且經常大笑。我已經忘記他這些細節了。他說他從我們關係中得到最大收穫是「幽默感，以及怎麼與人友好相處」。

我問他和我在一起的代價。

「我想我在我們整段交往關係中變得比較鐵石心腸，因為我覺得有點像是被大量情緒轟炸。而我還沒有準備好——我從來就不是一個情緒非常強烈的人——所以必須處理這些情緒，我想我可能——我表面就，呃，鐵石心腸。我可能變得麻木，而且有點生氣，或對這一切感到絕望，妳知道我的意思吧？我一直不明白如何迎合這種程度的情緒。我一直不明白，而且認為未來也不可能明白。」他幾近歉疚地說道。

「對，我記得你說過：『我想離開雲霄飛車。』」我誇大在我印象中他的絕望。

他大笑。「妳有沒有找到在情感上更能匹配妳的人呢？」

「唔，嗯。但他有一種藝術家性格，你知道嗎？所以一直是富有挑戰性的冒險，但的確有。他可能比我還情緒化，非常樂意自吹自擂。他就像這樣：『放馬過來吧！』」我模仿職業摔角選手的聲音咆哮。「但是他——」

「再來！」單車打斷我，採用我的語氣繼續說笑。

「沒錯，沒錯。」我哈哈笑。「他其實是說：『我喜歡妳愛哭的部分。』早期我因為哭泣跟他道歉，他說：『不，我喜歡，這很真實。』」

「哇。」他想了一下。「只是，這樣難道不累人嗎？要討論每一種情緒。」

27 power，除了力量的意思之外，也指數學上的乘方。

「會呀。」

掛上電話之後，我重新聆聽我們訪談的錄音，做了筆記。兩人之間的溫暖熱情，讓我嚇了一大跳。我不再生氣或受傷，也沒有試著算帳。時間已經癒合了傷口，而至今留下的是，當我聽到自己謊稱我多會冥想，多常去淑女湖游泳，並謊稱自己的財務狀況時，我了解到，單車依舊令人敬佩，仍是我想要留下深刻印象的人。

倒不是我想要再跟他上床——我意識到我們平庸的肉體關係，剛剛才把它列入RI之中——而是他不同凡響，應該適用外卡。

我想要稱它為「瑪莎卡」，以美國歌手湯姆．威茲的歌曲〈瑪莎〉的主題來命名。在這首歌中，一個六十多歲的男子打電話給已四十年沒說過話的舊愛瑪莎。兩人都跟別人結婚，他邀她見面喝咖啡來「徹底好好談一談」。事後看來，他發現兩人之間過去存在的東西是奇特而珍貴的，而現在餘下的全是一種美好感覺。

不管這是不是正確的解釋，瑪莎卡代表著一些人對我們人生可能產生的一種影響，也就是無論他們身上是否發生什麼事，他們都將在我們心中占據一個沒有其他人能夠觸及的地方。這在某種程度上是神聖的。我和潔瑪同意，這將為任何適用它的物品，增加一成的整體價值。

我想要把它同時給予單車和T恤，但潔瑪提出一個良好觀點：必須等到分手至少超過十年，這種影響才能真實評估。所以就T來說，仍懸而未決。

T一直打來，簡訊數量多到令人眼花撩亂。在我們千里相見過後，這種依依不捨保證隨後幾星期一定有熱情洋溢的電話時間。我享受T對我的關注和依戀，我認為，就應該一直是這個樣子，這種程度的參與和興趣。這就像銀行帳戶，聚集填滿它，然後它又消耗掉。沒有相見，我們就沒辦法存入。

第14章 外卡

外卡是不可預測且不屬於正常規則的事物，
或是其影響力不可預測、品質不確定的事物。

「如果為錢發愁，請拍手！」我對酒吧劇場的觀眾大喊，接著壓低聲音，眨眨眼。「這是市場測試。」

我想把觀眾參與市場測試加入表演，但艾爾森並不信服這部分，所以趁主持這場即興秀之夜，我在場景之間進行研討會。研討會從我設定節拍器來保持節奏開始。我跟著節奏說話，帶領觀眾說：

「如果曾經心碎，請拍手。」我示範，如果他們適用這句話，應該按照節奏拍四下。拍，拍，拍，拍。

他們理解了模式。我很開心見到觀眾等著拍手，此時卻意識到他們這一輪得袖手旁觀，因為「如果有絕對要復合的前任，請拍手」並不適用於他們。我們一路拍完我的清單：

「如果曾經覺得自己毫無價值，請拍手。」

「如果曾經遠距離交往，請拍手。」

「如果有個讓你害怕遇到的前任，請拍手。」

「如果曾經愛上不愛你的人，請拍手。」
「如果從來不先說我愛你，請拍手。」
「如果曾經遭到背叛，請拍手。」
「如果曾經傷了別人的心，請拍手。」
「如果害怕承諾，請拍手。」
「如果爸媽的關係嚇得你不敢發展關係，請拍手。」

「有一種真正的團結感。」我隔天在Skype上向哥哥回報。我已經寄了電子郵件給艾爾森，告訴他這是一個巨大的成功，我們必須保留它。「那麼，我要怎麼衡量這些回應？」

哥哥發出一聲長長的「呃呃」，然後說：「小莉，不知道能不能衡量這個。我是說，或許妳可以建立一個真正的調查？」跟我聊天的時候，他正在吃和tinder對象約會過後所剩下的咖哩。

我告訴他，我可不是傻瓜，我知道這不算被控制的盲性研究。

我現在處於兩種想法之間，一是想要表演能夠知性上合理同時兼具娛樂性，二是把表演當作一種宣洩性的相關經驗。到目前為止，我的市場調查一直很草率，但是打字機確實收到了一個不可思議的回應：

嗨，海莉，

我一直在找尋特別的東西做為我伴侶的生日禮物，我認為這會是完美的禮物！我很願意跟妳購買，同時能夠支付一百英鎊。看妳什麼時候方便，隨時可以取貨（四月十九日前）。希望很快得到妳的回音。

奉上親切的問候，

XXX

附註：很遺憾得知這臺打字機對妳有這麼負面的聯想，希望我們可以給它一個美好的歸宿。

再附註：如果妳決定把它賣給我們，它將會頻繁受到使用。:)

當我告訴哥哥這封信時，他說：「很不錯的郵件。」並試圖減輕我因為忽視自己的 Gumtree 家庭作業而來的內疚感。「市場調查終究並不重要，所以對此不要有壓力。看來比起數字，妳似乎對故事和異常事物比較感興趣。」

「但是，奇安，我想要把這件事做對。」

「重點在於表現藝術，而不是販賣資料，或是利用這資料來最大化利潤。別擔心它了。」他說：「我認為在網路上查看相似物品的價格，是很好的評估標準。看看不同資料，取中位數。」

「不過，這看起來人們的確在乎我的痛苦。」

他大笑。「是。」然後他說：「我猜想妳的方案是在於嘗試把數學帶進一個它無法去到的地方。」

我不明白。

「嗯，當然。」他說，一邊用鑊餅夾了一片馬鈴薯。「妳可以去到那裡，但是永遠不會是明確的，而是永遠表演出數學。」

「為什麼？」我無意讓它聽起來像是絕望的請求，但它的確是。

「因為數學無法得知情緒。情緒光譜不能量化比較。當然，有評估情商的說法，卻沒有像針對智商那樣的明確檢測。」

「但是公式中的數學難道不能針對我個人情緒？」

奇安對此思考了一下。「但什麼叫做一個七次心碎？」

「不好，但不算最糟。」

「所以就是這樣——」奇安吞下食物。「這是缺點，因為這個度量並不明確。」

「不過，它是缺點嗎？還是這表示我們的公式具有堅強個性？」

哥哥說，公式不可能有個性。「它們就是要客觀。」

在我說話的時候，想法合併在一起。「但離婚律師不是有標準公式，可以把痛苦換算成金錢？」我告訴他，歐利的律師拒絕代表他，除非他也聘請一位治療師。

「是，要考慮的不只是感覺，還有很多東西，因為資產也包含在其中。」

他告訴我，他一個同事正經歷著可怕的離婚過程。跟奇安開會時，她的妻子違反兩人的協議，把她們的孩子介紹給她的新女友。同事在午餐時崩潰了，說道：「但是，這是我，是我呀，她怎麼可以對我做出這種事？」另一個同事對此說道：「但現在不再是妳了，妳對她沒有情緒影響。妳必須打擊她仍有感覺的地方——錢包。不要給她一半的房子。」

分手後除了慣常的互拿東西回來，我不知道要拆解共同的財產或DNA會是什麼情形。我傳簡訊給潔瑪：離婚人士應該可以使用這個公式，對嗎？

當奇安問我其他生活方面如何，我抱怨說米羅喜歡上我了。

哥哥一點也不同情，他說我身邊總是留著這些「偽男友」來玩樂，然後又抱怨人家喜歡我。

「才不是，我認為我們是朋友，然後他們卻越界了。」

「妳的舉止不像是處於忠誠交往關係的人——他們以為窗戶是開著的。」他說：「妳認識的人中也有人退出市場，而妳不會對他們產生那樣的印象。」

我正要抗議的時候，想起從T身上學到的事，於是就閉嘴了。而且我看得出來，我很煩躁是因為他指出我的錯。「你說得對。」公分母是我。

但是當米羅建議我們在藝廊碰面時，我說好。

在我踏進這賦予新用途的工業空間時，達爾斯頓區的喧囂消退了。巨大的噴砂磚牆和大教堂式的天花板，讓我們變得矮小。這裡聞起來有新刷油漆的氣味。米羅輕輕擁抱我，我們各說各話。我問他最近如何，他問我芝加哥的事。

我聲音尖銳地說：「很好。」並點頭示意結束這個話題。他告訴我，他和茱莉又睡上了。很想避談我們的愛情生活，我走向免費餐點區，開始痛飲。「我們來看看有什麼好吃的。」

「啊哈，餓得快死的女演員已到現場。」

「這可是這裡最棒的部分。」

「務必把這件事告訴藝術家。」

就在這個時候，剛剛提到的藝術家出現了。這位和藹可親的大胖子，穿著白色連身工裝褲和櫻桃色的馬汀靴，咚咚地過來歡迎我們。他是米羅的一個朋友。

「有些甚至還沒乾呢。」我欣賞著他的巨幅油畫，大膽的筆觸，調性陰沉的油彩緊附在畫布上。藝術家大笑，所以我們就說上話了。他告訴我們，所有作品都是關於他父母的離婚協議。「我畫之前就先定調了，結果發現畫下來比我料想的還痛苦。」

米羅解釋說，他在為我的演出設計燈光，而這個表演是針對愛情和金錢。

藝術家點點頭，說道：「這很殘酷，對吧？就像幕後，全是一堆屎，對吧？可不全是假象？」他的視線還沒掃向大門，就離開了。

我們穿過逐漸增多的群眾到飲品桌。當我們舉杯相碰，米羅呼了一口氣，一股難聞的菸味和燻鯖魚氣味傳入我的鼻孔。不太舒服，我就移向一幅叫做「協議」的作品。畫作上是一個大型的舊式天平，兩端都堆著肉、金色眼鏡和看起來像是腸子的東西。

「內臟。」米羅嘀咕，然後嘲弄價格：「七千五百英鎊？」

「一半要給畫廊。」我提醒他。

「還是誇張。」

「而且你還得加入供應成本、製作時間、畫室租金、水電費用、網站寄存費，還有籌備畫展的行政時間、宣傳畫展的成本，以及所有沒賣出去的畫作。」

米羅說他為我的商業頭腦感到驕傲。考慮到列出的開銷，這藝術家可能虧本工作。

我告訴他：「我為自己創作的一切幾乎都是虧本進行。」

「昂貴的嗜好。」米羅毫不在乎地回答。

就像在海中漂浮時被水母螫傷一樣，這個標籤出其不意刺痛了我。「這不是嗜好。」

「只是技術上說來。」他露齒一笑。「工作的定義不是要有報酬嗎？」

「我認為工作的定義是一種目標的追求。」他正要反駁的時候，我湊過去說：「你會主張撫養孩子或照顧生病親人是一種嗜好嗎？如果按照你的定義，我們全都落得那樣的結局，這真是不可思議的性別歧視。」

後來，我以事後機智陳述了一個更加超然的回應。許多商務在獲利前是虧損營運，這樣會導致他們的工作變成嗜好嗎？但是，我們暫且逗留在這種尷尬處境，仍繼續往下一個部分邁進。

這個晚上以這樣的風格過去了，我以簡短的句子挫他的銳氣，後來又內疚地拍拍他的手臂，輕聲說笑，怪罪是時差的關係。就這樣過了一小時之後，我用力擁抱他，並且謝謝他。他很失望我沒能就我們兩人去喝一杯。

「我早上有工作要做。」

「但這是週末耶。」

「但我現在有一連串的事要做，研究調查、寫作和排練——」我改變策略說道：「你知道我們幾星期後另一個研發週就到了，最後還要跟一群付費觀眾分享內容。」

我看著他放棄嘗試說服我，當他提議要陪我走到地鐵站，我說不出拒絕的話。

我們漫步走到哈克尼中央地上鐵車站，途中除了我的深呼吸之外，悄然無聲。我利用這種呼吸享受，來跟他保持距離。

當車站映入眼簾，他說：「後來婚禮的情況還好。」他和大學友人一起去，兩人度過了「超級時光」。他描述當時五道菜的大餐，還有許多孩子在做韻律體操的舞會。「只是，如果有妳同行會更好。」

我給了他一個開玩笑的警告眼神。

「對不起，對不起，我知道妳跟Ｔ在一起，我只是說說而已。」

我嘆息。「米羅。」我努力尋求言語，以表達我真正想要的事，卻又不會跟他一刀兩斷，或造成他退出表演。在我們上方，我的火車到站又離站，下一班還要十五分鐘，他跟我一起上月臺。

我告訴他，我很困惑，不明白當他又和茱莉睡上時，他對我的感情怎麼可能是真的。

他說：「對於一個人的愛情和愛慕，不是可以關掉的水龍頭。而且我猜，妳當時去美國是跟Ｔ在一起？」

「嗯嗯。」

他問我為什麼沒跟他說我要去。

我不知道。「我總覺得跟你說Ｔ的事很奇怪。」

「因為我們之間的確有著什麼。」

「米羅，我不知道。但Ｔ在芝加哥被卡車撞了，這讓很多事變得明確。」我告訴他那件事故。

他表示同情，並且說最重要的是我們可以繼續當朋友。

「是呀。」我呼出一口氣，伸手握握他的肩膀，很感激回到了朋友區。「好的。」

他說：「而既然如此，我還可以告訴妳，我後來在婚禮跟別人上床了——不是我的約會對象——是……」

「伴娘？」我問。我們再次看著我的火車到站又離開。

他用雙手搓搓臉。「我知道，令人難以置信。」當下一班火車到達時，他說：「掰。」

火車駛離車站的時候，我開心地揮手，驚訝這麼簡單就平息這件事。

補助金申請被駁回了，我擔心這是因為我在英國沒有工作表現。山姆要我簡化我的要求，重新提交申請。既然我在英國沒有惡名在外，我指出這次表演本身也有助於提高我的知名度，讓我得以建立一個長久維持的職業生涯。我花了兩天重寫及篩選預算。我以第一人稱書寫，並且移除任何關於這方案有潛力改變世界的崇高說法。我專注在把數學應用到心碎事件可能引發的對話上。我再度傳送申請書。

為了準備我們下星期的第二場研發週，我在沒有完成公式的情況下，已盡量寫了腳本。我考慮加入最近和打字機的通信往來。他這樣回應了我的訪問要求：

> 哎呀，好吧。聽聽我的想法——把我寫成妳表演中的一個角色？寫我們一起騎馬奔向舊日的大大夕陽？把它變成兩人劇，或是讓我作曲！無論如此，我很想看看腳本，尤其是跟我有關的任何部分。到時，我們就可以談談了！

我昨天把目前的草稿寄給他。我已經研發出一種把自己的身體裹進氣泡布的方法，並在上天賜給我的少數旁白工作和混雜拼湊的打工之間進行排練。

我現在已做過三十六次抹片檢查。不是要自吹自擂，但監督的一般科醫師因為我的「幽默感」，有點喜歡我。這跟我的智力毫無關係，而是全憑我的加拿大感性。我的陰唇仍舊會僵住，努力在學生需要探進陰唇推入鴨嘴夾，打起精神。至少他們使用的是塑膠窺器，而不是冰冷的金屬製品。

我最近時常談論到生育能力。法艾在考慮冷凍卵子，做這件事的最好時間是在三十五歲以前，但是要花費數萬英鎊。幸好，在法艾的老公較少泡澡，並穿著較寬鬆的內褲，加上她的日本針灸治療及飲食改變，結合以上種種，法艾懷孕了。現在孕期還太早，還說不準，但我提議要為他們舉行一個喬遷派對，表示祝賀之意。他們在上星期搬進他們在沃爾瑟斯托的新家，那是在倫敦東北部地區。我邀請他們的朋友、同事和兄弟姐妹，告訴他們這是各出一菜的派對。新家有三個房間和一處花園。

「一切都在發生當中。」當我跟法艾輕快穿過客廳時說道。

房子擠滿了穿著光鮮的成功人士，我的手臂一直僵硬地貼著身側，以隱藏腋窩上方的破洞。我把我的工作描述簡化成「我做旁白配音」，並緊跟著米羅，感激能有個戰友一起躲進客廳角落。

最近這幾個星期，他瘋狂使用交友 app，發生了一些很有料的故事。兩杯雞尾酒下肚後，他開始描述使用保險套和勃起困難等問題。剛開始他嘗試搖頭丸，不見成效後，他改試威而剛。他十天內已進行過七回第一次約會。

我問他，他怎麼能為每一場約會想出計畫。

他找出了一套系統，其中包括在倫敦中心同一家咖啡館見面，然後到聖詹姆斯公園散步。如果進展順利，按照當時的時間，他會提議他們去買個手工甜甜圈，然後去皇家學院參觀免費展覽；不然就是去泰晤士河的南邊酒吧喝雞尾酒。他遵照預算，而且每一次都穿同樣的衣物。

「你的手機記事本裡是否存有開場白？」

他承認的確有，但輕快地補充，他所能掌控的只有開場白，其他則是玩笑。「只是，的確有一些我喜歡的審查性問題。」

「像是？」

他說大部分的事是關於政治，以及對方是否有卡債。

「為一夜情？」我諷刺地問。

「麥吉，我一直在尋求真正的交往對象。」

「你有沒有寄給她們同樣的歌曲和詩詞，以採取更進一步的行動？你有沒有帶上什麼只待填上名字的恭維說詞？」我的聲音尖銳。

他問我為什麼變得充滿敵意。

「我沒有，只是得知有些女人以為自己是珍貴的寶石，但其實只是花園裡眾多的石頭，讓人覺得很不愉快。」

當初我發現自己被打字機玩弄於手中，經歷他精心設計的求愛、追求、退縮、情緒操控和置之不理模式之後，就是這種感覺。我正要跟米羅說明這件事時，他伸手過來碰觸我的膝蓋。

「這很難，因為我沒法喜歡別人，如同喜歡……」我們兩人都盯著他覆在我膝關節上的大手。

「茱莉？」我猜測。

「不，是妳。」

「米羅。」我語氣嚴厲。

他推推我。「我知道，麥吉，我知道。我會接受我在『友誼』上的位置。」

米羅必須提早離開，去歸還茱莉的電腦充電線。我被留下來自己照顧自己，法艾老公的一個朋友對我產生了好感。他年紀和我差不多，但已有三個幼兒，孩子現在跟他太太留在家中。我們談論普利茲詩歌獎得主埃德娜．聖文森特．米萊，我吟誦了幾句加拿大音樂詩人李歐納．柯恩的散文〈如何說詩歌〉。他是個不錯的同伴，但我很早就提及T，避免任何誤解。

他問說，我男朋友今天晚上在做什麼。

我解釋他目前在美國。

「你們保持開放式關係嗎？」他問。

「不再是了。」我沒問他的婚姻是否是開放式，我不想知道。

他裝模作樣試探大門的開放程度。「為什麼？什麼時候？為什麼會改變？」

我告訴他，剛開始我們並不是專一關係，所以我跟身邊幾個人來往，但跟每一個人在一起時，我就是一直想到T。

「那他呢？」

「他極其忠誠。」我斬釘截鐵地說，開始環顧四周，找尋脫身之道。

「別這麼確定。」他繼續告訴我，每個人都可疑，即使最純淨的人都有影子，我們永遠無法真正了解另一個人。「人們覺得可以僥倖逃脫時就會去做。」

「T不是愛情騙子。」我說：「我曾經跟愛情騙子在一起，我知道差別在哪裡。」

打字機不只誘導我進入一個系統，而且在我們交往的整段關係中，一再劈腿。某種程度上，我看得出混音專輯及打字機不太對勁，但我反倒選擇相信他們的謊言。T直覺很強，我有時在想他是否感覺到我和米羅之間有著什麼。這就是為什麼我不能回應。因為我不想被逮到嗎？不，因為我不知道我和T能不能從出軌行為中復元，我不能對他說謊。我需要跟他說那些親吻嗎？不。我應該背負這毫無意義的失足負擔。而且，米羅仍和茱莉同居，沒打算搬出來。好，他是睡在另外空房，並且加入交友 app，但他離正常運作狀態還差很遠，此外，米羅不是我的類型。他不是我的類型。

盧烏的朋友把我拉離這些思緒，問我剛才恍神到哪裡了。

「我剛想起一件事。」我道歉，急急去找法艾。

盧烏烤焦了我為這次活動做的派。他也誠心誠意地在激怒法艾，因為法艾在孕期不能喝酒，他就比過去更放手豪飲。「他已經喝醉了，我今天晚上都不要再跟他說話。」她對著我的耳朵虛張聲勢。然後，指著我那燒焦的派。「我們能搶救一下它嗎？」

「交給我。」我說，法艾的妹妹大搖大擺走了進來，把她帶走了。

在剝除燒焦外皮的時候，我焦慮不安。都是假象，沒有人快樂，沒有人想弄明白——已婚人士當然不要。和 T 在一起可能不完美，但至少我們正直誠實。好，不完全誠實，但我們沒有假裝我們的關係比它實際狀況還要好。

幾小時後，公寓的人都走光了，只剩下法艾和她妹妹，盧烏和我。當我井然有序填滿他們的洗碗機時，他們攔住我說話。

「寶貝，米羅很適合。」法艾的妹妹喝醉了。

「不。」我告訴他們，我們只是朋友，而且我和 T 在一起。

法艾說，他們知道，只是很明顯，我和米羅似乎有關聯。

我大笑來掩飾我的怒意。「你們知道，忠告只有在有人詢問時才有用。」

她說這只是一種觀察，就是和 T 在一起的入場代價非常高。

我說，在車禍前或許如此，但情況真的在改變。「而且——」我補充：「你們不在我的交往關係裡。」盧烏插嘴，說我是對的，不關他們的事。他們只是想要我快樂，而米羅的確像是很適合。

我退縮。「我不想和米羅上床！」

法艾扮演知心姐姐，提醒我說：「親愛的，關係之中不是只有性愛。」

「而生活中還有很多東西，比起——」我停下來。我們的價值觀不一樣。「我不是要告訴你們如何生活。」

「我們的生活方式有什麼問題？」

「沒事，但只因為我想要的生活不一樣，並不意味它是錯的。」我覺得自己就要哭出來了。

很晚了，我希望能走路回家，但這要花上兩小時。結果，我反倒花了五十五分鐘搭地鐵。我今天還沒有T的消息，等走出高門站，我打給他，卻沒人接聽。寫迷人的簡訊給他之前，我先在腦海裡責罵了他，然後我又譴責自己偽善。結婚這整個事業註定失敗，我看得出來，但我也嫉妒。部分的我想要擁有一棟房子，和T有個寶寶，在晚上招待過朋友後，放狗兒進花園尿尿，然後到我們特大號的床上睡覺。就連納維德都跟艾絲莉在追求這樣的事，這個冰島金融家已三十九歲，想要建立家庭，而他也準備好要給予承諾。他們藉著視訊電話維繫，當他掛上電話時，他向我保證她就是他要的人。我知道這主要是投射。而儘管羨慕他放縱於愛情，但我也見到其中的徒勞無功。我所見識過的大部分夫妻都在扮演自己理想化的版本，把自己塞進一個眾所周知的腳本，彼此互相保證，這是成熟的做法。我在想，認為我和T可以擁有更誠實、更好的關係，是不是傲慢；或者這就是亞柏特描述的樂觀主義——這種相信自己是規則特例的人類習性。

在我準備上床睡覺的時候，T回了我的電話。即使已凌晨兩點，我還是接了起來。我們的一來一往最後演變成爭吵。我想要他對我說，他想念我。我想要他告訴我，他接下來什麼時候要來英國。我們銀行帳號已經見底，需要增加。他說手頭拮据，時間也不夠用。我問他的護照審核狀況如何，這是我好多年沒問過的事。他說這是個更大的問題。我說其他每個人的生活都是以向前的軌道來移動，而我和他所做的只是踩水而已。他提醒我，我總是移動得比他快。到了凌晨三點半，我精神恍惚，而他有個截止日要趕。

在隔天的治療中，我從一連串我已事先準備、關於表演的問題開始。我想知道：

一、是否有人天生就比其他人更適合愛情？
二、是否有人天生就比其他人更適合擁有關係？
三、是否能說明經由父母示範以及童年治療所創建的神經通路？
四、如果是天生較不適合愛情的人，可還有希望？希望在哪裡？要花多少時間？

席雅說，我們可以運用這些問題做為我自己的治療，但她無法給我一句簡單的答案。這些東西更為複雜。只是，她的確承認，根據依附模式和童年形成的傷害，有些人比其他人容易接受愛情。

「啊哈！」我自以為是地說道：「那麼，我能怎麼做？」當她正要開口時，我打斷她。「別跟我說沒有——不可能沒有。」

她問我為什麼這麼說。

「因為如果沒有，就意味這世界是殘酷、冷漠和隨機的。」「隨機」這個詞充滿龐大詛咒的意義。「我寧可有錯，我寧可犯下一大堆錯成為肇事者，也不願變成宇宙的受害者——變成什麼可怕宇宙笑話的笑柄。」

她問我，我認為「正確」的做法是什麼。我不知道。而我愈是絞盡腦汁就愈是狂躁不安，腦袋裡充滿白噪音。我的聲音顫抖，開始乞求她：「告訴我怎麼做，拜託，直接告訴我。我不知道該怎麼辦。為什麼我在愛情中這麼一團亂？我要怎麼修復自己，這樣我才能找到行得通的事。」但在她回答的時候，我沒有聽她在說什麼，我聽不到。這全錯了，我在攻擊她，在她的「心理學囈語」中挖漏洞。當她沉默不語，我猛烈抨擊：「妳怎麼不說話？」

她非常平靜而溫暖地說：「我說的每一句話似乎都讓妳不滿，所以我覺得我還是撤離。」

我繼續攻擊。「我這一切正向思考、顯露自己和沉思冥想的意義何在？如果這一切全是安慰劑的話，意義何在呢？我來接受治療是因為我需要修復自己和男人的關係，而現在我付這麼多錢、花這麼多時間在『為它努力』上，這他媽的根本什麼也沒做！」

「還有呢？」她說。

「我需要知道事實。事實。事實。我哪裡做錯了？我需要答案。」

她保持沉默。

「如果我是這麼棒的人，為什麼我找不到？為什麼我在交往關係中會失敗得這麼離譜？我有什麼問題呢？別告訴我，不去尋找或考慮它的時候，就會找到它了。我不知道要怎麼不去考慮它。這就是我想要的，我已經準備好。我已經完全準備好要去愛人，我已經準備好要和人建立人生。」

「我知道妳準備好了。」

「而且我想要孩子。」我嗚咽。「什麼時候——我要怎麼有孩子？我不想自己一個人來。我想要跟我愛的人一起有孩子。我想先當朋友，然後戀愛，再享受幾年只有兩人的時光，而我快要沒時間了！」

經過長長的停頓後，她小心翼翼地說：「海莉，妳知道嗎？每次妳說『我想要有孩子』都是用這種哀號的聲音，在我耳邊噹噹作響。」

聽到她模仿我的語調，我哭得更厲害了。這證實了我最煩人、最幼稚、最令人難以忍受的部分仍舊存在，這給了我沉重打擊。我羞愧自己沒有成長，羞愧自己的笨拙、行為舉止，以及沒能力自己找出問題。但我沒說出來，我躺在地毯上，剛好避開照進來的一小塊陽光區域，然後啜泣。她靜靜聆聽。

等我再度開口，我已經鎮靜了。「妳說得對。」我說：「我不知道自己是否想要孩子，這只是我說來讓 T 感覺不好受的話。妳說得對。」

「而且我認為，其中還有受虐狂的成分在裡面。」

「是。」就好像我的大腦被拉開成兩半，兩者當中是一處清晰、新鮮、開放的空間。喘息的空間。我不想要孩子，不是現在，也不是很快的未來。孩子可能會摧毀我才正要開創的人生，我可能永遠也不想要有孩子。但是，我利用沒有孩子的憂慮來讓自己難受。

那天後來，我打給 T。這樣的心理被揭露後，我對他的索求很容易就變少，很容易就可以劃掉不滿清單的幾個項目，接受我們關係的現狀。我告訴他我的頓悟。

他說：「我也一樣，我真的很喜歡小孩，但現在還不想有自己的孩子。」

「孩子可是一種苛求的巨大負擔呀。」我們大笑。

「但的確如此。」他說：「我大多數有孩子的朋友在關係中都曾有過非常艱難的時期，這真的帶來壓力。」他說他需要處理好自己的爛事，才能協助小小人兒駕馭世界。

我想要問他是否還有定期接受治療，但我未理會這浮現的念頭，讓對話保持在雙方合謀的氣氛。我們這一方對上認識的每一個人，一起從互相厭惡到接受現狀。這通革命性的電話最後以他訂機票來找我收場，他會在我下一次表演過後幾天抵達。

♥

好，我剛翻過妳的腳本了。很巧妙。我在意幾件事，但我們可以討論。嗑藥對我是一個大問題，我了解我不該找藉口，但這是事實。而且，坦白說，我拒絕接受妳有權說過去什麼是愛，什麼不是；或現在是否依然如此。我把妳放在心上，我認為妳與眾不同。這就是事實。我們可以在星期四中午好好爭論一番，這是我這裡的時間。

這是打字機昨天傳來的訊息。

打字機是一個受歡迎的加拿大獨立樂團的主唱，他寫了他們大部分的歌詞，也是樂團吉他手，以絕對音感獻唱，並且在憂鬱和令人心痛的曲調間，說出最讓人捧腹的評論。窄臀加上一頭蓬鬆的鬈髮，我被他滿是疑問的小眼睛給迷住了。這樣的眼睛給人一種印象，就是不管說什麼，他都不太相信。

他是那種吃得像垃圾桶，卻仍保持苗條身材的男人之一。直到三十多歲，他發現自己出現新陳代謝低下的問題。當我認識他時，他已經發展出一個小型啤酒肚。他會說：「我的化油器堵塞了。」然後在舞臺上開玩笑地把皮帶扣在最外一格。

為了減少卡洛里，他只喝白酒，卻在餐廳吃每一餐，喜歡廉價餐館和二十四小時營業的食堂。他非常懷念波士頓和義大利，儘管他只去這兩個地方巡演過幾天。

我和單車還在一起時，曾看過幾次打字機的演出。我們合買了他最新的專輯，並且重複他表演穿插的笑談，做為我們圈內的笑話。透過做為加拿大藝術場景的工業小鎮，我意識到打字機的惡棍聲名。但在我和單車分手的九個月後，當打字機結束他在肯辛頓市場一場現場演唱，在酒吧那頭注意到我的目光，他指著我，然後直線走來。

「妳，是誰？」他問，晃晃手中白蘭地酒杯裡的白酒。

他請我喝了一杯酒，盤問我的事。我告訴他，我的第一場個人秀下個月要在附近一家劇場開演。他認為這真是令人敬佩到離譜，我們互相說笑，輪流挑剔加拿大藝術的古板枯燥，為全國性的藝術變革精心制定的宏大計畫。他急促的鼻子倒抽氣、快速的轉頭動作、強調語氣時的手指指點，這之間還同時設法握好酒杯，種種動作形成了一個令人陶醉的喜劇表現。

喝完許多杯他一直遞給我的琴通寧後，他提議我們去巷子親熱。我急急跟著他到那裡，我們靠著塑膠壁板熱吻，他對著回聲不佳的包德溫街大喊：「海莉．麥吉！」我笑得太厲害，沒法繼續親吻。他告訴我，他要寫關於我的歌，然後引用愛爾蘭詩人派屈克．卡范納的詩句：「我第一眼見到她就知道／她的黑髮將編織一個日後我可能會後悔的圈套」，堅稱若是跟我有了親密關係，我會生吃他。這一切對我來說根本是貓薄荷。

當我告訴他，我要回家了，因為明天早上要排演，他顯得激動而熱烈。「和我一起吃早餐。」

「排演前？」

「我剛遇上了我命定之人，而九天後就要回家過耶誕節！我們沒什麼時間了！」他的家人住在愛德華王子島。

等我回到家時，他已傳送了巴布・狄倫演唱〈讓妳感覺我的愛〉的連結給我，提議它做為「我們的歌」。隔天上午，我在學院街和他碰面。他上前擁我親吻，沒扣上釦子的風衣不斷擺動。

在我們廉價餐館的早餐中，他往桌子一個箭步蹲，大喊：「嫁給我！」

我大笑拒絕。

「好！」他說，手往下捶。「第一回，她說『不』。這是第一次。」

在他陪我走到劇場途中，我一再在路緣石絆到腳，笑到臉頰發痛。

後來，我問到他在女性方面的糟糕名聲。「我早就摸清你的底細了。」我說。他堅稱對我是不一樣的，這完全符合我的長期幻想，就是找到一個惡人，然後改造他。當我建議我們暫緩上床，等到他從愛德華王子島的耶誕假期回來再說，他熱情十足。這個限制使得他拚命親吻我，飢渴地透過衣服撫摸我，派頭十足地扮演伴護著少女，卻又受挫的浪漫情人。

耶誕節過後，我的表演開演。來自全國性報紙的最初評論是令人心碎的兩顆星，藝術總監安慰我，稱評論是「垂死品種的最後喘息」。幸虧，另類的週刊以「讚揚海莉！」為標題稱讚了這次演出，並給了四顆星。然而，我恍恍惚惚飄移過這幾個星期，相信自己公開丟臉了。

「妳加入我的行列了。」打字機說，並且列舉曾得到負面評論的藝術家名單。看完表演後，他在大廳對我說，我是天才，並懇求讓他訂機票帶我一起看他的巡迴演出。

我說，我得考慮一下。

他寄給我魯米、里爾克、阿內絲．尼恩和埃德娜．聖文森特．米萊的情詩。

第一道警鐘在元旦前夕響起，當時在小葡萄牙的柯拉索餐廳吃完晚餐後，我們去我一個朋友的公寓參加派對。

打字機想要在午夜前離開，以一個私人浪漫時刻，慶祝新年。我們串通好，不跟任何人說再見就離開。真是壞蛋。我偷溜出大門，以為他會跟在後面。我在走廊等待，期待一個熱情的擁抱，但他卻疾步走過我身邊，不斷按著電梯呼叫按鍵。我在計程車上抱著他，而他的鼻子哼哼作聲，又大口吸氣。「我們應該要讓彼此看起來很好。」有人當面笑他，說我拋棄他了。我不解，怎麼可能有人這麼有趣，卻又對這種誤會如此沒有幽默感。

或許，來自這段關係的一個更有說服力的人生教訓是，就跟面對美麗的外表和灼熱的智慧一樣，人無法只跟幽默感或才能約會。

我們愈是上床，他就變得愈是疏遠，愈少傳簡訊和打電話，也愈少接電話，愈少遵守承諾打電話來。而我困在表演所帶來的筋疲力竭，以及總是未受到這城市喜愛的痛苦之中。

一天早上，我在做愛過後下床，然後端著兩杯咖啡回來。他的神情變得沮喪，又混雜著如被關在籠中的感覺。他不想要這杯咖啡。

我開了一個丟臉的蹩腳玩笑。「咖啡和口交，難道不是經典組合餐嗎？」

他的身體已經變冷，他翻過身，拿起上衣往頭套下。

「吻我。」我噘著嘴說道。

他嘆氣，給了我一個草率敷衍的親吻。他用力把嘴唇壓向我，就像小孩子戲弄大人時，即興表演者在臺上模仿親熱時的動作。

他走出大門，我的公寓突然間看起來髒亂黑暗，安靜到令人害怕。我收拾好床鋪，喝掉兩杯微溫的咖啡。我想念單車。

打字機再度離開去巡演幾個月，他如海嘯般的關注慢慢變成一小滴，通Skype的約定也沒有遵守。我跟一個看了我的表演好幾次的人約會，這個約會並未引出我的罪惡感。我和打字機沒有確定稱謂，但我發現自己想要以一種忠誠的形式和人交往。我把這個欲望釘在打字機身上，他把自己疏遠的行為怪罪在他疲累的行程。我灰心喪氣，就在凌晨時分預訂了我第一次隻身海外旅行，前往倫敦、巴黎和柏林三星期。我會在倫敦和柏林去找朋友，中間兩晚去巴黎。打字機為我感到興奮，我也為自己感到興奮。

在倫敦場地公園的一家咖啡館，我寫信給打字機，說我決定了，好，在我的旅程結束後，他可以訂機票讓我飛去看他的巡演。他的回覆拐彎抹角閃躲了他最早的提議。被降級讓我深感憤慨，同時也在努力克服這個行為和他過去偉大浪漫宣言之間的差異。當我跟席雅提到這件事，她讓我初次了解到把行為視為性格這種看法，性格不是展現在他們說的話，而是在於他們做的事。但我當時選擇忽視這個看法。自從學會看書，我就一直在等待這種破壞性旋風般的戀情；自從兒時，我就一直渴望這種立即的命運吸引和熱情。我不想接受煙火可能轉為灰燼。我想要相信星辰間有為我寫下的史詩愛情。

回到多倫多，我忍受三月中旬融雪的荒涼晦淡，同時和單車分手的第一週年也到來。已好幾天沒有打字機的消息，我便打給他，並留下訊息指控他這幾星期都沒有寄詩給我，還問他到底打算什麼時候為我寫歌？打字機寫信指出，我們展開這一段感情時的強度是無法持續的。然後，我們透過電子郵件結束了不管是什麼的「這一段」。我沒有心碎，比較是自尊受傷和羞恥。

六個月後，照料好我的自尊心，我到一個鄉村小鎮參與夏日常備劇場的演出，此時，打字機開始不斷打電話給我。經過幾星期不理會他的來電之後，我接了電話。他去了一處靜修所，而顯然是在做瑜伽時，對他重要的事浮出水面：「是妳。」他為「輕蔑」我致歉，並問說能不能再跟我見面。幾天後，他租車開到我所在的小鎮，找我共進晚餐。他厚厚撒下他上次曾經用過的相同糖霜。

「一個人未來行為的最佳顯示是在他們過去的行為。」席雅說：「妳想在這舞池裡再多轉一圈嗎？」我知道它很可能會糟糕收場，但我還是做了。所以瞪大雙眼，疲累如我，我們再次熱舞，又逐漸冷淡，度過另一個三個月。在這段期間，他寄給我抄錄自他日誌中的我，並為我歌唱。我們會外出享受鋪張的晚餐，他會隨意胡亂點餐，在我表示關切時，揮手要我別在意，然後不只一次透露，他忘了帶錢包。打字機是談「便」色變的人，他禁止我跟他討論我的脹氣疼痛。他愈來愈少替我口交，只有在想要性愛時才親吻我。他在廚房則是真正地無助，當我請他切桃子時，他弄壞了我爸爸送給我的削皮刀。我找尋逃生口，開始跟當時共事的演員搞曖昧。

在他回家過節前，我和他見面，當時我正打算跟他分手，但他來的時候帶了打字機送我，接受這個禮物之後，我不知道怎麼甩了他。

幾天後，我在公園親吻那個演員。打字機回到愛德華王子島，然後據稱因為跟他媽媽「去購物中心買耶誕燈飾」，而錯過了我們的 Skype 約會。

我傳簡訊給他：我們是否應該談談結束我們的關係？

他回答：恐怕是這樣。

那天是耶誕夜，而那是一通很輕鬆的電話。他道歉並不斷落淚。我一直要他安心：「沒關係。」我們兩人都沒說還有別人存在。我和那名演員只持續了幾個月，但是他把我拉離打字機的軌道，為此我很感激。

在我和打字機的乏味分手後不久，我不只得知在我們整段交往期間，他一直在追求其他女人，向她們求愛，而其中許多是藝術家；我還知道他以運用在我身上的相同誘餌盒，撒餌並捕獲了其他那些女人。他有個模式。

這模式包括提議把〈讓妳感覺到我的愛〉做為「我們的歌」的臉書訊息，接著是以同樣順序傳送的同樣詩作，稱呼妳為「命定之人！」，開玩笑地求婚，寄送日誌抄本，在柯拉索餐廳晚餐，承諾但永遠做不到的為妳寫歌，上床後撤離他的情感，以書信結束關係，然後又嘗試爭取復合，卻無法維持他的興趣。

當我開始和曾經被施以同樣模式的女性見面時，我覺得羞辱。但我愈是和她們比對我們的故事和電子郵件，我的感覺就愈好。打字機的品味絕佳，我被加入一群奇妙的好同伴之中。而隨著人數增加——現今我知道在多倫多有十二名女性被他套上同樣模式——我愈不把它當成有個人針對性。顯然，這是一種病態，和我無關。

我相當確信這和報酬遞減法則有關，因為每當他重複模式，它就變得愈不特別。同時，他愈是重複，它就愈不會讓人不快，因為重複的行為顯示，缺點是在他身上，而不是我。

我寫信給潔瑪：解決外卡的時間到了。

在我所有前任中，打字機可能是唯一一個我現在會視為真正朋友的人。當他來英國表演時，我會去找他。我生日時，他會跟我聯絡。他仍舊會讓我笑，開懷大笑。在我們達成目前的停戰狀況前，有一段持續了好幾年的互不來往。這止於他寫信通知我，他去參加了十二步驟戒癮會，以及他買了我演出的表演門票，問我能不能之後和他見個面。喝著茶中，他告訴我關於他獲得的清醒狀態。這個故事和他告訴我現在友人的不一樣，這位友人是當初他同時約會的對象，但我很感激他的歉意。

我問他是不是也戒掉女人了。

他臉紅了。

我問他為什麼這麼努力追求女人，他為什麼從不讓女人走近他。

他說：「如果我這麼做，沒有人願意走近。」

這是我唯一從他身上目睹到的脆弱時刻。我們的互動通常包括他含糊嘗試要爭取跟我復合，這會讓我哀號。很難得知在他佯裝的失望中，是否有任何真意。

現在，我關上我小房間的房門，取來我的筆記，以便和打字機在 Skype 開會。這次通話和我們最近的對話相去不遠，只除了他不是想爭取復合，而是著眼於想出現在表演當中，以音樂人或同樣演員的身分和我一起上臺。這讓我哈哈大笑，但他堅持自己是認真的，只是他不喜歡我想在這演出中用上我們真實的故事。他認為我們應該加以改編。

通話途中，我帶著假笑說道：「我想要你公開承認你當時在玩某種遊戲，而且你很清楚自己在做什麼——」

「不，不——」

我繼續說：「——而且你知道我不知道你在做什麼。」

「不。」

「你不同意？」

「不要，我不會承認的。」

「因為這不是事實？」

「這不是遊戲。」他皺著眉頭：「我是說，我不想讓這件事突然變得這麼認真。」

我停止審問。「不，你當然需要有個認真的回應。」

「妳知道，這和嗑藥有關，我不省人事。」

我忍不住繼續挖掘。「你對『問痛苦，別問癮頭』這個諺語有何看法？」

打字機嘆息。「哎，這真是大哉問。我不知道當時是否有表面下的痛苦，我嗑藥只是因為好玩，而且它在音樂界被浪漫化，後來我就上癮了。我每一天都努力想要感覺好一點，然後在下午六點我又會開始。這件事我沒讓妳知道——我沒讓任何人知道。人們知道我喜歡去派對，但不知道究竟。」他喝了一口檸檬香蜂草茶，說他也戒除咖啡因了。「我記得妳，只是妳現在探問的許多事件卻真的一團模糊，感覺就像夢中的微光。」

我們聊了更多他毒癮的事，我一直探究為什麼，決心找出根源，但他現在不再討論它了。我把注意力轉向打字機本身。「你認為那一臺打字機價值多少錢？考慮你為它花的錢，以及你在跟我這段關係上的所有得失？你跟我說過，你花了一百加元買下它，而且 Etsy 網站上——」

「不是。」他輕聲打斷我。

「你花了多少錢？」

「三百多，大概是三百六之類的。對，可能快四百。」

真是令人印象深刻。我說：「它是當時最最頂尖的打字機，而且還有那些小刷子。」

打字機呻吟。

「你想不想告訴我為什麼你寧可一起虛構場景，而不想讓我在演出中使用這個錄音？你想不想告訴我這故事的價值呢？」

他來了精神，指指鏡頭。「是，是，我是很想，因為首先它有個自命不凡的隱憂，妳帶著這方案站在自我放縱的斷層線上。所以，它應該要……妳應該要給一匙糖，妳知道嗎？」

「一匙糖是什麼意思？」

「海莉，一匙糖可以幫忙嚥下藥。」

我歇斯底里大笑，他看起來似乎很得意。

他以較為嚴肅的語氣說：「讓它只關於妳自己一人是很危險的，這個前男友的想法，個人秀——如果我有該死的一塊錢——妳知道我是什麼意思吧？妳可是行走邊緣。」

「哦，是。」他沒說錯。

「對。這就是為什麼要讓我加入，這就好像……」他舉起馬克杯到唇邊。

「像什麼？」

「我想，就是會比較有趣。」

聽著我播放給她聽的錄音時，潔瑪哀號。

證實：訪談很有趣，並為打字機贏得在表演中獻聲的機會。在我們迫近的創作中表演裡，我打算實驗性地對觀眾播放其中一些錄音。

潔瑪確認：「這就是妳在單車之後的約會對象？」

「對。」我說：「我交往的每一個對象似乎都是上一個的解藥。」我把我針對和打字機交往時期所做的樂趣時間消長圖給她看。

「庭院出清前男友」的準備工作如火如荼進行當中。我們剛開啟了第二次為期一週的研發研討行程，艾爾森目前正忙於加拿大的一個大型演出，所以我們會用 Skype 進行幾次會議，但主要還是由我自己一人跟過來的幾名合作夥伴討論。山姆會過來給我一些意見回饋；米羅會來一下，為我們的創作中演出設計一些燈光；音效和舞臺設計師會加入一個下午，看看我的狀況並交換想法。我一直邀請高檔劇場機構的人士做為貴賓，努力為這方案爭取更多支持。深夜一時衝動，我寫給我為數不多的籌劃世界各地藝術節和戲劇季的熟人，提議寄影片給他們——我很想到外地演出這個作品。我同時已邀請我在倫敦認識的每一個人來看表演。今天，我和潔瑪著手解決外卡的問題，

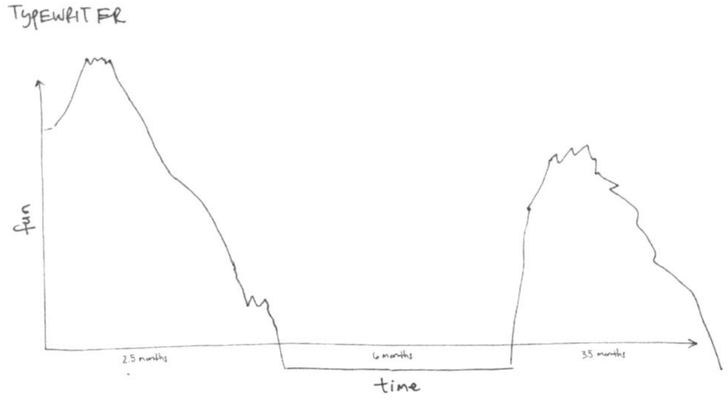

和打字機交往期間的樂趣消長表

準備在這一週尾聲和觀眾分享。

「所以，這個外卡是指遭到背叛，並被置入一種模式。」

「臭大便。」潔瑪說。

「這不錯。外卡之『臭大便上門』。」

為了找出當中的數學，我們拆解打字機模式的效力和傷害部分。首先，我們確認各個變數，再討論它們之間的關係，最後我為每一個數據點賦予一個數值（一到十）。幾小時後，以下就是「臭大便上門」外卡的樣子。

這個式子的原理是這樣，以分數一到十分，首先評估的是：

—他對我施行他的模式時，我的開心程度。

（八分。有人捶著桌子，要我嫁給他，可真是一場騷亂。）

再乘以：

—模式組成要素的創意程度。

（六分。我當時已讀過許多里爾克的詩了。）

這個數字要乘以：

—對於被置入這樣的模式，我現在感受到的痛苦程度。

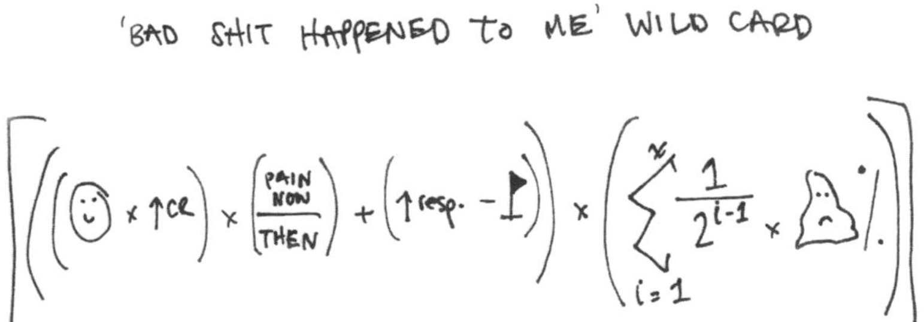

「臭大便上門」外卡

（二分。這不是針對我，他對女人很有品味，所以加入的是相當不錯的同伴，而我們現在都成了朋友。）

上面的數字除以：

—發現這種背叛當下所感受到的痛苦程度。

（五分。當時，我既難堪又生氣，但我從未愛上他，所以沒有心碎。）

然後我們加上：

—他之後為自己行為的負責程度。

（二分。我知道他已經為吸毒道歉，但我想要他供認這是玩弄女人。）

減掉：

—我忽視紅旗警訊的程度：

（九分。至少有八個人對我警告過他的事。但當我質問他此事，他堅稱我的情況是不一樣的，而我想要相信自己擁有讓浪子回頭的力量。）

然後這全部乘以：

—他重複模式的次數。

（我們使用報酬遞減法則來調和，其中的X等於他對其他女性重複模式的次數〔就我所知是十二〕。）

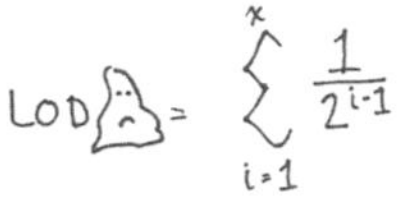

報酬遞減法則是一種經濟理論，意指其實可能過猶不及。它預測，達到理想產能水準後，嘗試投入更多，事實上將會開始導致較少的產量。

潔瑪解釋，有許多不同方式可以納入這個理論，並向我展示她改編過的求和（Σ），這樣讓報酬遞減法則應用在臭大便上時（LODBS），最能體現這個法則（上圖）。

這個希臘字母稱為「sigma」。潔瑪的求和符號改變了這個數學式，如此一來，打字機重複模式次數愈多，每一次背叛就愈不具攻擊性。基本上，這個模式第一次施行的衝擊力是一；第二次是零點五；第三次是零點二五；第九次是零點一一，第十四次是零點零七一，以此類推。換句話說，三次很壞，但第九和第十四次之間的差異幾乎是無關緊要。但儘管每一個增加的背叛有著較小的衝擊，卻永遠不會出現衝擊力為零的背叛次數，因此，永遠不會達到二

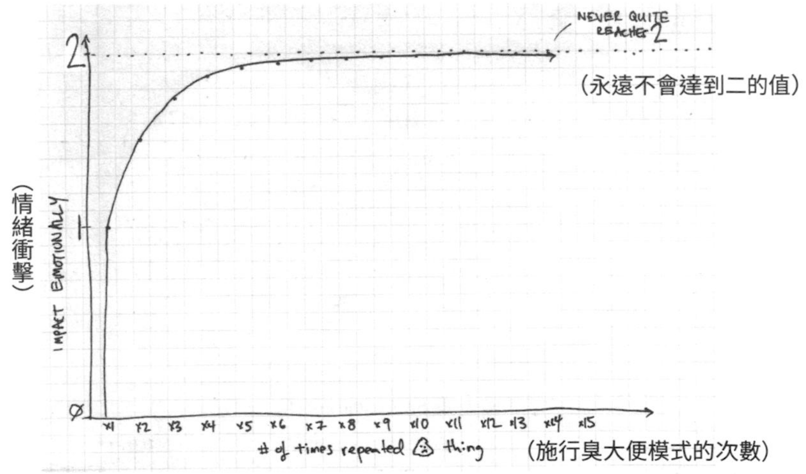

的值。

我們把這 LODBS 的求和乘以：

—在這關係中，他同時追求和求愛其他女性的百分比。

（把他往好處想，百分之九十二。）

就跟我們所有外卡一樣，這就像稅或賒帳，將應用在公式給我們的整體價格。填入數字後，得出二十二。

這個數字要加上百分比——百分之二十二的稅——再應用在打字機的基本方程式。考慮到「要求損害賠償」的訴訟前例，我跟潔瑪決定我應該要因為這臭大便上門而獲得金錢補償，因為臭大便可能變成我們的包袱。而包袱會造成我們的損害。

完成這個式子後，我們忍不住把注意力轉向其他外卡，以及它們和我其他待售物品會有怎樣的連結。「短期衝擊」外卡很快就被我們重新命名為「附帶損害」外卡，它補償了我必須置換的實物，因為這些東西是在特定關係中的直接受害者，就像我搭巴士去找項鍊時，坐到刀子而受損的牛仔褲。

這是一個產生稅率的簡單公式。它考慮物品的修理或置換開銷，除以在那段關係中我的月收入。

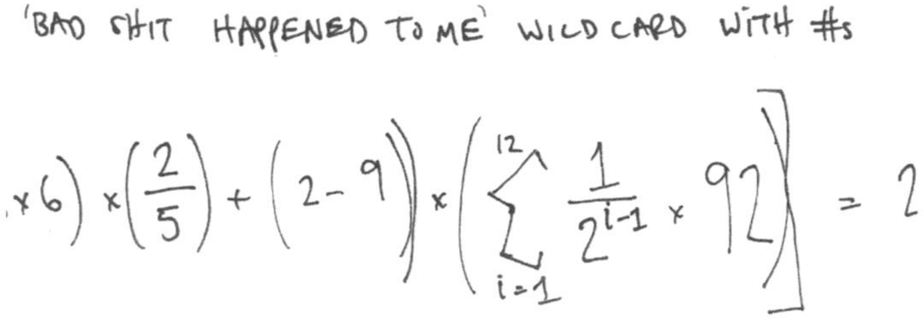

「臭大便上門」外卡的值

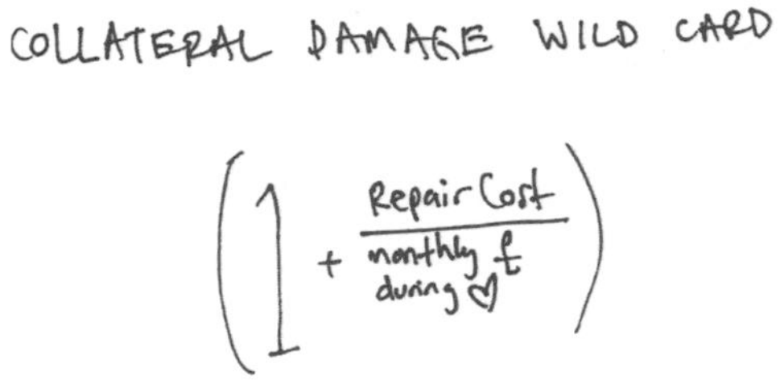

◀「附帶損害」外卡

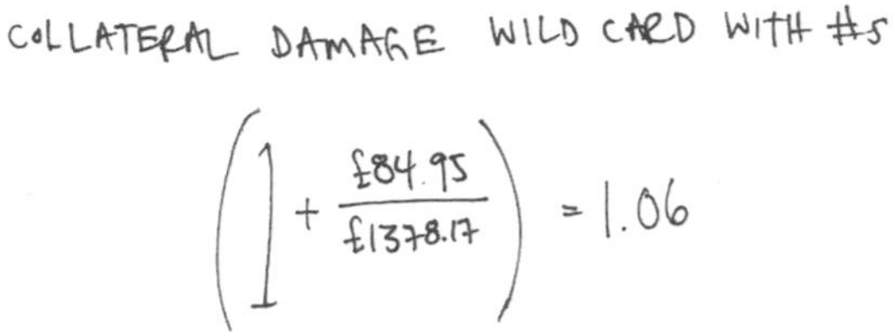

◀填入數字後，我們得到1.06% 的增額。

我們利用我即興秀的「A到C」概念來製作「長期衝擊」外卡，目的在反映看似單一的事件是如何在後來造成無法預料的後果，就像跟烏克麗麗的事後避孕藥例子，它讓我重新服用避孕藥，最終導致血栓這個醫療災難。

這個外卡透過長期的可能影響，來衡量引發事件當時我的情緒、心情和身體狀態所遭受的A到C衝擊（也就是說，擔心會出現更多血栓，無法服用避孕藥，再也沒辦法抽菸）。它也體現了我遭受的財務衝擊（失去女服務生工作，整整一年為了每週驗血而花在騎單車上的時間，以及身為加拿大納稅人所付出的驗血費用和看診費用〈大約是一萬一千一百八十三元除以三千兩百萬的人口〉），和烏克麗麗啟動這一連串事件說了多少字（八，「但妳有吃避孕藥吧？」）的關係。

既然在我身上的漣漪效應是主要特性，我們更加重和身體相關的變數，完成之後，我們把它命名為「身體損傷」外卡。

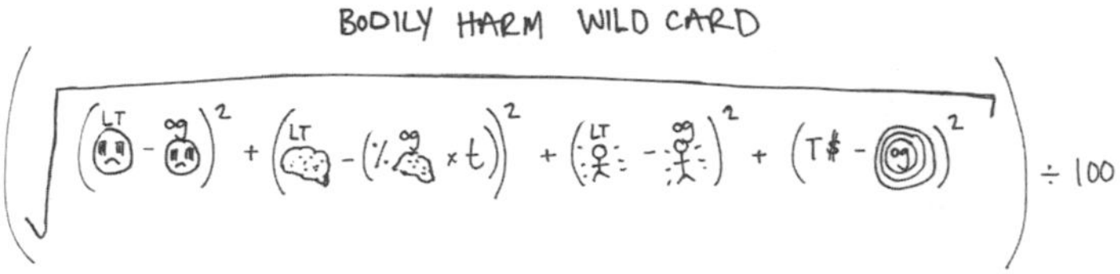

▲ 身體損傷外卡

▼ 輸入所有數據後，得到 2.57% 的稅率

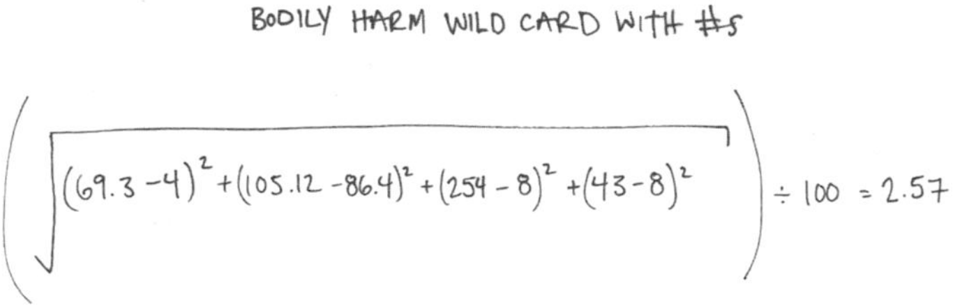

潔瑪問，覺得這些百分比準確嗎？

百分之二十二的稅率當然感覺正確；而考慮到項鍊跟這事件的關係很小，百分之一點〇六對於皮膚傷口也合適；百分之二點五七似乎頗公平，這不是烏克麗麗的錯，而是對我造成重大後果的第一張骨牌。然而，我主要還是因為實際數字終於開始浮現，覺得興高采烈。「它有了成果。」我對潔瑪說道，一邊欣賞貼滿工作室牆壁的數學式子。她自己也很開心，高舉手掌，我跟她擊掌祝賀。

「哦！」我大喊。「我們得處理哭泣稅。」

潔瑪必須離開去教課，所以我們匆匆進行。她在一張A4紙上寫了「X 0.95」。「好，這樣如何？如果物品是在二〇一二年前送給妳的，那價格就扣除百分之五？」

「以補償其實應該屬於治療過程，而我在這些關係中傾倒的所有垃圾？很好。」

然後我們決定了「瑪莎卡」對其適用的物品，增加百分之十的整體價格。瑪莎卡是適用在像單車這樣的物件，即不管結果如何，致贈該物品的原主在你的心中占據了無人能及之處。潔瑪急急離去之後，我和艾爾森通話，他在我們的討論中喊停了我昨天花了一小時練習的一個想法。就是我採取反覆述說：「我反對。我，反對」這種藝術表演風格。

我筋疲力竭度過工作室那一星期，卻深感欣慰。

我的失眠狀況被腎上腺素壓倒，現在，我在搖搖欲墜、布滿灰塵的坎登人民劇場站上了舞臺——這個地方原本是個酒吧，目前改裝成了一個黑箱劇場。這裡有一根柱子會阻擋部分觀眾的視線，還會聽到外面的警笛聲，而空調更是每隔十五分鐘就呼呼作響，嘎嘎地重新啟動。整個氣氛顯得前衛且鬥志昂揚。我的周圍擺滿來自各個前任的物品、氣泡布，以及一捲捲滿數學的棕色肉品包裝紙。

在這第二場的創作中演出裡，我嘗試目前的腳本草稿。我們還沒有完成公式，我也還不知道怎麼結束表演，但沒關係。我在試驗我的舞臺想法和新的寫作，以評估觀眾的反應，協助我改寫文字。

現在，我在舞臺上，身著白色棉質內褲和T的T恤，趁播放打字機的錄音期間，喝了一大口的水。當打字機要求加入演出時，我刻意看了觀眾一眼，他們哈哈大笑，有人甚至笑到拍膝蓋。我從我的馬尾抽出伸縮指揮棒，拉開它，朝打字機畫圈。

我告訴他們，在和打字機分手的餘波中，我不僅得知他幾乎在我們交往的整段期間，都一直在追求並求愛其他女性；而且還知道他追求並求愛這些女性，是採取施用在我身上的同樣工具和策略。巴布・狄倫的歌曲播放，而我跳起，帶領大家了解他的模式，然後解釋：「所以我和潔瑪做了一些後續數學，確認被施以這樣的模式所付出的代價，以及它如何影響他送給我的打字機的價格。」主菜上場，我拉開原是送餐窗口的地方，顯露一張大型卡紙，卡紙寫著「臭大便上門」外卡，底下就是它的數學式。我使用橘色便利貼把數學函數換成我的數據，示範我們如何取得百分之二十二的數字。觀眾愉快滿意，而我輕快來到我那沒有結局的結局，心情興奮，煥然一新。

之後在更衣室，我仍處於腦內啡激增狀態。我脫下白色內褲，擦拭乳房之間的汗水。我瞥見鏡子裡的輕盈裸體，意識到自己減重了——不是刻意的，籌組表演的焦慮經常有這種效果。我的乳房從來沒這麼小過，但我的臉頰紅潤。我套上隨身帶來的洋裝，走進大廳，在此受到包圍和擁抱。

盧烏拍打我的背。「太棒了。」他說，強烈要求幫我點酒。

我第一次看到潔瑪和她的男友一起出現，今天是她第一次看我的表演。「我比我原先料想得更加沉浸在表演之中。」她愉快地說。

「這是創作中演出。」我說，主要是讓自己放心。「它會更好的。」它一定會。我的自我評估是，這是個稱職的展示，但我大約留給自己四千個吹毛求疵的表演和寫作筆記。不過，就今晚來說，我選擇暫且放寬心，接受大家的歡迎。

法艾擁抱我，開始落淚，然後把我拉到洗手間附近一個較安靜的地方。「海莉，我愛它，這是妳目前最棒的作品。但親愛的，請聽我說：T永遠不會改變的。」在表演中，我拿歐拉恆等式和T對於遠距離交往的感覺相比，形容幾年前被他拒絕的痛苦時刻。她的聲音堅決：「感情關係只有一種情況會成功，那就是男方愛女方比女方愛男方稍稍多一點。」她在自嘲，卻還是流下眼淚。

我防禦本能被她的淚水逼退了。「哦，法艾。」我說：「妳太保護我了。」「我不想妳浪費生命。」她吞嚥了一下，然後才說：「我情緒激動，是因為我流產了。」她不讓我擁抱她，但允許我的手握住她的前臂。她說：「這很正常，經常發生。謝天謝地，我有約翰路易斯。」她打嗝。「牠真是隻好狗狗。」這讓她又哭又笑得更厲害了。山姆拍拍我的肩膀，想要為我引見劇場的一名董事會成員。「去吧，去吧。」法艾說，輕拍她的眼睛。「快去！」

山姆把我拉到一旁，說：「真是非常棒，我們再盡快碰面討論腳本後續吧。」然後再次帶領我走進人群之中。

我不認識的觀眾排著隊告訴我，哪些部分引起了他們的共鳴。幾位藝術節目編排人士給了我名片。米羅說，這是近七年來，他唯一喜歡的戲劇作品。

哦，我的天，我心想。這將成為一場表演，這將成為一場好表演。

此時，一名陌生的女子過來摟住我，說：「這真是超現實。」聽到她問打字機的事是否屬實時，我注意到她有著加拿大口音——然後，她說了他的真名。

我張大了嘴巴。

她拿手機出來，給我看了打字機幾年前寄給她的電子郵件，上面摘錄了里爾克的詩。

我想要展現……我不想在任何地方被折疊收起，因為在折疊收起處，我就是個謊言。

我們認同，對一個操縱大師來說，傳送這首詩可真是諷刺。

「只是，說句公道話。」她說：「我們在一起的時候，他已經開始戒毒，所以我當時和他有著非常不同的經驗。」

「好。」我說，臉上收起了笑容。

她說，我或許會想要在演出中加入一些他的救贖，以顯示他不是反社會人格，而是有毒癮，這使得他出現兩面派的行為。

這個想法讓我嚴肅起來，我同意：「說得好。」

「但還是不建議和他交往。」她大笑，我也跟著笑。

在回家的巴士上，我思忖，打字機混帳行為的原因重要嗎？別人對我們惡劣的原因重要嗎？還有我們跟人相處的經驗，我們在他們陪伴下的感覺，是最重要的考量嗎？我認為原因的確重要，但只有在能夠很高興知道自己沒有瘋時；是他們沒有理性，他們輕蔑你的做法跟你為人的價值無關。

巴士緩緩爬上拱門路，而我思考得更多。如果我錯了，那麼知道某人為什麼惡劣對待你，就不是繼續留下或原諒他的理由。一個小學的遺物浮現我的腦海：「寬恕是掙來的，必須被要求。」我思索，這是否站得住腳。我認為，對於不曾認罪而提出道歉的人，只有在他們不再出現在我生活時，我才能原諒他們。我的想法呈現一種明智的基調。如果他們仍在我的生活之中——或想要如此——那麼他們就必須負起責任，同時做出補償。接著承諾他們的行為會有所不同，並堅持到底。

走下巴士樓梯時，我的身體撞上了欄杆。等我重新站穩，我想到了：寬恕是經由長久的重複行動而掙得。在我走路回家途中，我細思這個立場：寬恕是經由長久的重複行動而掙得。但如果對方已經死去或是疏遠了，那麼要原諒他們或是放棄我的怒火，就全看我而定。

這件事證明我對T的憤怒是有道理的，一如既往，隨著我們下次見面時間的到來，他又退縮了。幾天之後，他就要上飛機。我可以當面告訴他我真正的想法，他可以向我證明，為什麼我應該留下。

在T抵達的那個晴朗日子裡，我們去漢普斯特德荒野公園的混合池塘游泳，然後前往瞭望臺。我們在此坐在潮溼的毛巾上，吃著藍莓，享受十指交纏，靜靜探索著所有牽手的方式。他的手臂痊癒了，只是還有點虛弱，而右眼上方的縫針處有一道新傷疤。

後來，我們參加了哈克尼城市農場不需預約的陶藝課。坐在藍色的小塑膠椅上，我們分享一瓶桃紅葡萄酒和陶土手作杯。我完全沉浸在這創作任務中，這是我兒時過後就很少感受到的體驗。經營工作坊的人要我們一星期後再回來為我們的陶盆上釉。

納維德在最後一刻跑去了冰島，以拯救他的新關係免於凋零。雷克雅未克的辦公處有個職缺，但他忘了去申請。我知道這件事是因為我透過小房間的牆壁，聽到了實況報導。艾絲莉對他教育了她的生育機率。

自從讓我自己和T認清我關於想要小孩的欲望，或說是缺乏這種欲望，我就一直注意到很多人想要生小孩，因為他們相信為人父母將賦予他們人生意義。我猜的確如此，但這似乎是把一個人帶到人世的自私理由。這件事難倒我了。

那麼生小孩的正確理由是什麼？世界不需要我們增加它的人口。

納維德大喊：「如果無法供應孩子的良好生活，那生小孩有什麼道理？」

她尖叫：「良好生活不是在於錢！而是在於共處的時間和愛情。」

他說沒有那麼簡單。

她說：「如果你愛我，就是這麼簡單。」

納維德不在家，我和 T 做愛時就用不著保持安靜。T 睡在從我床鋪下方拉出的拉床上，他深情地稱它為「架子」。有他在身旁，卻不在同一張床上，讓人頓悟：我支持分床。我們親密，但我同時擁有自己的領域，可以隨需要盡情轉身或踢掉被子。這結果讓我們兩人都得到更好的休息。這是驚人的進步，我們在芬斯伯利公園划船時，對彼此如此說道。

我沒有碰表演公式，並暫停我強制自己執行的嚴格工作日程表。我的醫療角色扮演預約出現空檔，而且我放棄了「穿著不恰當」團體的即興秀排演，以便跟 T 進行子宮頸碰撞和精神上觸及神的性愛。

他來訪的第四天，我有個旁白錄製工作。在我衝過蘇活區到錄音室的期間，T 打電話告訴我，他接到一個加拿大電視討論會節目的邀約，可以拿到一萬加元的報酬——但是他得縮減一星期的來訪行程，明天就離開。

我慌亂極了。今天早上的性愛讓我飄飄欲仙，使我在地鐵走錯方向，現在得飛奔趕上我的配音。「你什麼時候可以回來倫敦？」我問。

他不知道。我掛上電話，準時抵達錄音室。

完成錄製工作後，我打電話給他。他的語調短促，他已經回絕了那個職務。

「但我沒要求你這麼做呀！」

「妳的語氣像是，那個工作和我們之間選一個。不可以。」

等我回到公寓，我說：「你知道，我去芝加哥的時候錯過了三萬英鎊的工作。」

「很好，那麼我們一起損失了四萬元。」

「呃，其實你的是加拿大幣，所以大概是三萬六千五百英鎊。」

他不覺得好笑。很好，這本來就是一個辱罵。

我告訴他，我不能因為他做的假設而受到懲罰。他說我說得對，他決定就隨它去吧。

為了重拾甜蜜，我們回到了陶藝工作坊。我們的陶盆已經燒好，等著上釉，但工作坊真是太混亂了，我們找不到T的作品。一排排高架子上，置放著擠滿簡陋陶器的托盤，讓T不知所措。

「它們不見了，海莉，算了吧。」T在我尋找他失蹤的陶盆時下令。

我趴著伸手探進一個又一個燒陶托盤，轉動小小容器，以搜尋T的名字首字母。然後，「噠啦！」

我頑強尋找他的陶盆，像是軟化了他。看到他自己的手作，讓他狂喜。他驚訝地露出笑容，端詳他的器皿，然後把它們舉到臉龐，我看見他心中的小男孩。我愛這個孩子。

之後，我們在農場餐廳共進浪漫晚餐。在我覺得他獨占了酒水，使我們差一點陷入爭執時，我設法換句話說：「知道嗎？我用不著死在這山坡上了。」然後我們及時重拾兩人之間的溫情。

他探過桌面，愛撫我的脖子並親吻我。「天呀，妳真好。」

我們走向地鐵，相互緊抱，我的手環著他的腰，而他摟著我的肩膀。

在T待在倫敦的最後一天中，我滿懷希望醒來。

他睡眼惺忪，昏昏沉沉，伸手抱我：「寶貝，過來這裡。」

我滾下我的小床，來到他的架子。

T在我頭上呼出他早上的氣息，然後緊閉雙唇，再盡情地親吻我。

「我們來做鬆餅吧！」我說。

他同意，但他的回應不像我想要的那樣有活力。

他從門後抓了一條毛巾，走向淋浴間。我套上我的家居袍，拉開百葉窗，陽光灑向T上次去哥倫比亞路花市買回來的龜背芋。我往臉上噴灑玫瑰化妝水，挖掉眼角的結塊，感受到床墊在我腳下彈動。在廚房，我苦惱不知T會想聽哪個podcast，在茶壺水滾的時候，舀了咖啡粉到法式濾壓壺。

T踮著腳走進來，腰上貼身纏著毛巾，我感覺到他對我缺乏進展有點不耐煩。「嗨，嗨。」我說，拍拍他的肩膀，熱切提升心情。

「咖啡？」

「呃……現在還不要。」他小心翼翼撫摸我的背，然後離開去穿衣服。

我拿出一個大碗，仔細琢磨。如果要做健康鬆餅，我得參考食譜，或是我可以如同單車教我的那樣，即興創作傳統鬆餅（一杯麵粉、一杯牛奶、一些油、一顆雞蛋、一些檸檬汁、些許糖、泡打粉及一撮鹽）。等T回來，我問他比較喜歡哪一個。他檢視了爐子和水槽，壓壓咖啡壺，卻沒有回答。當我再次問他，他用社工般的語氣告訴我，兩種鬆餅都可以。

「那麼就傳統式。」我轉身，打開冰箱。我一邊拿出材料一邊說：「你要不要切一些水果，煎煎這份培根？」

「好。」他簡短地回答。

我把溼性材料放在流理臺，再找出乾性材料。「或許我們可以加一些亞麻籽粉，就為了——你知道的——健康。」

Ｔ在砧板前就定位，我從他身後抱著他，他拍拍我的手。

「你要喝水嗎？」我伸手到水龍頭。

「還好。」這一次是加拿大人非常典型的隨意結語。

「你心情不好嗎？」我問。

「沒有。」他轉向我。「但妳對於今天早上要怎麼過，有某種形象、某種想法，而妳在試著……」他望向窗外，「……強迫我加入。」

我爽朗的行為瓦解了，我的額頭抵著櫥櫃的門。「我想要跟你一起做早餐。」

他放下剛在切的奇異果，急急表達看法。「這就是我的意思，妳對我們抱持這種憧憬，一起快樂地做早餐，這——」

「這有什麼不對？」

「妳不高興，對我失望，因為我無法達到妳的憧憬。」

我的聲音尖銳。「想跟男朋友一起做早餐，怎麼會是憧憬？」

他提醒我，他不算是吃早餐的類型。

「那麼你比較想做什麼？」這句話聽起來像是盤問。

他說他不知道。

我洩氣不已。「我只是想跟你有個美好的星期天早晨。」

他說我給了他太多力量，他不想要對我的感情擁有這樣的控制力。

我告訴他，我不知道如何不受他的心情影響。

他非常輕柔地說：「我不想要妳不一樣，但我認為妳想要不一樣的男人。」

「我不想要不一樣的男人，我只想要你快樂一些。」

「妳想要我不一樣，我是喜怒無常的人。」

「呃，你不想吃這些嗎？」我舉起木杓子，讓麵糊再次落回碗中。

「聽著，我會做早餐，但妳不能指揮我的感覺。」

我的心臟沉沉掛在肋骨間，肩膀因為重量而縮攏。我嘆氣。我想要指出，我的請求並非不合理。但他看穿我了，我的確有一個跟男朋友一起做早餐的憧憬。我確實期望這將是深情、親密及舒適的早上，而不是生硬冷淡，不是他拒絕咖啡並試圖放棄參與。我想要有個裁判來判定我們誰是對的。等我們吃早餐的時候，我們達成一個含糊不清的同意狀態。我們決定分開過這個下午，我討厭他不想在我身邊的想法，但當他不在我身邊時，圍繞我想法的空間讓我鎮靜下來。

幾小時後，他發簡訊說他想念我，但當我們一起回來，那種溫暖的重聚氣氛一閃而逝。我告訴他報酬遞減法則。「獲得的利潤或好處少於投入的金錢或精力。」

他咯咯笑，說終於了解我的表演是什麼。我們親吻，直到肚子餓極。

在一家土耳其餐廳吃晚餐時，我們爭論稍後是否要做愛，直到爭論本身大於性愛這件事。「這是你之前想要的。」我提醒他。

「妳不能要我遵守我幾個月前說的話，那時是我悲傷的高點。」

只是，等到我們走回到納維德家中，我們已變成「我愛你，而且很抱歉」。而這次的性愛對我是一片淡紫色。

事後他問：「為什麼我們在一起非得要經歷這一切痛苦呢？」

你說呢？我想這麼回答他，但我怪罪自己，然後往下看著「架子」上的他。

T 在凌晨四點離開。他在飛機起飛前，傳簡訊感謝我給了這一次美好的相見。我想要睡到飽，但琵娜過來打掃，因為納維德就要回來了。上星期她來的時候，有見到 T。她把手提袋放在沙發上後，告訴我 T 不適合我。她說她妹妹也曾交往過像他這樣的男人，而現在她四十歲了，那男人離開她，她很傷心，因為永遠沒辦法有孩子了。

我緩緩地點點頭說：「對，很難知道什麼是正確的折衷方案。」然後我問琵娜是否喜歡當母親。

她咯咯笑，說她在兒子三到五歲的時候喜歡，只是他現在已十八歲了。

那天下午，我和山姆一起坐在劇場大廳。

他主要的提醒事項是不要再加支線，而在現有寬度中尋求深度。「妳非常有魅力，所以觀眾會跟著妳到任何地方。但這很危險，因為妳可以為所欲為。」

我用雙手拍拍臉頰。「我知道，我知道——是詛咒也是天賦。」他的率直以前可能會燙傷我，但我現在覺得是耳目一新。

「表演目前很好，但它有著成為絕佳演出的潛力。」當我承認，我淹沒在眾多一時念頭和想法之中時，他說：「全部寫出來，寫下妳需要的每一件事，然後看看這些東西，再開始無情地篩選。」

我問他對於我應該怎麼結束這個作品，有什麼直覺想法？

他想了一下，然後說：「或許是妳的社交貨幣（social currency）——這想法已經擱置太久了。」

「哦，都老了。」

「以及成長。考慮到優先事項的挪移，或許妳願意重新磋商妳已準備將就的事。」

在回家的巴士上，我開始按照山姆的建議為表演寫下結局。

> 公式奏效，我們為每一項物品找到價格。海莉為每一個物品貼上價格標籤，然後告訴我們大家，所有資產的總和。
>
> 海莉：所以這就是這一切的價值所在……我所有資產的價值。這就是答案。
>
> 海莉用標籤槍在她自己身上貼上價格貼紙，然後逐漸發展成撕去她身上包裹的氣泡布。在她掙扎的時候：
>
> 海莉：在我從事這方案的整個過程中，人們一直在問我為什麼要衝進這麼無用、這麼不可能、難以測量和主觀的事？
>
> 我開始這個方案是因為需要錢。
>
> 我有這些物品，想知道它們的價值。
>
> 開始盤點後，我驚恐發現，我投資了這麼多時間和情感，而成果卻是我成了分手專家，帳簿的餘額則是零。
>
> 我現在三十二歲。

我有過八段失敗的感情，還不包括其間大量的一晌貪歡。

我厭倦分手。

我厭倦窮困。

我厭倦購物／販賣／交易。

我的價值在改變，我也意識到它，就廣義文化角度來看，我正開始貶值。

所以，在這次重新校準中，我發現自己已準備協商，為了穩定的愛情和更多金錢，為了反映我目前價值的人生，我願意付出什麼。

但是，要確切找出它，我將需要另一個公式。

那天晚上，我把它唸給席雅聽，緊接是一陣令人不安的停頓。

「我討厭這樣的結局。」我咆哮。「更別提它以一個浮誇的眨眼和呻吟式笑點做結尾，這不是我的信念，這沒有希望。我不想跳上文化浪潮，鼓勵大家順從於一個平淡和功利的感情關係。我不想要自己這樣。」

席雅說：「是，我必須承認，這結局在我聽起來並不真實。」

當我告訴她和T的相會，她問：「海莉，但跟他在一起的感覺如何？」

「與充滿樂趣相反。」

她要我質問自己，為什麼可以忍受這樣痛苦的動力。我們談了又談，最後清楚發現，要把我和T的現況轉變成我想要的那種關係，唯一的方式就是冒險狙擊——真正要求我想要從他身上得到的事，然後靜觀其變。

第15章 瑰色校正值

「憤世嫉俗是唯一能夠把玫瑰顏色眼鏡去色的工具。」

——陶納・杜米沙尼・奇維尼柯[28]

我在清晨六點半起床，努力工作。「庭院出清前男友」的門票在這個月底開賣，這十個星期以來，我一直處於跟這個方案的熱戀情深當中。

米羅幫忙我擬訂了一個資金籌募計畫，並拍攝一段影片招攬潛在的金主。我在芬蘭認識的一名同行，目前在荷蘭主持一家表演場館，他已把這個表演排入場館下一季節目，同時看來我也將在新年帶著這個作品參加多倫多一個藝術節。我和米羅等一下將一起吃披薩，來慶祝這些良好轉機。

第二次的補助金申請成功了，這提供了一大助力，而最奇蹟的是，幾個月前我為一家銀行錄製的作品現在已經播放，而扣除經紀人佣金，買斷酬勞是一萬八千八百六十英鎊。這筆錢一下子就清償了我的卡債，還付清席雅讓我賒欠的費用，讓我得以在未來三個月，辭去我的打工，直到表演期間結束，還能揮霍聘請一支更為強大的團隊。

收到銀行廣告的錢後，我在想是否應該取消募資活動。當我個人有這麼一大筆現金注入時，請求人們出錢支持我的藝術讓我感到內疚。米羅很驚駭我居然打算把個人收入用在自己的事業上，在我試著解釋這是對新事業的投資，是海莉・麥吉的英國擴展業務，他說這想法完全錯了。我已經告訴藝術委員會，我會籌募部分預算，我完全有權這麼做。此外，我懷疑他是無法忍受在花了好幾天拍攝並剪輯我的募資影片，卻只能把它擱置一旁。

不過，準備好群眾募資網頁之後，我還是猶豫要不要啟動它。席雅追問我一堆關於我的自我價值，以及我受限的金錢信念等問題，直到最後，我疲憊不堪又惱怒不已。我告訴她：「沒有人喜歡輕鬆寬裕的藝術家，這會失去合法性。人們喜歡我是因為我勤勞、鬥志十足。」等我們嚴厲批評過許多我一直告訴自己的金錢和個人價值觀故事，而她說服我，這是我強加在自己身上的敘事後，我鼓起自信，在群眾集資活動按下「發布」的按鍵，並開始傳送電子郵件，張貼生動影片邀請大家來贊助。

除此之外，我聽從了山姆的建議，經過幾個緊張忙亂的星期之後，我寫下「我需要的草稿」，達成了六萬字的巨著，我花了六小時才朗讀完。在我們第三場研發週行程中，艾爾森很有耐心地和我保持 Skype 連線，聽我艱苦完成它。

現在，我應該要決定腳本和數學的優先順序，只是當納維德噴灑著古龍水，身著剛整燙好並扣齊鈕釦的襯衫，手拿蛋白質奶昔走進來時，見到的卻是充斥整個客廳的紙張、細繩和絕緣膠帶。我正在為表演製造一個關鍵道具，這樣我就可以藉由它來練習，並了解它將怎麼塑造腳本。

「妳起得真早。」

28 Taona Dumisani Chiveneko，辛巴威的隱世作家，著有《劊子手替代品》系列作品。文中的玫瑰色眼鏡隱喻透過粉色鏡片看東西，會讓事物變美好，有過度樂觀的隱憂。

「我快瘋了。」我大笑。

我啜飲著咖啡，身著家居袍坐在地板上，小心翼翼合攏雙腿。我沒穿內褲，只有鬆垮垮的睡衣短褲。我把短細繩綁到另一條長長繩軸上。「很有創造力。」他說：「我喜歡。」

「是呀，它是——它是我和 T 的交往時間線。」

「哦，我的天。」他瀏覽我在他客廳製造的一團亂。「這是剛開始嗎？」

「我想要在我的表演中，把它拉過舞臺。」

我仔細按照我畫在筆記本上的草圖製作，細繩的每一段手臂長度——我的臂長——代表著我人生中的一年。我接著把每一段等分成十二小段，每一小段代表一個月。我和 T 待在同一城市的時期，以綁在繩軸的白色短繩做記號，垂直懸落。垂懸的繩子愈長，表示我們的性生活愈好。我們保持聯繫但不在同一個城市的時期，則以橘色的絕緣膠帶裹住繩軸代表。沒任何事的時候——我們兩人互不往來的時期——繩軸就光禿禿。

我們兩個月後開始排練，起飛時間不如我想要的充裕。我必須飛快寫完適用九十分鐘演出的腳本；我和潔瑪必須完成公式；我們還得錄製預告片、印製傳單、設計並安排臉書廣告。我沒有領取預算中分配給自己的酬勞，而是選擇盡可能籌措資金來雇用可以節省我的時間並消除壓力的人。我聘請了一位二十一歲年輕人來監督所有社群媒體行銷，以及一家公關公司來撰寫分發新聞稿、招攬試演記者會和評論。我還網羅了平面設計師、舞臺監督，還有燈光和音效的設計師，以及一名可以把我簡陋想法化為美麗的舞臺設計顧問。我的日程簿上安排了三名潛在製作人的面談，所以我可以外包演出這個表演的商業部分。製作人的工作在於監督方案的行政管理層面——簽約、聯絡場館、籌辦巡演、購買保險、管理行銷和宣傳活動。

納維德仍站在門邊，小口小口喝著他的奶昔。「海莉，我一直想跟妳談談妳明年的計畫。」他說話的時候，一邊把腳趾壓進地毯。「我要搬去雷克雅未克。」他說艾絲莉很堅決，而既然她是他所遇到最非凡的女性，他打算明年三月就走。屆時，他們的交往時間就滿一年。「該死，妳知道了嗎？」

我用牙齒拉緊橘色絕緣膠帶，再用雙手衡量長度後剪下。咔嚓一剪，膠帶飄下我光溜溜的腳。納維德看著我，等候回應。

「好，哇。」我說：「大改變。」我幾乎沒感覺到這件事的衝擊。現在才八月，三月還好久，而且我太專注在手邊的差事，無法相信他的舉動對我會有什麼重大意義。

納維德點點頭。「好，我是這麼想的。最理想是T過來，你們兩人就住這裡。妳的房間可以做為客房，或是如果需要現金，可以加入Airbnb。」

「這樣很理想。」我說，擺弄黏在錯誤月分的膠布。

納維德問，目前和T有什麼計畫?

我弄平這段難纏的膠帶，一邊告訴他，我不知道。「因為記者工作的關係，T很難早早就提前做計畫。」

「不好，你們需要有計畫。」

我發出喉音，脖子往後倒，頭靠在身後的扶手椅坐墊上。「我知道。」我逃避了要確實向T要求我想要的東西、直接狙擊的計畫。改而讓自己沉浸在方案裡。

納維德擦擦嘴。

「聽著。」我舉起繩子。「我已經認識他快四年了。」

「這就是人們永遠不能回頭的原因。」他心照不宣地搖搖頭。「我告訴過妳，事情結束必定有其理由。」

「我知道！」我大喊：「要是我有聽我的愛情大師的話就好了。」

納維德對我舉起奶昔，呼嚕喝完它，然後把塑膠杯扔進水槽。「那麼，我不應該指望他會搬來這裡跟妳一起生活。」

「對。」

納維德在客廳門邊徘徊了一下，才穿上他亮晶晶的鞋子。「我以為他打算申請英國護照？」

我聳聳肩，繼續把「性生活更好」的細繩綁到第三年。

「當妳知道，妳就是知道了。這些事情應該是很容易的決定。」他把筆電袋甩過肩膀。「再見。」他出門去了。

我花了一些力氣起身，右腳麻了，我略為一瘸一拐地走去把繩子掛在那盞昂貴的燈具和門框上。接近四年愈發美好的性愛生活，其間點綴著電話時間及一段段的沉默。或者，更好的解讀方式是，四年的電話時間或是完全不談話，其中點綴著逐漸改善的性愛。這仍是我最喜歡的性愛，我還沒厭倦。

後來法艾打電話告訴我，她和盧烏要出門十天。她流產後再度懷孕，只是在三週後又流產。因為必須為他們所承受的壓力採取行動，他們要去聖托里尼進行她稱為「自我導向的生育靜修」。她想知道我能不能去住他們家，幫忙照顧約翰路易斯及澆花。

「樂意之至。」我說

掛上電話後，我打給T，告訴他我要去法艾家住十天，以及他應該來倫敦。

他聲音疲累地道歉，遺憾他目前抽不出這些時間和金錢，然後問我最近如何。

我告訴他，我已經開始在製作表演道具。「寶貝，妳聽起來像在生我的氣。」

我解釋說，我剛為我們所有的錯誤開始和沉默時期，製作了一個時間線。「我擔心這模式永遠不會改變。」

T擠出笑聲。「我想如果妳別花那麼多時間在某一個我，以及我們不復存在的關係上，妳會比較喜歡我。」

我承認，重提舊傷口並不好。

「還有。」他說：「這難道不是『庭院出清前男友』嗎？如果我們仍在一起，為什麼我會出現在演出中？」

我不知道怎麼做出合理解釋，但就是覺得這麼做很合適。我這樣回答：「在我展開這方案的時候，我們分手了。」以及，「我只提到我們雙貼騎你的單車，然後在機場道別之前的交往關係。」

他嘆氣，說大家都會知道這指的是他。

我向他保證，我已改變了可辨識的細節，而且是用收到的東西來稱呼前男友。

「讓我們淪為物品？真可愛。」

這撫慰了我。「你才可愛。」我們縱容自己不斷接應「不，你才可愛」一陣子。

「我愛妳，海莉。」他輕聲說道。

「T，我知道。我也知道我為過去的事情緒激動很惹人厭，但我不知道在我們沒有計畫未來的情況下，要怎麼不去想著過去。」

他的語調出現一種苦惱的尖銳感。他說，他目前的工作有太多未知數。「我知道我沒辦法永遠長距離戀愛下去。」

我逼問他，他什麼時候會有更多的工作資訊。他不確定。

我問說治療狀況如何。

結果發現，他已經有好幾個月負擔不起療程。

他問我是否考慮刪除他在演出中的情節。「不。」

「海莉，但妳必須刪減四個半小時的素材。當然有一些前任會被放在砧板上。」

「不，他們不會，而你更是絕對不會。你是我的——你是——」

「我不想成為這作品裡的壞蛋。」

「你沒有！你是這場演出的心臟。」

他突然哭了出來。

然後我在五千五百三十四公里外安慰他，聲明我的人生受惠於他的地方。我告訴他，他教會我如何好好面對批評。我告訴他，我愛他戳破我的道貌岸然。我告訴他，兩人的性愛比我所知道的任何事都要美好。我告訴他，我的約會對象從不曾像這樣讓我不管結果如何，都想要永遠相交，而且我重視他的意見更勝於其他任何人。我說：「如果最後行不通，我真的希望在我們六十多歲時，還是好朋友，可以笑談過去曾嘗試交往的歲月。」

他說，他不想當我的朋友；他想跟我在一起。他說他很抱歉；他只是很害怕觀眾會討厭他，要我離去。他說，他會思考我們可以怎樣計畫未來。他沒有說他會來這裡待十天，但我掛上電話時，感覺跟他更親密了。

今天早上醒來，我接到克朗奇區健康商店那位占星術家的每月電子報，其中全在談論土星回歸。土星回歸是一種占星學現象，是土星在你的人生中首次回到你出生時的同一位置。它發生在二十七到三十一歲之間，這是土星繞行太陽一圈的時間。占星家認為這是人的生命中的強大時期：是靈魂的成人禮，是回歸到真實自我，做出重大改變的一個時刻。

我在跟背包約會的期間，進入了土星回歸，只是我當時並不知道此事。在打字機之後，我想找個愛慕和痴迷我的人。我從背包身上得到了，卻沒辦法對他給予同樣付出。我們認識的時候，他已從職業袋棍球球員的生涯退休幾年，現在改在一家時髦餐廳擔任副廚師長。他的室友在這裡擔任餐桌服務員，恰好也是跟我一起去上戲劇學校的演員。他們過來看我表演我一個演出片段，那是關於一個浪漫表現：我做這一切都是為你。背包愛上了我的舞臺形象；我愛上他的帥氣外表，以及他對於我的才華所展現的欽佩之情。在遊戲中待得夠久，對於過去會惹毛你的事，現在都可以應付自如。

背包享有一個毫無瑕疵的生活。確實，我甚至不認為他長過痘痘，或經歷過難堪的體型。他的肌膚光滑細膩，濃密的頭髮從未一邊翹起，或是蓬鬆如雛鳥，他總是保持推剪到頭頂的精簡短髮。我會躺在床上，描過那道清晰分明的髮線，從他的太陽穴，越過耳朵，一路經過頸背。他如希臘雕像般的身材總是散發著肥皂般的氣味。他不費吹灰之力，就成了從客觀角度來說，我所交往過最為美麗的男人。他也是我所認識的人中，最常照鏡子的人。

背包給了我所經歷過最為強力的浪漫開端。我們第一次接吻是在別人家的派對，兩人身體在儲藏室來回碰撞，氣喘吁吁在工業綠的地毯上交纏。我掉了一個珍珠耳環，這是我爸爸送給我的十六歲生日禮物——可以記為附帶損害——在我們不顧一切的狂亂行動中，我的皮膚撞上某個巨大金屬，得到比我們十一個月交往關係還持久的瘀傷。回到我的住處，我們脫到只剩內衣，大口吃著黑巧克力，互相擊打，整段時光都開心大笑。事後想想，那場性事本身倒是頗愚蠢的。他在我醒來前就離開去工作。我的書桌上留著一張紙條，寫著：我喜歡妳，下方留著他的電話號碼。

那天晚上，我跟背包坐在一家衣索比亞餐廳的地下室，準備觀賞一場實驗性的戲劇表演，此時一個和我年齡相仿的女性拍拍我的肩膀，問我是不是海莉·麥吉。對於被人認出來，讓我受寵若驚；而背包跟著敘說我是個了不起的藝術家，更是讓快樂加倍。不過，她探問我卻不是以我原本預期的理由。

「妳跟打字機交往過嗎？」她像是在懇求我。當我試探性地告訴她，我的確有，一陣反胃感在我肚子裡翻攪。打字機剛甩了她，她是他在耶誕節前採取行動的對象，現在已過了五個月。

我告訴她，我很遺憾，並提議找時間喝個咖啡，再談談他。
她說她很樂意。「發生的這些事真的讓我非常難受。」

我從眼角餘光見到，背包的下巴抽動，像在勉強隱忍，所以我收回了提議。我道歉並告訴她，我應該在提議前再多想想的。「別在意。」她說，然後返回她的座位。燈光暗了下來，我轉向背包，手伸向他線條鮮明的大腿，他的手放在我的手上，捏了一下。

我們在一起的前三個星期，處於一種性欲隨時啟動的全面爆發攻擊。我太過緊張不安而吃不下飯，太好色而睡不著。我當時正參與《凡尼亞舅舅》的製作，我把對背包的所有渴望，傾注到桑雅對阿斯托夫的情感之中。

我迅速消瘦下去，舞臺監督只得改小我的裙子。我細數一個又一個小時，直到我們不眠的夜晚到來。所以這就是相思病，我心想。

一個星期天晚上，在他結束早午餐的值班，而我已喝過一杯馬丁尼後，他進來我家廚房，把我推靠向冰箱，扯掉我的短褲，為我口交。我扭動身子，看著寫著詩作的磁鐵飛到地板上。

他說：「妳身上有一種野性，我愛它，而它也讓我恐慌。」

不管我織出的網是怎樣的形象，都已完全困住他。我開始為自己賺的錢比他多而感到內疚，甚至是羞愧。從戲劇學校畢業後，我一直緩慢穩定地辛勤工作，而這終於有了回報。但他只靠著廚師薪水勉強度日，又決心毫無怨言地支付餐飲業會費。他的袋棍球職業生涯因為前十字韌帶撕裂戛然而止。他向我解釋，袋棍球是「非核心」運動，收入很淒慘。儘管他很幸運，曾拿到幾份贊助合約——他擔心這比較不是因為他的能力，而是跟他的外表比較有關——只是當時賺到的錢早已用完。他是獨生子，從不知道爸爸是誰，而他媽媽在他十二歲時，就跟她女友在一起。他媽媽喜歡玩角子機，他有時會借錢給她。他轉向另一個沒有安全網的不穩定產業，這件事讓我覺得異常性感。

交往三個星期過後，我借他錢付房租，然後就去外地演出。我們在一起的四十九個星期中，我有三十一個星期出城工作，這表示我們百分之六十三的關係屬於遠距離戀愛。

他堅持我在失眠時就打給他。「叫醒我，我會跟妳在一起。」

我確實打了。我對他說：「我想要每天跟你通電話，我需要。」

而他說：「我需要每天都跟妳說說話，我擔心自己太強勢了。」

分開兩地的星期增加了我們的性欲，但因為我一星期工作六天，而他沒有駕照，很難來安大略鄉間找我。他第一次設法過來時，見到我在火車站等他，他告訴我，他「像電影裡大家下火車的樣子下火車」。

我們的性事如雜技般粗野又狂放不羈，我們兩人都沒有注視對方眼睛，而是完全沉浸在自己的身體感官。那天晚上，我們躺在地板上，我的住處因為通風不良而充斥孢子，他被誘發了氣喘，我們熱烈而絕望地第一次互表愛意，我們的手拍擊彼此的裸身。急迫萬分抱住對方，就這樣緊緊依偎一整晚，寧可被一起封住，也不要在睡夢中鬆開身子。一首名為〈為你著迷〉的歌曲成了我們的聖歌。

在下一次他應該過來的時候，他因為前一晚跟同事外出，而沒趕上早上的火車，然後又拒絕道歉。不過他找到了共乘，在我晚間表演過後，為我準備了三道菜的餐點。但他對我低頭時，卻是他溼潤的雙唇讓我立刻原諒他。

後來他的公寓出現臭蟲，而室友簽下了一個電視影集，要去南非拍攝六個月。他在預算內看了二十多間公寓，卻發現它們全是垃圾。

「你應該搬過來跟我住。」我開玩笑地說道，但是後來我們兩人都變得非常認真。「的確，搬過來跟我住。」

「真的嗎？」他問，捂住嘴巴。

想到他每天都待在我的空間，就讓我的胯下灼熱。「對，我們不會有問題的吧？我想我們不會有問題的。」

「我也認為我們沒問題。我想要。」他說：「這太快了，但感覺跟妳在一起很對。」

我們認同可能發生的最糟狀況也不過就是他搬出去。我從外地回家的那天，他帶著他的電視出現了，還帶來兩盒裝滿各式各樣蛋白質奶昔的道具，幾張被我否決貼上牆壁的運動員海報，四個超大型行李箱及三個小行李箱。我的哈洛姑媽曾給了我一個鳥眼楓木斗櫃，現在留給他用，這是她庭院出清會的戰利品之一，但即使這樣還是裝不下他所有衣服，我們還得為他所有鞋類買兩個鞋架。

技術上來說，背包在我的公寓和我「同居」了三十六週，但事實上，其中我總共只在多倫多待了十五週。其他時間我因各種方案到外地工作，過著加拿大現場戲劇演員的人生。其餘二十一週，他以他的重物、一罐罐的花生醬和食譜，隨意使用了這地方。

同居讓我的財務遭到打擊，我跟他分攤租金，而不是在我到外地時整個分租給別人。這金錢上損失（每星期一〇三點八五加元乘以二十一週等於兩千一百八十點八五加元）對於我們同居新生活似乎是個適當的犧牲。然而，我比較不願接受我們的性關係草草收場。我仍然想要它，但是之前和打字機及單車的交往狀況再次重現，他變得愈來愈沒有興趣及抗拒。只是不像單車及打字機，其他方面他仍保持浪漫及深情；他只是不想裸體。我心想，我到底有什麼地方讓人避而遠之？是我的陰唇、小咪咪，還是我的臉蛋？我的策略——哀號對自己身體沒有不安全感，進而要求性愛——證明是無效協商。他變得冷淡安靜，我們就這樣一起在公寓住了幾星期，直到我再度到外地，這次是去英國。

我們的通信很甜美，但完全沒有先前分開時那種情色感覺。從海外返家後，我希望我的小別能激起他的欲望，但我們的性生活完全是費力且焦慮的。他會在沙發上抱著我，卻不想親熱，如果我伸向他的下體，他就會拍掉我的手。大約這個時候，我有望取得一個演出角色，而它將帶我離開多倫多整整六個月。在一個業界派對中，背包聽到我告訴該公司的藝術總監，我甚至願意放棄我的指甲以求被選中，他當晚都沒再跟我說話。那天晚上在床上時，他承認他一直希望我不會得到那個工作。經過幾次複試試演後，我真的拿到那個工作了。幾星期過後，我再度離開。

在法國的巡迴演出中，一名舞者向我求愛。他是葉門人，冒著入獄的風險，參加這個納入以色列藝術家的藝術節。一個人為了他的藝術冒著如此大的危險，我喜歡這樣的人給予我的關注。（歐利說我是替身式冒險。）我讓他在我們的最後一晚親吻我，把他的堅挺壓進我的連褲襪，他告訴我他會來加拿大找我。當時我剛滿二十七歲。

在藝術節的早餐時，我和一名快六十歲的西班牙翻譯閒聊，她有過多次不同的長期交往關係。她告訴我，如果她知道自己快死了，只會想結婚，這樣才能把所有的錢都留給伴侶。一名活潑的六十歲以色列女演員插話：「戀愛是上面的櫻桃，而不是蛋糕。我已經有了蛋糕——我的生活完全屬於我，我從不做虛假的妥協。」我承認，我和現在男朋友在一起很痛苦，但也厭倦了分手。我想要知道，它什麼時候能成功。

而這就是我們旅行的原因，發現自己在一個有著新鮮法式長棍和果醬的早餐上，加入意想不到的對話；然後回家時，帶著對美好生活樣貌已有重大改變的思維。在這種情況下，我回到家後發現整個地方散發出骯髒健身提袋及變質走味花生醬的味道，甚至連洗碗皂都沒了。

我對此惱火。「我補貼你的生活，而你卻沒辦法換上肥皂。」

他說：「也很高興見妳。」

我敷衍地收回話，並搪塞自己的古怪是因為經前症候群。但他已變得冷酷和沉默，拒絕認錯。因為我們很早就互表愛意，我覺得必須留下來為這段關係奮鬥。但是，我想要逃跑，事實上，我想要他搬出我的屋子。隨著我對他的敬意減少，他的臉就從神聖美人的範本，變形成了一個眉頭深鎖的不對稱水坑，顯得模糊而疏遠。我們一起看電視時，他會抱著我親吻我，卻沒有肉欲或性方面的親暱。充其量，這就像一對中年伴侶，疲倦到無法做愛，但享受彼此的陪伴；而最壞的情況下是求歡被拒。隨著性生活枯竭到一無所有，我們的爭吵就增加到幾乎不曾間斷。

他總是有藉口：太累、沒心情、餐廳的事讓他分心。如果我逼迫，他就會挑起爭吵。當我跟他討價還價，建議說如果他沒心情，為何不就直接讓我爽就好，他會拒絕，表示這不均衡也不「對」。然後，我就熄火了，而身體暴露得像是好色、無法饜足、猥褻的性變態。隨著躺在他身邊的無眠夜晚愈來愈多，我的性挫折也增高，沒有足夠的信心讓自己高潮。

所以在法國和葉門舞者的情事過後，我沒有任何對此事避而不談的道德疑慮。我認為，如果背包不想要我，那我就去任何想要我的地方。

現在回想起來，我不解自己為什麼隱瞞了那件事？我試圖維護什麼尊嚴？我是試著保護一個無過失、無違規、無犯規的紀錄嗎？我想要這次分手完全是他的錯，我想要他承擔我們關係消逝的所有罪過，我對於自己的做法不覺得內疚。我現在對自己當時的行為仍有疑慮，就是在我留下及偽裝之餘，我還致力讓它成功。事實上，我當時並不想留在同一個地方，我的職業才是我的愛，我知道自己不想再交男朋友。我不願承認這些事實，只是避開困難的對話，暗示他的缺點是我們關係結束的唯一理由。

經過一個月的無性生活，我嘗試在一個早上挑起欲火，而他翻身不理。我心中升現一道冷意，我不假思索，身體很有效率地動了起來。我下床，收集他的蛋白質奶昔配備、食譜、專用油和專業刀具，然後把它們像士兵一樣排在廚房流理臺。我拿出冰箱裡的廉價花生醬，桌上的泰式是拉差辣椒醬，一起加入大軍。我把他放在水槽裡的新奇麋鹿馬克杯洗乾淨，等著它乾時，我搜尋廚房中可還有他散落的東西。我從冷凍櫃搬出他的冷凍肋骨、豌豆、肌肉痠痛時用的冰敷袋。我動也不動地站著，屏住呼吸，但完全沒聽到他有動作。我從可重複使用的購物袋中，拿出最不喜歡的一個，不讓它發出沙沙聲，一個一個把食物大軍放入袋中。現在又是我的地盤了，我清理廚房，用指甲摳掉盤子上變硬的酪梨和紫甘藍碎屑，擦拭桌子、流理臺、冰箱側板、爐面。我打開窗戶，讓新鮮空氣進來。他沒有動靜。不知道時間過了多久，我冷靜地回到臥室。他現在醒了，就躺在床上，盯著天花板。我脫下睡衣，換上衣物，甚至還穿上一雙慢跑鞋。

我已武裝好，做好準備，我對他說：「我已打包好你的東西，你不能再住在這裡。」

他點點頭，說他了解了。

悄然無聲中，他穿好衣服，我幫忙把他的衣物和鞋子裝進行李箱。

他一度開口問道：「這樣做對嗎？」

我說：「對。」

他一一按壓了他的指關節，然後告訴我，我是他的一半人生。

他不到一小時就離去了。

我認為一個人的求歡只能被拒絕這麼多次，然後他們的欲望就會消失。或許，在一個更為穩定、成熟和意氣相投的伴侶關係中，可能會被重新點燃，但儘管背包告訴我，在分手一年後他仍然愛著我，我卻沒興趣讓它復燃。

我喜歡在我不接受他時，他仍然把我當偶像崇拜，這讓我感覺有了回報。

他的美感和無與倫比的俊俏外表仍讓我膽怯，在打起精神採訪背包時，我緊張不已。在我們Skype時，他告訴我的第一件事是，分手的幾年後，他做了一個夢，夢到他在一家機構下車，而我剛好是那家機構的院長，他多年來曾經交往的各個女性也在這裡工作。在夢中，我把他叫進辦公室，告訴他我們需要截掉他的雙腳。當背包把這個夢告訴他的治療師時，治療師想知道背包最看重自己身上哪個部位。順理成章，背包回答：「我的腳。」

「就是這樣。」背包大笑。「這就是我對於愛情成本的解釋。」

我們談到那個背包本身。他提醒我，我們認識時，我用的是一個從高中就一直使用的骯髒黃背包，它的縫線都掉了，整個破破爛爛。我告訴他，他給我的這個背包也被我用到磨損老舊。

「妳真是物盡其用。」他說。

「我要讓我的錢花得有價值。」我回答，我們笑了一會兒。當我們談到他搬出去的那一天，他哽咽難言。「知道嗎，當我看電影時，其實是看《夜行動物》——」

「是，我看過那部電影。」我說。

「妳記得傑克·葛倫霍在裡面談論愛情的臺詞嗎？」

我不記得。「他說了什麼？」

「他說：『愛情很珍貴』——」他語不成聲，然後他吞嚥了一下。「『你必須小心翼翼對待它，因為永遠不知道什麼時候會再得到它。』而我不知道，我不知道，我就是——我——當我回想起那一天，那就像，我記得後來我的感覺是這樣：『為什麼我沒明確表態？為什麼我就是順著照辦？為什麼我沒努力爭取？』我真希望當時我有說出心裡的話，不管是不是要繼續在一起，至少我們可以談談彼此間發生了什麼事。」

「我認為……當我覺得你不想再跟我上床，我開始關閉，或說築起了一道海莉之柏林圍牆。這扼殺了我心中的某個東西，而一旦它死去……」我懷著歉意聳聳肩。

他拍拍他的鎖骨。「妳知道當我們為性事爭吵，我——我現在仍然很難談論自己的情緒，但當時更是難上百分之一千倍。所以，對我來說，表達愛情的一個重要方式是透過身體。而我很不高興妳一直到外地……我想我感覺到妳就要離開我，所以為了保護自己，我的身體撤離了。但是，呃——」

「以這種方式保護自己，真是極端，但——」我開口說道。

「就是——抱歉——等等。當初妳問我是否要妳，妳對我是否還有吸引力時，最瞎的事是，我是深受妳的吸引，我幻想著妳，而我想要說：『不，不是那樣，我——我好愛妳。』但是，我——我當時無法解釋，然後，對……」他閉上眼睛，做了鬼臉。

我想要說些關於承擔責任的事，卻只是說：「而我把你的行動和沉默解釋成完全不同的事——把它歸因為我的吸引力。呃，真是太糟了。」

他抬起下巴。「沒錯。」

結束通訊後，我一次又一次聆聽這次對話的錄音，思索兩人對於這次分手的不平衡反應。我一陣戰慄，心想一個共同參與的事件怎麼會引發出如此分歧的回應。

分手後，我認定我們兩人之間畢竟不是愛情，只是令人目眩的性欲。但我現在看得出來，對他而言是愛情。我痛恨這種不平等愛情的存在。因為，如果真有這樣的配置，很有可能我以為我愛得比他們愛我多一些些的人，或許我是愛得多很多。或是，我愛他們，而他們根本不愛我？和T剛開始交往時，我曾經跟席雅宣稱：「得不到回應的愛情不是真的愛情。」我說：「愛情是存在於兩人之間互相回應的感覺，渴望一個沒有同樣感覺的人，其實並不是愛情。」

她的回答是：「海莉，這個觀點抹黑了有史以來一些最為優秀的詩歌、音樂、文學和藝術。」

「對。」我說，兩人都爆出笑聲。而這讓我突然想到，我不想承認我可能會愛上一個並不愛我的人，我不希望會有這種可能。

「數字七沒種。」我說。

「什麼？」

我招待潔瑪來芬斯伯利公園一家咖啡館吃早餐，我們原本要在我的住處碰面，結果發現納維德這星期有幾天要在家工作；而我的房間用來進行工作討論又太擠，電視也太讓人分心了。

我告訴潔瑪，我是在podcast上聽到這說法。「七是一個不冷不熱、愛好逃避的數字。有些商業大亨如是說。八、九、十明顯是積極的，而六以下——顯然是不好的。但是七盤旋在優柔寡斷和彬彬有禮之間的無人地帶，如果我們清除七，就得到強大的選擇。」

潔瑪認同。「我們絕對想要進行強大的數學。」

我們決定數字七必須從我們的質性資料中剔除。這表示，任何以一到十等級的評等，都不能拿到七。試算表中任何為七的部分，我必須選擇六或八。

潔瑪也想要討論別的問題。她為公式寫了一個非常短卻很基本的表達式，以抵消我的懷舊程度對數字的影響。它評估分手到我填寫試算表時所經過的時間，以及如果適用，還加上和前任訪談後到填寫試算表時所經過的時間。

她這樣做很正確，採訪過我的前任之後，我會偷偷打開試算表，增加他們的分數。尤其是在跟背包談過，從他的角度了解到分手過程之後。

我們把新的表達式命名為「瑰色校正值」。

但是潔瑪的觀點讓我不知所措，因為我沒有採訪完所有八位前任，而進行過的對話對我的評估造成不公平的影響。我丟出一個爭議想法，或許我們應該請我的前任來填寫他們自己的試算表，對此，我們爭論前任的感情是否應該列為公式的因素。我們決定不要。庭院出清的起源是讓船主在漫長旅程後，有管道可以處理一些無主貨物，而以它的歷史精神來說，制度應該按原樣保持。

「我是船主，我的前任則是前乘客。我所擁有的物品就是他們結束跟我的漫長旅程後，所留下來的貨物。」

「沒錯。」潔瑪說：「這表示物品的價格應該由妳這位船主和大眾之間來決定，價格不再跟妳的『前乘客』有關。」

不過，當我指出，我施加在某些前任的痛苦至今仍縈繞我的心頭時，我和潔瑪發明了「我做了壞屎」外卡，來負責處理結束關係後可能仍背負許久的罪惡感、羞愧和懊悔。例如，是否仍對說謊、從未坦白以及把一切都怪到前任身上而感到過意不去。

這個外卡是「臭大便上門」的反面，以一到十分等級來體現當我做這件壞事所擁有的樂趣（六分），抽身的順利程度（十分），道歉的妥善程度（一分）減掉他忽視的紅旗警戒（八分）；報酬遞減法則也加入其中，其中的X等於我做壞事的次數（二十）乘以我做這壞行為占關係的百分比（百分之六十）。

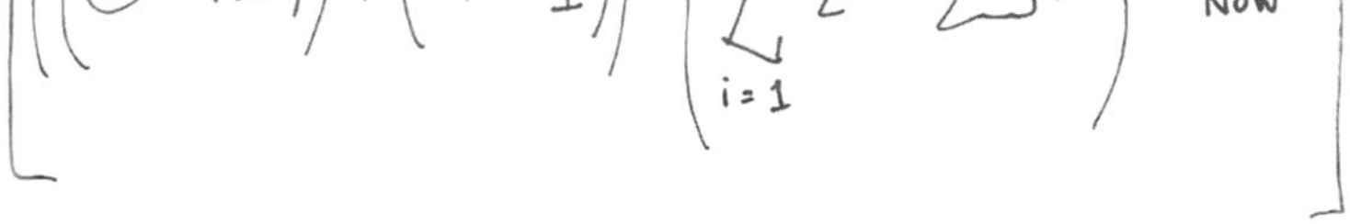

「我做了壞屎」外卡

在我從園地步道遊覽回家的途中，我打給歐利。他已經強迫自己使用交友app，但每見一個新對象，他就會想：「我對前任的感覺不是這樣，那這有何意義？」

「歐利！你需要瑰色校正值。你現在是透過玫瑰顏色眼鏡看著過去。」

他說他的前任現在看待他是透過一團該死的模糊。講了二十分鐘這個老故事後，歐利告訴我，他獲邀前往新加坡的一所大學教書。

「這太棒了！」我驚嘆，同時往旁邊閃躲騎單車的一家子。

歐利擔心接受這份工作將會搞砸他和前任復合的機會。

我把耳機的麥克風拉近嘴巴，然後說：「哦，我的天，歐利——接受它！」

他說他想要保持門戶開放，或許有萬一的機會。

「沒有比繼續前進的人更有吸引力的了。」

「關係輔導機器人也是這麼說的。」比起聘請律師明確要求的治療師，他更快採取的是寫信到忠告性質podcast並進行網路問答。當我質問他為什麼抗拒治療，他告訴我，治療根本是敲詐。「他們把你帶到地下室，找尋地基裂縫，搜尋發霉及漏水的地方，接下來你就會發現，房子只剩下骨架，要花上好幾年才能重建。」

「但是從頭開始，重新設計整個房子是非常值得的。」

他說，他真的只想要重新粉刷、深度清潔和加一些新窗簾。他告訴我，他不像我，他想要去生活，去實際做事。不是每個人都想存在於元空間，不斷剖析自己的經歷。

「哦，如果你想成為實幹家。」我帶著防衛語氣說道，現在我已走到納維德公寓外頭。「那麼你就應該接受新加坡的工作。」

那天晚上後來，我收到潔瑪的電子郵件，她寄來概括公式草稿的更新版。她指出，她將會更深入解釋為何把ＲＩ除以一千，但大致來說，它跟調和價格有關。

我縱情享受在法艾家的十天時光。我以我的演出草稿接管了她的餐桌，在後花園錄製籌資影片，並招待米羅早午餐。他一副只談公事的口吻，討論贊助業務的訣竅，以及對於表演的燈光設計想法，直到準備離去的途中，他脫口說出一堆混亂的一夜情。我推測這是為了讓我嫉妒，而這樣推測只放大了米羅的缺點。我突然察覺到，我們已達到噁點。

那天晚上，我和哥哥說話時，約翰路易斯躺在我的肚子上。奇安從未主動要求通話，但今天他堅決說要談談。就像背包，夢境也會讓他不安。

奇安從極富盛名的商學院畢業後，就從一個「金手銬[29]」工作換到另一個，他的收入豐厚，但個人時間的自由權卻微乎其微。搬到溫哥華是為了讓他離山近一點，這樣他就可以從事喜愛的嗜好，但他卻悲慘依舊。

DRAFT 2

$$\text{COST OF } \heartsuit = MV \times \left[1 + \frac{NI - t}{t}\right] \times \left[1 + \frac{RI}{1000}\right] \times RTC \times WC$$

圖例：

Cost of ♡：愛情成本
MV：市場價格
NI：敘事影響
t：時間投資
RI：關係指數
RTC：瑰色校正值
WC：外卡

二稿

在那個夢中，他沿著樹林裡的小徑行走，地點大概是在我們小時候去划獨木舟露營的芳堤娜郡，放眼四周淨是嶙峋岩石、針葉樹和淡水湖，顯得難以馴服和空曠。他遇到一個標誌，上面寫著他可以在這個地點免費釣魚。所以他停下來，開始收線釣上魚，但他的魚全部腐爛變形。不過，他還是把牠們收集到桶子裡。

在釣魚的時候，他形形色色的朋友、家族成員經過，駐足問他在做什麼。他們指出，他永遠沒辦法吃這些魚。對此，我哥哥說：「對，但我可以在這裡免費釣魚。」

夢醒後，他意識到他每一天都在死去，而不是活著。

我忍住不說。我想要尖叫：「哈利路亞！」最後卻只說：「哇。」

他告訴我，他已經感覺不舒服好一陣子了，但認為這就是成年人會有的感受——許多的不滿。

「那你想做什麼？」我問。

他說，他想要把這一切全炸掉。他有一筆存有六個月生活費的「該死」基金。他的計畫是賣掉車子、辭職，到全世界每個不同地方待一個月，就從加拉巴哥群島開始，他會在此當志工協助拯救瀕危的海鬣蜥。「我想，我只是需要找個會要我扣下扳機的人談談。」

「你一定要，你一定要。扣下扳機，釋放自己。」我講得太激動了，約翰路易斯從我肚子上跌下來。「別再拖延。」我說，重新把狗兒抱起來。

我聆聽他寫下辭職信，預訂班機。見證這一切真讓人興奮。

興奮之餘，我忘了告訴奇安，似乎有個市場可以讓我的物品滋養其他創作。我透過 Gumtree

29 公司為了留住人才而給予股票、津貼或紅利等條件的手段。

收到一個藝術總監的訊息，他在設計一個二〇一三年的電影場景，願意付兩百五十英鎊購買我破破爛爛的 Hershel 丹寧背包。

受到奇安大無畏行動的啟發，不到一星期我就橫渡海洋，和 T 離群索居待在一間小木屋，這在他家鄉的北方，兩者相距幾小時車程。只住三晚，卻花了我好幾百加元，但生命是珍貴的，我不想浪費。T 並不完美，我們所擁有的也不完美，不過它的模樣並沒有假象，而且它屬於我。當然，這是一個可以打造事物的堅實地基。

我們前兩天都花在划獨木舟和做愛。他在這環境中顯得興高采烈，我們兩人間有一股自在的流動。最後一天晚上，我們坐在廚房桌子邊，當對話不可避免地轉向我們的關係，我抓住良機，抽出準備好的筆記本，這樣在我終於直接狙擊時，不會賤賣自己。

我把膝蓋抱向胸前，閉上眼睛，才開口說：「我想要一個處於我生活的伴侶，我想要我們同在一個計畫中，擁有一個兩人都為之努力的展望。我想要一起制定計畫，並執行這個計畫讓它實現。而我希望你也想要這樣。

「我想要坦誠、輕鬆的溝通。我想要的關係是在出現問題時，不會隱藏，不會小心繞過，不會用壁紙掩蓋，而是立即處理，運用真實了解自己及對方內在生活的兩人專業知識，照顧彼此的弱點、傷疤和傷口。

「我想要我們的關係有著溫暖、戲謔和趣味，以一種充滿深情的方式，而非狂亂或狂躁。雖然我當然會想要開玩笑，為對方的想法、愚蠢和陪伴感到高興。

「我想要我們一起大笑。時時如此。感覺像是：『我等不及要告訴 T 這件事，因為他會明白的。』我想要想到你對事情的反應，以及想到你的反應就讓我發笑。我想要記得我們一起創造的笑話，在我們分隔兩地時能大聲嘲笑它們。

「我想要我們可以生動討論藝術，但絕對不要變得針對個人。我想要我們成為善於爭執且迅速復元的專家。

「我想要我們的互動帶有感官性質，在家中交錯時，能夠互相撫觸。

「而且我想要廚房的性感時刻，在我們離開去做別的事時，你撈住我的臀部，拉我入懷親吻。我想要我們一直調情親熱，不只是做為性愛的前戲，而是這保存了浪漫。科學證實，這可以讓情侶更快樂、更有羈絆。當兩人之間的性欲減退，我想要我們可以大笑並談論它，享受重新點燃的樂趣。

「我喜歡我們重視彼此的意見，尊重彼此的想法——當然，我想要保持這樣。但是我想要在我們的本事上，加上在沙發依偎，在客廳跳舞，在婚禮跳舞。我想要跟一個和我一樣愛跳舞的人在一起。我還想要經常的性愛——在我們特大號的床上、在我們的淋浴間、在沙發上、在書房地板，在我的錄音間裡。

「我想要我們住在漢普斯特德荒野公園附近有三個房間的房子裡，一起共度耶誕節——讓它成為我們的時光，而不是讓給家族的節日。我想要我們能夠一起悠閒度假——沐浴在陽光下、看書、吃美食、做愛、散步，探索希臘、義大利和克羅埃西亞……法國……熱門景點。西班牙、葡萄牙、摩洛哥、巴西、西藏。

「我想要我們共處時間跟分開時間一樣多，這樣就不會有衝突。

「我想要一個關係，在此兩人都有所成長、進化，並支持彼此的成長和進化，同時又維持個人生活、朋友和追求。在此，我們讚賞對方的作為；在此，當有悲劇發生，我們相擁支持。我們尋求平衡而不針鋒相對，思考我們的愛情語言，透過行動對彼此慷慨大方。在此，我們共同致力我們的生活。

「人們在我們家會感覺賓至如歸，跟我們相處自在。我們是人們很高興來往的伴侶，因為我們不會在朋友面前解決彼此的爭端，因為我們不需要，因為我們會在問題發生時，以我們的制度立即解決，這樣問題就不會潰爛擴大。而如果在朋友面前的確有了衝突，我們會安心暫且記下，相信我們會稍後處理。

「我們在客廳有L型沙發，還有由你負責的唱機和音響系統。

「狗兒？貓咪？寶寶？這些或許對我們都太重大了——我都抱持著疑慮，但你可以說服我。說服我。

「性愛會加深，我們會一起探索新領域。我們會做些讓人脆弱又害怕的事——目前我們所有經驗都非常平淡無奇——我想要我們的性愛和性行為是我們真正一起從中得到快樂的事。

「哦——金錢。我們會掌握好金錢，我們會在能力範圍內過著豐富生活。我們對金錢將擁有令人羨慕的溝通，我們對於金錢和財務目標，會討論各自的價值觀，以及根深柢固和無用的信念。我們彼此擁有各自的金錢，向我們渴望的生活看齊。

「主要是，我們會良好溝通一切事情，不會壓抑，這樣就會擅長解決我們的爭端。

「還有呢？我們會有愉快的無聲時光。我們會享受做飯和交換餐點的二人時光。我們相愛，但也最愛自己——我們不會有共依存的問題，我們有聯繫並深深滿足。

「這就是我想要的，這就是我有興趣跟你一起打造的東西。」

我從膝蓋處抬起視線，T的手指撫過手中空酒杯的杯緣。

「喔，海莉，這聽起來像是美好人生。」我等著他繼續說下去，但他只是沉默地坐著，摳著指甲。「喔……我——喔。妳把一切全規畫好了。」

「這就是我想要的。」我突然覺得非常疲憊。傾訴完一切後，見到他熱情缺缺，讓我洩氣。我走去躺到沙發上。「好，你說。」

他重新倒酒。「我……我不知道這麼多……這一切聽起來很美好，但我——我看不到我在其中。我想要——我希望我想要這樣，但我看不到。」

我的手覆在額頭，我問他看到了什麼。

他說不知道。

「但你想要什麼？」我鼓勵他：「什麼都可以說。」

「我……我不知道。」他談到我剛提到的事情中，他不想要或不喜歡的部分，像是他比較喜歡上館子，不喜歡作東舉辦晚餐聚會，也不喜歡無所事事懶散度假，而且他說目前的性愛就夠他神魂顛倒的了。

我問他，他喜歡我們的關係有怎麼樣的配置。

他不知道。

「你之前說要申請的英國護照現在狀況如何？」我問：「還有你答應我要來倫敦的那個月呢？如果你永遠不想住在英國，那麼我需要知道。」聽到這句話，T 捏捏眉心。我想要告訴他關於納維德提議我們接收公寓的事，但我反倒問他，是否希望我搬去他居住的四個城市之一。

他說不。

我問他是否希望我跟著他跑遍世界。

他說不。

我提議同時在兩個城市生活，一個在倫敦，另一個由他的選擇。

他看不到這樣的生活。

我尋求折衷方案，提議每年一起住在倫敦三個月，還有三個月在他選擇的城市，而其餘六個月我仍住在倫敦，而他可以去他任何想要去的地方。這給了我們半年相聚時光，但只會離開我們的例行常規三個月。「我願意接受非傳統，不願意處於不穩定的狀態。」

他說這聽起來難以持續。

我失去耐心。「別理會你住的地方了。我不知道你想要什麼，你想要什麼？」我重複這句話好多次，握拳捶向沙發椅背來強調語氣。

他的肩膀垮了下來，頭垂到胸口。「我不知道？我不知道，我需要時間思考。我不知道，我很抱歉。」

「我需要知道。」

「我知道妳需要，我想要給妳具體的說法。我很抱歉我心中沒有文章可以應答，我必須之後再回覆。」

這裡的活力頓時被抽走了，直到舞起「我愛你，對不起」，我們已在親吻。我們像青少年那樣顫抖，試探地讓手指游移在對方身軀，而我的陰唇恥度消散在他的舌頭底下。我高潮了六次，直到我們融化在彼此懷中。隔天早上，我們在當地機構吃了最令人讚嘆的鬆餅，然後我就離開了，很高興沒有失去我所擁有的愛情。我滿懷希望等候一個還價，並熱切地重返我對表演的籌資和準備工作。米羅到機場接我，開車送我回到納維德的公寓。

我帶著說出我想要的一切的明確目的前去，但我現在茫然無措。我要等待 T 的回答多久？

帳簿

愛情	T 知道我想要的是什麼 仍在等著知道 T 想要的是什麼
金錢	廣告旁白 +18,860 英鎊 保險廣告播放 +2,870 英鎊 藝術委員會 +10,710 英鎊 募款 +3,000 英鎊 債務清償完畢！ 挪 4,000 英鎊的配音收入到表演預算 表演預算 29,532 英鎊（希望票房可以彌補不足之處） 銀行存款 8K 英鎊做為未來幾個月生活費 支付席雅 2,176.06 英鎊 (3,770 加元，每次療程 65 加元 x 58 次療程） 為臨時出發去找 T 的行程支付 516 英鎊
職業	貢獻我所有時間和精力給「庭院出清前男友」，仍可接旁白工作 暫停打工
總計	變好？

第16章 今日貨幣

「好的經濟理論必須讓人有機會利用他們的才能來建立生活。」

——穆罕默德・尤努斯[30]

排練在三週後開始。我原本以為我超過籌資目標幾百英鎊，但在支付線上平臺所有費用之後，事實上才剛好達成目標。然而，這仍讓人鬆了一大口氣。排演空間已預約完畢，整個團隊已正式和我的新製作人簽約，我的銀行戶頭充裕，沒有債務。表演傳單正由我了不起的行政助理在市區到處發送當中。米羅製作的影片預告上週推出，已經有兩千次點閱率。門票銷售狀況不佳，我責怪自己沒有更頻繁在社群媒體發文，更加努力建立自己的線上存在感。

把腳本從目前兩個半小時的形式，篩減到「最多九十分鐘」的期間，我每天用氣泡布進行練習，並嘗試背下我有自信不會被刪去的表演片段的臺詞。我在清晨六點鐘起床，搜集所有必需的研究及相關資訊以讓公式運作。設計小組需要最後的腳本，才能開始打造，但只有在公式完成後，我才有辦法遞交。

今天上午我要再次和亞柏特・艾夫瑞特・弗萊會面，然後下午要和潔瑪為公式進行一個概括的收尾工作。

亞柏特問我和T的情況如何。

我告訴他，我著重在和T維持和平，一邊等待他的還價。但當亞柏特瞇起眼睛，我大吼：「我不想談我的感情生活，我要談的是經濟。」

「好。」亞柏特沒怎麼計較。他提起一個關於極端不確定性的理論，我急急開始做筆記。這理論遵循以下路線：為了在生活中採取行動，不會因為凡事其實都有其不確定性而徹底癱瘓，我們告訴自己，自己的行為將影響世界的故事。不是理性評估，而是敘事中的情感投入讓我們獲得信心，得以在一個持續極端不確定的環境中採取行動。然而，當我們得到敘事中如此多的情感投入，便開始忽略警示紅旗，事態便偏離主題。

亞柏特在我的筆記本上畫了一個圖表。「妳會看到跡象，卻將妳對敘事的情感投入與事實隔離，並持續採取日益錯誤的行動，直到妳的敘事成了完全的幻想，然後妳會在情緒上或財務上崩潰——通常是兩者兼具——因為妳一直在進行日益瘋狂的投資。」

「我是那個被哄騙、正在做瘋狂投資的人嗎？T則是過於謹慎，因為恐懼一切可能真的出錯而行動癱瘓的人嗎？」

「我的意思是，我不知道。這只是理論。它主要是和人們花錢及做政治決定的方式有關，但也可以有其他的應用。」亞柏特的南方腔調加重。「而我支持你們。」

後來，在劇場的地下室，我和潔瑪兩人都捧著馥芮白咖啡，我來回踱步，潔瑪則點著頭，聽

30 Muhammad Yunus（一九四〇～）孟加拉銀行家、經濟學家，二〇〇六年諾貝爾和平獎得主。

我吐出一個又一個想法。

「我們得思考一下：深切的羈絆和病態的強制有什麼不同？我們需要說明這個方案讓我付出多少，在財務上，它應該要讓我免於債務，但我已經抽取一個旁白工作的酬勞到演出預算上；另外還有情緒上的代價，它讓我想起寧可忘掉的時刻，以及有一點重新愛上每一個交談過的前任。」

至於我因為挖掘過去及重啟傷口而經歷到的不適和痛苦，潔瑪建議我們增加一個新的數據點，以衡量我處理表演中每一個物品的難易程度。

我同意，迅速寫下這個意見，往水泥牆壁再貼了一張便利貼。

我提醒潔瑪我們仍需要為浪費時間找出臨界點，當她給我看她對此一直設想的公式時，我注意到這是我們早已在公式使用過的一種投資報酬率模式。「我不想再有投資報酬率的基本式子。」我老實說：「我想要美麗的數學。」

潔瑪笑了笑，但我看得出我激怒她了。「我專注在詩歌。」

「太好了。」我恢復和善的語調說道：「妳專注在詩歌。」我搜尋我頁面零散的筆記。「現在，我想要專注在暱稱。我看過一篇文章提到，有研究發現聲稱擁有『非常快樂』關係的人中，百分之七十六的人彼此有暱稱。這已獲研究證實。第一次被人叫做寶貝，幾乎就跟被告知有人愛我一樣美好，但更讓人興奮。」我指著我們物品的繪圖，一一道出：「他叫我寶貝，他叫我寶貝，他沒有給我暱稱，他叫我寶貝，他叫我娃娃，他說過來寶貝，而這是我們整趟行程中最棒的時刻。」

她喝了一口咖啡，我注意到她沒在做筆記。

「我也想處理一下這個數據，就是據說大部分的人在交往七次並親吻過十五人之後，就會找到『命定之人』。十五人？」我表示懷疑，抬頭看著低矮的天花板。「十五人？誰會只親過十五人？」

潔瑪不帶感情地說：「我想我就沒有親過十五人以上。」她迴避我的視線，改而檢視自己馬尾的末梢。

我繼續說：「我在遠距離關係研究中心，做了一些調查，而妳知道嗎？」我翻閱我的筆記本。「研究顯示，儘管許多人這麼想，但遠距離關係的分手機率並不比其他關係大。遠距離關係回報的滿意、親密、信任和承諾就跟傳統關係一樣多。遠距離關係不是一種『壞主意』。因此，我們應該把遠距離交往關係的變數移出公式。」說話當下，我走向投資報酬率的表達式，圈起代表一段關係中遠距離交往比例的符號。

潔瑪說，這很合理，然後開始取出她的午餐，大蒜味道充斥了整個房間。

我告訴她，我一直在思考只因為不存在於我的生活經驗，就沒有被納入公式的所有事項，心想這是不是有排他性還是不負責任。「觀眾並不想了解我的生活，而是想要把自己投射到『庭院出清前男友』，我們必須給他們空間來做。」潔瑪想要插話，但我打斷她。「我們怎麼能追蹤我們愛上我們愛的人的所有理由？所有愛情都只是解藥嗎？這是很糟糕的事嗎？」我聽見自己提問時抬高了音量：「至於讓離婚人士能夠使用這公式，怎麼樣呢？」

「海莉。」潔瑪平靜地說：「如果這公式要給不是妳的人使用，我們就要做重大改變。目前，這套公式都偏向於反映妳的價值體系。如果其他人想要使用它，我們首先必須請他們來填寫關於他們價值觀的某種調查，這樣數據點才能被適當地權衡，而數據點之間的關係才能符合他們的信仰體系。」她補充，在我剛剛提出的想法中，有一些可能已經體現在其他數據點。現在的目標是編輯及改進公式。

「再一些就好！」我在包包中狂亂地翻動，直到找出我昨晚寫的便利貼。「我想要加上：分手過程良好嗎？我們現在仍是朋友嗎？我會想再跟他們上床嗎？」我驚慌緊張地一一唸出我的筆記。「我們需要弄清楚：超過一次的心碎經驗是好處還是障礙？和前任的現今狀態是否抵消了過去感覺到的痛苦？如果每當和新的對象交往只會讓你更想念前任，這會讓你之前收到的T恤更珍貴或是成了負擔嗎？還有你使用物品的頻率呢？你從中得到多少恭維？至於我打算賣出物品的對象呢？這難道不應該用買家收入來相對衡量？因為一萬英鎊對年收入五十萬英鎊的人來說，和對於年收入兩萬英鎊的人來說是大不相同。買家需要感受這項支出的強度！」

潔瑪對我挑挑眉毛。

而我承認：「我知道這太多了，但也還是不夠。」對我永遠不夠，我就像這樣，跟我在一起就要跟這些共處。拍賣官警告。

潔瑪草草地說，把這清單寄給她，她會看看能做什麼。

「這就太棒了。」我說，怯懦地收拾地板上的便利貼。

她重申我必須停止增加因子，這樣我們才能開始簡化公式。

我認同，但我告訴自己，只要我能得到潔瑪的支持，就可以做任何想做的事。

在回家的路上，我心中掙扎，真希望剛才有提到想要有一段測試不同模型的時期。我期望潔瑪能同樣志在追求卓越。但這種失望是我的錯。我接觸到的一切都變成一團亂，儘管我原先的最大努力是保持井然有序。而且，還有其他哪個數學家在事情變得情緒化時，還能了解我並繼續留下來呢？

我在拱門站下了地鐵，爬坡步行當作贖罪苦行。我負著沉重背包，氣喘吁吁，不斷回顧我曾被各個前任踩住影子的情形。

混音專輯說：「妳問太多問題了。」項鍊說：「妳太敏感了。」烏克麗麗說：「小聲一點，妳讓我難為情了。」單車說：「妳擁有我不知道有存在著的情緒，我想要下雲霄飛車。」他也說我「情緒操控」。打字機說：「妳令人筋疲力竭。」背包說：「妳好極端。」珠寶盒說：「我爸爸警告我，這就是不該和女演員交往的原因。」T恤說：「妳總是對我很失望，對妳來說，什麼事情都不夠好。」事實上，他們許多人都說：「對妳來說，什麼事情都不夠好。」而公分母是什麼？我。是我。

為了擺脫在泥坑打滾的誘惑呼喚，我打電話給山姆詢問演出結束後的問與答活動，但最後卻透露自己和潔瑪起了爭執。

他拒絕同情我。「如果妳想要方案完美無缺，那就永遠做不到。」

「山姆。」我怒火中燒。「我想要它好，而且精確有用。我不想做出一個瑣碎無用的爛東西。」

「當然。」他的語氣軟化。「但妳想要完成這個表演嗎？」

我在自殺橋下駐足，車子從我身邊呼嘯而過。牆壁有個塗鴉，我嘗試看懂它。一名拄著枴杖的老婦人，肩膀頂著風，向我走來。

「想。」我最後說道：「當然想，我想，我想，我想。」我發出自嘲的笑聲，然後嘆息。「好，我掛電話了。」

♥

離排演開始只剩下一星期，結束醺醺然的週日下午即興秀後，我跟法艾說再見。她又懷孕了，所以沒有喝酒。現在週數還早，早晨非常不舒服，不過她每天大約還是有三小時的舒服時刻，而這個節目正好在區間。我一個組員不經意地讓我扮演孕婦，我盡力擺脫陳腔濫調。我以異常平穩的情緒扮演這角色，一再讓位給別人，提出要買出現在對話裡的任何東西。我擔心會觸怒法艾，但她說表演很棒。不是我最有趣的作品，但很巧妙。

當她問起T，我看著她避而不談她對T的不喜。她主要想知道的是，我是否真的認為必須支付交往關係中的一切。她說，唯一公平的方式就是採用每個人的薪水，而如果是自由業者就看平均年收入，算出兩人的比例，再按照這個比例分擔每項開銷。

我狂笑。

「我是認真的。」她說。她和她老公就是這麼做。這是他的主意，因為兩人剛在一起時，他的收入遠超過她，他們也繼續實行下去。他在每季季末計算所有花費，通常會給她退款。現在的比率是一比零點七四，她說這是鬼扯，因為英國性別收入差異是每個男性賺一英鎊的話，白人女性賺零點八三英鎊，而有色人種的女性賺得更少，但至少，在她的婚姻中這是合理的。

走回家的路上，我想要留語音備忘錄給潔瑪，指出「交往時誰負擔比較多錢」的數據點也需要考慮性別收入差異，以及關係中雙方收入差異，但擔心會更加惹惱她，我改而錄在自己的語言備忘錄。

我正想打電話給歐利看看他過得怎麼樣時——他接受了新加坡的工作，目前正在墨西哥城獨自旅行，他已開始理解他的離婚狀態，並打算在遠赴重洋前先曬黑——我發現到有幾個推特通知。這很奇怪，因為我沒有使用我的推特帳號。我預期會看到一些急迫的表演預評，卻發現是一連串珠寶盒本人直接發出的訊息。我沒打開訊息，就關上推特，把手機放回外套口袋。

珠寶盒是我勾搭上的對象，他是那種忠於自己真實的性格，而也只在做出承諾後，才會揭露真正個性的那類型。不像其他的前任，我不喜歡珠寶盒。

在背包之後，我眾多的幽會對象從斯洛伐尼亞的電視明星到威爾斯的樹藝家都有——他們全都很風趣，也讓我學會如何保持隨意玩玩的關係。我發現，要避免一時貪歡變成愛上你的關鍵在於，嚴禁一時衝動說出溢美恭維或構思假設性的未來，尤其是在床上。這些話會讓你惹上麻煩；它們創造出一個你們兩人都扮演了角色的共同故事。我變得擅長緊閉嘴巴，卻很想念戀愛的感覺。

在我的土星回歸過後，我已準備找尋命定之人，或至少是下一人，此時，我發現自己來到赫爾辛基的寫作藝術村，構思我第二齣個人秀。珠寶盒是這裡帥氣的藝術家主持人，他是美國人，但已在芬蘭住了幾十年。他帶領我們的劇作家大軍參觀了這個城市，而當晚結束後，我和他約定隔天單獨見面。一次急驟寒流讓城市覆滿冰雪，我們一起蹣跚繞行托倫納提公園。我穿著爺爺的風雪大衣，在兩雙連身褲襪外又穿了毛襪，然後是登山靴。每一次我失去平衡，他就會抓住我。

身為職業陶藝家，他主要為高檔餐廳和飯店製作功能性餐具。他當天說，藝術的目的在於對較廣泛的人類對話，貢獻有意義的東西；或是嘗試如此。我當時並不知道，這將是他對我說過最有價值的事。這為我重新架構了藝術輸出的目的。我期望會有更多像這樣的有用想法出現，但他大部分只是抱怨資本主義。因為工作室的灰塵，使得他經常鼻塞。不過他說，試著保持通暢是沒有意義的：「所有生態系統都會恢復其混亂。」

在這兩星期的藝術村活動後，我前往我聲稱願意放棄指甲也想取得的演出合約另一站——就是背包不希望我拿到的那份工作。結果證明這是個報酬可觀的演出，它就是一直給錢。我們分擔我們之間的行程費用，我在休息的那一週回到赫爾辛基，而珠寶盒到我們排練的一個偏僻城鎮找我，後來又到兩個巡演的地點。然而，我愈是認識珠寶盒，就愈不喜歡他。他侮辱了瓊妮・密契爾的作品，這位加拿大音樂家在我的兒時家鄉有著偶像般的地位。而他的幽默感更是令人髮指。

我錄製了另一則語音備忘錄，準備在更為合適的時刻和潔瑪分享：「如果有人的幽默感不僅不好笑，還是令人目瞪口呆的糟糕，而他卻相信自己很歡鬧，這樣我們可以給予負分嗎？對我這種實際是靠掌握喜劇時機而賺錢的人，他的幽默感加倍令人不快。」

他年長我十八歲，交往幾個月後，他告訴我，他和三十歲不到的順性別女子約會的部分原因是，他仍希望有小孩。不久之後，他又透露他和前伴侶不只在一起十二年，而且是在認識我之前幾個月才剛分手。我很震驚聽到他說兩人分手最初還涉及限制令，顯然在隨後幾個月，他們達成民事條款，但我就是忍不住對他產生一種保護欲。

在我放假那一週前往赫爾辛基的期間，能夠晚起、到處閒逛、恢復活力，讓我非常興奮。在這珍貴的休息之後，我要前往另一個一星期工作六天的八週行程。但是每天上午八點，他會送咖啡到床上叫醒我。我一再要求他讓我睡個夠，他會同意，但隔天他又會拿著他手作馬克杯在我的鼻下傳送 espresso 的咖啡香。這是一種用蝴蝶結小心包裹起來的控制姿態。

早期，我折服在珠寶盒的智慧之下，培養出一種學生和教授式的互動方式，問他問題，等候他回答。不過，我很快就發現自己厭倦他的講課，卻還不知道怎麼為自己建造一個新角色。

我們 Skype 的時候，珠寶盒經常抱怨當其他人過著天時地利好運道的生活時，他卻跌入裂縫，注定會被留下，被人遺忘。

我想說：「以這種態度，這正是你在書寫的未來。」但他剛從來找我的行程中返家，卻發現他深愛的七十歲寵物烏龜病得很嚴重。這隻烏龜和他一起長大，是他的繼承物。在珠寶盒為他的烏龜守夜的那幾星期，每當他打電話來，我愈來愈常發現自己翻白眼。

當巡迴表演在里斯本開幕時，珠寶盒跳上飛機趕過來觀賞。當時我一直在跟歐利爭論，我是否應該告訴珠寶盒我迷上一名劇場技術人員，他更年輕、更有趣也更為結實——身體和形而上兩方面都是。我希望這次見面能平息我的迷戀，提醒我的忠誠對象所在，而不用必須坦承任何事，但我秘密情感的緊張張力讓我頭暈目眩。

在演出後的歡迎會中，珠寶盒遞給我一束花，並吻我吻得超出我喜歡的長久。然後他告訴我，他不懂觀眾為什麼笑，並在表演中重複笑點。對他來說，故事既愚蠢又乏味。我一笑置之，脫口說出我唯一知道的拉丁語：「De gustibus non disputandum (est).」青菜蘿蔔各有所好。珠寶盒對我模仿了摘帽的動作。

晚餐過後，接近午夜時分，我的眼睛就快要閉上。我建議搭計程車回我的分租房間，但他拒絕了，說他需要散散步，不然會消化不良。我隔天有午場和晚場表演，而且非常想放棄四十分鐘的走路行程去睡覺。我建議我搭計程車，他走路。

他以一種低沉的克制語氣說：「妳這樣非常自私，海莉，我在赫爾辛基從沒建議妳自己一個人在夜間散步。」

「我們的表演剛開幕。」我解釋：「你看得出來這有多累人。」

他語氣尖銳：「這就是跟女演員交往的問題，她們把自己放在一切事物的中心。」

放棄，我點點頭。

「如果妳不在乎我的幸福，那花這樣的時間和金錢過來看妳有什麼意義？」他說，這一切開銷讓他本人有破產危險，很可能失去他的房子。

我告訴他，我以為他是從祖母手中繼承房子，徹底擁有它。

他冷笑說，他六年前就已經再拿房子貸款了。

我們走回到我的住宿處。

我坦承，我一直苦於一場迷戀。

「那個很明顯的人嗎？」他的語氣厭惡。

「我跟他說話的那個人？一身黑？對。」我告訴他，對他承認此事後，我的迷戀就消失了。這有部分屬實。

我那天晚上睡不著，輾轉反側，然後突然在床上坐起，嘴巴不自覺就問出問題。

「在你安樂死你的烏龜時，你的前任跟你在一起嗎？」

一陣停頓，然後，「對。」他膽怯地回答。

「在那之後，你們兩人共度了那個夜晚，是嗎？」

停頓。「對。」

「你們有上床嗎？」

「我用不著回答這個問題。」他提高了音量，然後轉身。

我拿起一顆枕頭走到客廳，當我在沙發上開始迷迷糊糊睡去時，臥室房門砰然打開。我受到驚嚇，急促地呼吸。

我的視線看到他在門框裡的剪影，頭髮蓬亂，肚子鬆垮。

「怎麼回事？」

「你嚇到我了。」我說。

「哦，我嚇到妳？」他齜牙低吼，他的扁平足重重走過客廳，進入廚房。

我坐起身，把枕頭抱在胸前，小心翼翼聆聽。

我可以聽到珠寶盒嘀咕著，打開又關上抽屜，在廚櫃裡翻找。我害怕他在找刀子，但他兩手空空走回客廳。我動也不動地坐著。

他語無倫次，來回踱步。「或許我應該隨著我的烏龜，也殺掉我自己，因為沒有人要我。」

我迅速估算：讓他冷靜下來，表示友好，等他明天離開之後，就結束掉，再也不要見他。我向他道歉，安撫他。我用雙手捧住他的臉，親吻他皸裂的嘴唇。揉著他發達的胸膛，然後說，我們回床上睡覺吧。隔天早上，我坐在他大腿上，看著他捲香菸。

等他回到芬蘭，我打電話告訴他，我不想再跟他交往了。

他大吼。「祝好運。」就掛上我的電話。

幾天後，他寫信給我，告訴我他的日常生活，彷彿我們從未發生爭吵。此時，我才突然意識到，他暗指的限制令可能是針對他，而不是針對他「發瘋的前任」。

在他發送充滿否認的電子郵件隔天，我們最後一次談話，我重申我想要自己一人。他指控我從未真正喜歡他，只是在離家進行充滿挑戰的計畫時，把他留在身邊尋求支持。他不完全錯，我並未爭論他的主張或為自己辯護，而他也沒有發飆。我掛上電話，心想，中大獎，我自由了。他在社群媒體上刪除我並封鎖我，之後我們就再也沒有任何接觸。

我坐在距離納維德公寓一個轉角的長凳上，然後在推特上打開珠寶盒傳來的訊息。閱讀他的訊息時，我的肚子翻騰。

親愛的海莉，

約翰尼斯寄給我一個他在荷蘭編排的藝術節連結，我注意到妳的照片在主頁上，而妳的照片背景有我製作的珠寶盒。這件事加上妳相當花俏的名稱，讓我停下來仔細思索。我真誠希望妳在這個表演中沒有使用我的名字、沒有提到我的任何識別特徵，以及我們任何通信內容。

身為經歷過使用自己生活做為藝術作品素材的人，我建議妳仔細思考妳的意圖。光是妳的表演名稱便已透露，妳在努力滿足主流對窺探癖的渴望，而這種渴望因為千禧年世代在社群媒體時代中，對自我品牌的執念，以及無情的經驗物化而不斷保持下去。

海莉，妳是擁有神奇天賦的女演員，擅長扮演其他人創造的角色。當妳的才華是在於古板傳統時，為什麼還要屈服在這種潮流之中呢？我離題了。

儘管我後悔這麼快就跟妳在一起，也懊悔為了和妳相見而用掉的那所有金錢，如妳所知，這幾乎造成我未能如期繳貸款而失去我的房子。我很感激妳協助我想到新點子，那是關於燈塔和蜥蜴，這在和我生活相關的新雕塑作品中發揮了作用，並即將在新的一年展出。

我希望妳一切安好，祝福妳有好運道，但我想要非常清楚地表示，我不同意出現在妳的表演之中。

奉上親切致意

珠寶盒

我渾身顫抖，我打給T，但他沒接電話。米羅告訴我，他在路上了；他要帶我去法蘭柯曼餐廳。而現在，我迫切需要洗手間。

我衝過正在收看電視實境秀的納維德，幾乎來不及關上門，就往馬桶爆發了壓力性腹瀉。珠寶盒真的是嚇屎我了，但這並不好笑。我脫掉所有衣服，照著鏡子。我比自己料想得還瘦，我在淋浴間裡顫抖，忘記是否已洗過頭髮，就往頭髮塗抹了厚厚潤髮乳。

等我穿好衣服，我告訴納維德我剛收到一封要求「停止並終止」的信，問他是否有律師朋友可以幫忙我。

他看著推特訊息，要我放輕鬆。「妳太看得起這傢伙了——他就是光說不練，我知道這種類型。」納維德邀請我等一下和他及他同事一起出去肖迪奇區，去發洩一下怒氣。我告訴他，我和米羅吃完飯後，會接受他意見。

我想要用電熱直髮夾拉直頭髮，卻沒時間把它徹底弄乾。我用眼線液筆在眼瞼勾勒，顴骨抹上腮紅，嘴唇塗上鮮紅色的唇膏。

等米羅過來的時候，我偷偷拿起納維德收藏的龍舌蘭，迅速喝了一大口。它的灼熱感讓我的內在飄飄然。該死的珠寶盒。

我拉開車門。「我已經改掉他的名字，以及許多可以辨識的細節了！」

米羅說：「我們先別想這件事。」我們把車子停在他的公寓，再走去附近的大街上。他仍和茱莉住在一起，但只做為偶爾睡在一起的室友。我們點了一瓶紅酒和兩份披薩。米羅看著訊息，然後說：「說句公道話，他提到重點了。」

「當真？」

「他說他不想要出現在妳的表演中。」

「沒人知道那是他！」
「但那真的是他給妳的珠寶盒？」
「對。」
「所以囉。」
「盒子底部甚至沒寫他的名字！」
米羅又唱反調了。我強忍著淚水，威脅說如果他不站在我這邊，我就要離開。
「什麼？不，別這樣，就從表演中刪掉他的部分，這只是表演呀。」
我看著米羅黃金獵犬般的大臉，他垂涎吃著特意留下來沾油吃的披薩餅皮外緣。T 就會站在我這邊，T 會為我感到憤怒，會提出徵詢法律意見以進行抗辯的建議。T 永遠不會貶低我做的事。
「你惹惱我了。」我說著，把油膩膩的餐巾丟在盤子上。
「哇。」
我看得出我傷到他了，服務生問我們要不要再加點紅酒或甜點。
米羅說：「甜點好，但你們有威士忌嗎？」
「哦，該死。」我讓步了。
我和米羅還是設法回復友好氣氛，在我宣布我要去和納維德碰頭時，他同意一起過去。他在 Uber 中問了 T 的事。這是我們兩人之前都一直假裝忘記的話題。我應該謊稱說很棒，卻嘆了一口氣：「我愛他，但是……」我把額頭壓向冰冷的車窗。「這終究不是我想要的。」T 時常保持聯繫，但仍舊沒給我還價。
「夥伴。」米羅的手放上我的肩膀。

「別太高興。」我警告。

他發誓他沒有，但露出微笑。

等我們進入肖迪奇區那家夜店後，我想起自己討厭夜店。米羅買了一輪酒請納維德和他的朋友，我們一起跳了一陣子舞，直到我喝醉，時間不知不覺消逝。我來到地下室的女子洗手間外面，米羅握住我的手臂說：「麥吉。」

當他吻我，我沒有拒絕，但是任由自己膝蓋發軟。「站好。」他拉我起身。我像個破娃娃，我喝醉了，喝得太醉了。時刻像在碰撞。納維德的朋友握住我的手。閃身進入他身後的男子洗手間。我對衣帽保管間的女孩尖叫，說我的皮夾和手機不見了。米羅要我冷靜，我斥責他別再一副高高在上對待我，然後睜大眼睛，衝向樓梯。我突然清醒，他跟隨在後。

「在你的口袋！」我嘶吼。

「什麼？」

「我的皮夾和手機。」

他大笑，拿出來給我。「哇，我從未見過妳歇斯底里的一面。」

我現在來到外面，笨拙地擺弄我的手機。

「妳在做什麼？」他摟住我的腰問。

「叫 Uber。」儘管我站直身子，還是跌跌撞撞。「我來叫。」他拿出他的手機。

「不，我──」我設法叫車。

他埋在我的脖頸低聲說：「麥吉，我為妳瘋狂。」

我搖搖頭。「我想回家，我想要一個人回家。」

「麥吉。」他拉近我，噓聲要我鎮靜。

「**我要一個人回家！**」我吼叫，一邊掙脫他的懷抱。

當我的 Uber 抵達，米羅替我拉開車門。司機對他大喊不上車就關門。他關上車門，我頹然倒坐在椅子上，滿懷歉意。

隔天早上，我裸身醒來，好熱，皮膚上有種靜電感。我的頭抽痛，就好像有一群工人在我的眼睛到頭頂之間爬樓梯。所有自責情緒都被前往劇場的急迫感給取代。

我刷牙，塗抹椰子油到全臉以移除昨晚的痕跡，然後吞了幾顆止痛藥，套上吊帶褲。今天上午，整個製作團隊要第一次開會。

當我悄悄溜進劇場大廳時，艾爾森一副活力十足的模樣，而舞臺監督則有個議程想告訴我。聽著舞臺設計師對我找來的免費基座表達擔憂時，我的行政助理拿著熱騰騰的咖啡壺出現在我的視線。我對她豎起大拇指，並在她舉起牛奶時，用力點頭。我決心有個良好開端，並成為強有力的領導者，我恭維了潔瑪的穿著，感謝她寄來的數學。我連日來的悔悟似乎已修復了我在兩人上次見面時所造成的傷害。我擠出笑容，向我的製作人致意。所有設計師今天也都到齊了，包括悶悶不樂的米羅，還有山姆和幾名劇場工作人員。這應該是個黃道吉日。

當我們聚集在劇場裡面時，幽靈燈[31]仍舊亮著。大家自我介紹過後，我們談論預算和製作日程表——設計師分享了他們目前的進度。我道歉說還沒有把腳本刪減到應有的長度；艾爾森說我們會在第一週結束前就完成；潔瑪補充說公式已非常接近完成。艾爾森概述我們要如何安排排演日程，而我談論表演主題。我的肺部組織似乎在我說話時溶解，但我跳出來示範可以怎樣從觀眾後方安裝一條滑索到舞臺和我會合，這樣舞臺監督就能夠在表演期間傳送道具給我。

我背對我的合作人士站著，感覺恐慌。我不能再假裝一切順利。我突然說：「我們必須取消這場演出。」然後含淚對他們唸出珠寶盒的直接留言，唸完他的簽名後，表示就是這樣。

我的製作人輕輕從我手中拿走手機，滑動閱讀這個留言。我的助理遞給我幾張面紙，她簡直就像保姆。米羅在整理一盒燈光色紙。

我擤擤鼻子說：「這是不可能的任務，無從確切得知這一切會有怎樣結果。這場演出已讓我付出許多，我負擔不起官司。」然後我道歉，我一直道歉到近乎激進。

艾爾森說：「我們來開完會，然後我們可以去吃個早餐。」

潔瑪擁抱我。

我的舞臺監督說：「請不要取消這個演出，我的室友都好期待。」

山姆向我保證，不會有事的，我的製作人跟著附議。

他的親切善意讓我覺得好丟臉。我拚命調整心情，鼓鼓臉頰之類的，其他人也附和山姆。門票有最新的銷售數據，製作人很滿意，但我沒有注意到數字。米羅在我們開完會前，就先閃身離去了。

31 ghost light，工作人員離開劇場前，為了劇場安全，會在舞臺上放一盞幽靈燈做為照明，直到隔天工作再移開。

我為手機充電的時候，看到有幾通未接來電和 T 的簡訊。跟艾爾森共進早餐時，我吃水波蛋和薯餅到一半時，告罪去洗手間嘔吐。回來時，感覺稍稍好一些。最好的戲劇總監總是非常善解人意，了解如何透過靈巧的溝通，從容易受驚及脆弱的演員中汲取某種特質。艾爾森更是大師。等我喝到第三杯咖啡時，他已經說服我不值得考慮取消演出。

回到家後，我花了四十五分鐘沖澡。我坐在浴缸底，抱住膝蓋，直到熱水溢出浴缸。

席雅堅信珠寶盒傷害不了我。她姐姐是律師，她建議為安心起見，我可以找律師商量看看。我們討論我對米羅的自討苦吃行為，我要怎麼為建立起我不喜歡或不想要的互動而負責。

我告訴她，我只想要 T 隨時都在。

她說這可能意味要放開我一直在使用的枴杖。

「米羅是枴杖？」我想了一下。「對，他是。」

我一知道 T 要去喝咖啡，就打給他跟他說那封停止及終止的信件。他要求我把信件截圖寄給他，然後寫了一個毫不留情的回覆，自然而然暗殺了珠寶盒的角色。這是我所收過最浪漫的文字。我沒有寄出它，但把它列印出來，放在包包的夾層，這是 T 無比忠誠的文件。只是掛上電話後，我才意識到忘記跟他說米羅的事。

我暫時戒酒到演出結束，我和 T 這次的對話證實是我好事連三的第一件。

我的旁白配音經紀人打來。一年前出問題的博彩廣告，現在終於可以進行了。只是它的使用率大幅減少，這表示收購價只有他們原先打算支付給我的一萬三千英鎊的六分之一，不過這意味我會有一些喘息空間。

知道有錢進來，我迅速安排明天上午找律師洽談。這位律師是我即興秀教練的繼母。她的辦公室在布魯斯伯里，在我等候時，她的秘書端了一杯免費的卡布奇諾給我。

看完訊息後，律師告訴我，用不著擔心珠寶盒的責備。因為我沒有使用他的名字或任何明顯特質，也改變了許多細節，他沒有根據。「該死，編輯一下這個見鬼的訊息，在妳的演出中唸出來吧！」

在珠寶盒重新出現後，我第一次做了深呼吸。

「但好玩起見——」她說，流露淘氣的眼神。「讓我們來計算一下，如果他真想要妳從演出中移除他的部分，他得付多少封口費給妳。」她說，要做這件事，就得先看看最大的潛在收入，就是這場演出成果能給我的最大潛在收益，這樣就可以算出移除他之後我會出現的最大潛在經濟損失。

律師本人離婚過兩次，她認為我的表演將會大為轟動。她說，如果「庭院出清前男友」搬移到西區，然後又去「一條叫做百老匯的小街道」，她也不會訝異。當我揚起眉毛，她向我保證，愛情成本公式將躍上網路新聞媒體 Buzzfeed 和蘋果橘子經濟學當中。「毫無疑問，妳會拿到出書合約，寫出暢銷書，獲得國際媒體和讚揚，以及名人背書。」

「真的嗎？」我問，感受到她的興奮之情。

「哦，我期待妳最後會有自己的ＢＢＣ電臺節目，和人們談論愛情與金錢，以及這是否值得。但是，不用多久ＢＢＣ就會了解到，這個節目該上電視。而這開創性的系列將會熱鬧有趣，偷偷帶有女權主義要旨和政治傾向。這個電視節目將會得到大眾注意力，成為評論家寵兒，送妳上星壇。根據這一切結果——」她拿下眼鏡，用來加強語調——「我相信，妳將可以，進入，倫敦，房地產，市場。所以！」她把眼鏡戴上，以誇張手勢拿下一支筆的筆蓋。「鑑於倫敦房子的大約價格是多少？兩百萬英鎊？」

「聽起來滿像的。」我說。

「然後考慮到珠寶盒是妳選擇在表演中呈現的八個物品之一，珠寶盒本人將必須支付妳兩百萬英鎊的八分之一，才能合法強迫妳從表演中刪除他的部分。他得付出二十五萬英鎊才能要妳住口。」

「他就得賣掉他的房子了。」

她把她潦草寫下數字的頁面轉向我，然後露出大大的笑容。

我驚呆了，身體向後靠著她舒適的椅子。「那麼，我要做什麼？」

「繼續呀。」她得意洋洋地說。

「我要回信給他嗎？」

「天呀，不要。」

我和潔瑪下次開會時，艾爾森一起來了。他聲稱是因為想在兩天後開始排演前，能更加了解這套數學公式，但我懷疑他來這裡是要阻止我增加因子到公式，拖慢潔瑪的效率。

儘管他抱持這樣的立場，但我已充滿活力幹勁翻閱了我的筆記，我目前處於「全速前進—毫不妥協—蓄勢待發—捲起袖子—絕不低頭」模式。

我筆直站在我的合作小組面前，冷靜地說：「今日貨幣。」

「我也一直在想這件事！」潔瑪尖叫。我和她從各自的背包抽出數學筆記，而艾爾森站在一旁看著，滿臉困惑。

我興奮地轉述上次和亞柏特見面時，他分享給我的另一個經濟理論。理論指出，今天的一塊錢永遠比明天的一塊錢值錢。例如說，如果你今天有一塊錢，拿去買了一塊木頭，你就可以在今天接下來的時間中——也就是你的時間——運用身為雕刻師的技能，把這塊木頭變成可以在明天市場賣出更高價格的東西。然而，如果晚一天才拿到這一塊錢，你擁有的就只是一塊錢。

潔瑪插嘴：「但我們之前沒有實際應用它，直到這次珠寶盒事件。」

「所以對我們來說——」我幾乎大喊：「前任給我的物品就是我的木頭，而我已使用我的時間，把我說故事和表演才能應用在它們身上，而提升了它們的價格。」

艾爾森說，這真是了不起。

抱持這個理論，以及創作這個演出的各種支出（金錢、時間和情感）、律師估計的可能潛在獲利，我們加入一個特別的表達式到公式，著眼於表演本身是怎樣為我的物品增加價值。我們稱之為「今日貨幣」（DT）。

這個表達式考慮了在交往關係中誰付了比較多的錢，因為這影響了該物品現今對我的價值。如果我出錢買了比較多的東

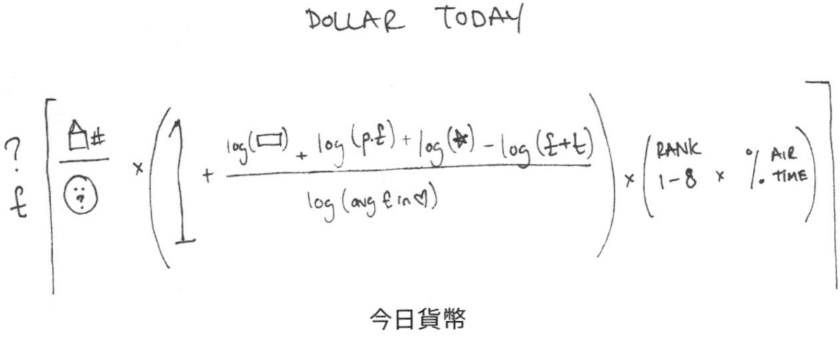

今日貨幣

西，該物品就自然比較有價值，因為我需要為此獲得補償。當然，這很難估量，所以我們決定把這個數據點稱為「我對關係中誰付了較多錢的比例看法」，同時加入誰的收入較高，以及當時的性別收入差距。

「今日貨幣」也包括指定夜晚的門票銷售數字，這個數字除以書寫該物品的情感支出，在珠寶盒的例子中，這個數字相當高（在十分等級，得到八分）。這是用來衡量我為每一個出席觀眾所承受的痛苦。

潔瑪說這裡是使用對數的完美地方。

我和艾爾森異口同聲問道：「什麼是對數？」然後哈哈大笑。

她不想要大家迷失在深奧難懂的地方，但告訴我們，她喜歡把對數想成可以回推指數的東西，可以縮小大數字。這對我們很有用，因為這些金額可能輕易就超過公式中的其他表達式。而且，對數本身就適用不斷變化的數據。

我們使用對數在關於門票銷售、潛在收益（律師的計算結果）、我的名人地位、製作和經營表演的直接成本（時間和金錢），以及我在對應關係中的平均收入。

我們確立我的「名人地位」的計算方式，包括了解我在社群媒體上的追蹤者人數，以及表演期間追蹤者增加的人數，還有表演收到的媒體關注數量和品質。相較於因觀眾人數而來的正面推特，全國性報紙的五星評論更有威信，只是這些推特也很重要。潔瑪在我的名字設定Google Alerts（快訊提醒）來留意這件事。

受到今日貨幣發現的激勵，我和艾爾森為表演增加了互動元素。觀眾在還不知道來龍去脈時，將在入場前評估我的物品。然後表演中途，等他們了解更多的背景之後，我們將披露他們最初的出價，按照他們現在認為價格應該上揚或下降，讓他們得到歡呼或噓聲。而舞臺助理監督將錄製觀眾的反應。

潔瑪說，我們將使用市場價值表達式中的最初評估，但也會再加上中途的再評估，來決定物品的等級如何從最沒價值到最有價值，從第一到第八。同時搭配稀釋效應的觀念，因為它是以收藏品背景來考慮每個物品。

我們決定以物品在表演中出場時間比例，乘以物品排名等級。出場時間是針對我所認為的每一段關係價值，以相關故事的娛樂性或衝擊，而做出的一種實際測量。

釐清這個式子後，我和潔瑪激動地振臂一呼。她離開，準備把它輸入試算表，完成公式草稿，並得到數字。

「今日貨幣」是最棒的禮物，這種禮物要等到它出現在你面前，你才會意識到自己一直需要它。

第17章
公式

「藝術作品永遠沒有完成的一天，只是被放棄了。」

——愛德華・摩根・福斯特[32]

無可否認，我對於這方案一不做二不休的處理方式，在我們開始彩排的前一天，已讓我筋疲力竭。我致力於自己做所有午餐來省錢，為演出製作眾多紙道具，籌辦了在三星期表演時期進行的三個附加活動，同時為劇場大廳建立一個「愛情成本」的互動裝置，還有劇場面街櫥窗的櫥窗擺設。這一切全都證明是太過了。

我想要T客觀看待此事，准許我去買午餐，說些老生常談，說我很稱職很有能力。但是，他正在趕截稿日，沒辦法聊天。而我不太想跟納維德說，因為每次交談都會導回艾絲莉有多棒。「妳需要性愛。」歐利告訴我：「但如果這件事不可能，就埋首苦幹吧。」所以，我就是這樣。夜晚在我的小房間迅速流逝，我躺在床上低聲讀腳本，進行更多改變。我停下來，寄電子郵件給哥哥，提及我在Gumtree得到的珠寶盒幾件出價，全都低於三十英鎊。T恤至今還沒有人上鉤。

T回電時，天色已晚。我現在躺在被窩裡，燈全關了。我應該讓它繼續響就好，稍後再跟他說話，但我還是接起電話。他一直在做一個關於網紅文化的指派專題，他討厭網紅文化，並進而抱怨把自我改進推到你面前的人們。我聆聽，但他的話卻帶給我更大的不快——他知道我在看自我成長的書籍。我告訴他，我不想在深夜接到這樣無聊的電話。我想要更親密、更性感，以及更深情的電話。

他對此很不爽。

一個我暫擱一旁的發言沸騰了。「如果我們沒計畫要很快再見面，而你不願做計畫，那麼我需要我們的通話有情色成分。」

「我不喜歡電話性愛；這沒辦法讓我興奮。」

「那你有什麼提議？」我帶著惡意輕聲問。我聆聽他單車的輪子轉動。「T，你在要求我加入無性的交往關係。」

他發怒了。「海莉，如果這對妳來說是破局的原因——」

「是。」我不假思索，明確地說：「它就是破局的原因。」

現在，我們再次來到分手對話的領域。積怨在我心中亂竄。我告訴他，我現在不能討論這件事，提醒他現在這裡已經是深夜。他說等這星期結束交完稿後，他會再跟我談談。我在憤怒及筋疲力竭之中睡著了。

在上午九點，我把原本放在納維德家中的道具，塞進了Uber，我向司機保證我會為這樣的載貨給一大筆小費。倫敦的交通走走停停，我第一天就遲到了。

我在抽噎中首度朗讀「庭院出清前男友」的腳本。我向團隊道歉，保證我沒有精神錯亂，只

32 Edward Morgan Foster（一八七九～一九七〇），英國小說家，著有《墨利斯的情人》及《印度之旅》等書。

是苦於失眠問題。但我終究恢復狀況，投入排演之中，快樂地和艾爾森爭論素材刪減，以及確立「表演的肢體語言」——踏上或離開人造草皮對我來說有何意義？我什麼時候去接近觀眾是很重要的？以及我們在空間四處置放紙道具，擺放的確切位置在哪裡呢？

午餐時，我收到歐利的簡訊，上面寫著：去你的自己帶午餐，好好睡，別跟T做任何交流。要像我：不煩惱，工作。歐利加入了每個可行的委員會，使得這個新加坡工作成了龐大任務。他呻吟抱怨，但聲音中不再有恐慌的感覺。他聽起來又像是那個放學和我一起走路回家的孩子了。

重新集合後，艾爾森要我向他細說我製作用來表示T恤時間線的細繩。儘管在表演文本中，我只提到上面幾個重點，但它是關鍵道具，他想要了解它的廣度。

看著這紊亂的繩軸，我突然不想做這件事。我忍受不了細看我忽略的跡象，然後重複重複再重複同一模式的變化版本，每一次都希望會有不同結果。但我無法說不，所以我慢慢地解開繩軸。等掛好繩軸，我站在時間線的開端，從頭說起。

「妳聞起來好香。」這是T和我說的第一句話。當時是在我多倫多公寓對街的「常見」咖啡店，我正從背包拿東西。

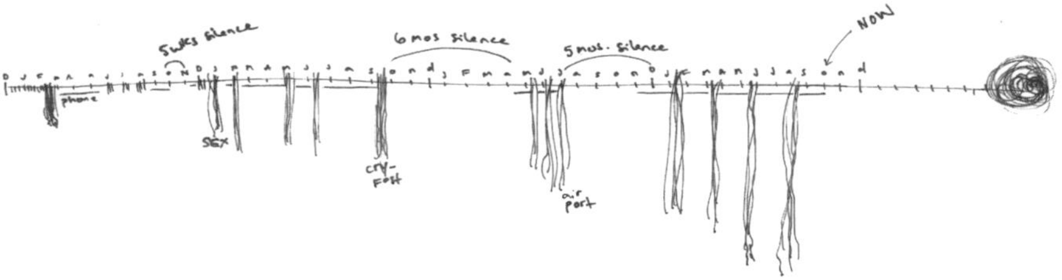

我以前在我家附近見過T，但經常是在這家咖啡店。我們有重複的生活圈，也有一些共同朋友，但直到現在才相識。我剛拿到一場表演的記者角色，當我提到想要做些調查時，有個共同朋友建議我跟T喝個咖啡。這個朋友純粹出於莫名的不安，同時告訴我，她最近在考慮約T出去。在她說這件事的時候，我默默聽著，但內心卻燃起一股占有欲和領域意識的衝動。不，我心想，如果有人要約T出門，那會是我。後來他承認，他曾經對我也有相同的預感。

他提到的香味，剛好是我的體香劑，這句話讓我卸除了防備，兩人於是就體味展開一段好笑又老實的對話。他的聰明恫嚇了我，但我們妙語如珠的幽默應對卻讓我很開心。

在談話突然安靜下來時，他問我聽什麼音樂。我的回答成了我人生一大悔恨。我的舌尖上有個生動的回應。我可以，我應該，說：「沒有」，然後靜待效應。

他就會大笑，帶著問號重複這句話。

而我會露齒一笑，給一點刺激。「我不想玩這種遊戲，從我聽的音樂來定義你對我的印象。況且，這聽起來像是你會做的事。」

面對這句話，他會點點頭，得到深刻印象，說：「妳說得是。」

此時，直率、大膽及活潑就可以確立做為我們交往關係的整體調性。唉，我卻靦腆以對。我先加了但書說我其實不太聽音樂，才透露我最近一直反覆聽著美國創作歌手崔西·查普曼的〈快車〉。

他回答了「嗯哼」，然後在隔天以電子郵件寄了一首節錄〈快車〉的饒舌老歌。

之後，我們就開始通信了，而且經常在常見咖啡「巧遇」，我們兩人都更常去那裡，希望能不期而遇。當我排練前去外帶咖啡時，他通常都會在那裡。我開始提早過去，這樣就能坐著和他閒聊一下，而不是只能匆匆打招呼。

我對他的工作有很多問題——他是怎樣發現到新聞，怎麼知道要問什麼樣的問題。他喜歡談論過程，而對戲劇有著深切好奇。他的祖母曾是比利時的演員，他很欽佩我也是演員。

我很迷戀他，但看來我們也發展出一種做為朋友的絕佳和睦關係。當我告訴他，我在排練中和導演的關係很不好，而且我是表演中唯一的女性，比其他演員小二十歲，T 建議我如何聰明地挫挫對方銳氣，如何在排練室取回自己的發言權。當他苦於不願開口的消息來源時，我給他可以迷惑他們透露更多的工具：自嘲的幽默感和奉承。他告訴我，我比他擅長操縱人心，我把這句話當成至高無上的恭維。

在我一個放假日，當我們結束咖啡閒聊後，他邀請我去參觀肯辛頓市場的一個聲音裝置藝術。當時是多倫多的一月，氣溫零下二十度。我們兩人都決定加入基督教青年會（YMCA），並戒酒一個月。之後他陪我走路回家，我們拖著腳步走過雪地，等到了我家門口，他和我就著厚手套擊掌祝賀。

我生活中的每一個人都知道我對 T 與日俱增的迷戀，而儘管我極為渴望談起這個話題，卻想要由他發起。而且，這持久的思念時光有種美好的感覺。我覺得像是又回到了十六歲。在一個演出會場外頭，我抓住他的外套翻領，渴望地低訴他的名字。我想讓他安心，他的新外套確實很討人喜歡。他的雙手放在我的臂上，凝視我的眼睛，對我說，我是他很喜愛的人。戒酒月一結束，我們就共享了一瓶紅酒，又喝完一瓶瓶身古老的蘭姆酒，然後我們表達對彼此的感覺，卻沒有接吻。

他過來觀賞我扮演新聞記者那場表演的閉幕午場。他說我的表現出色極了，超出他的預期。

他有個專題，幾天後要去另一個城市。我在他家廚房，鼓起勇氣，完全沒有喝醉，站到他面前說：「我認為我們兩人之間有著少見而且不該忽視的感覺。」

他說：「但我就要離開，而妳在多倫多工作。」

「那又怎樣？」我回答。

我把他聲音中的緊張情緒理解成恐懼和焦慮，而不是承諾無能的症狀。他必須寫完並遞交一篇稿子，所以我回家，吃了一份烤乳酪三明治。等他再過來找我，則是我們第一次「約會」後的幾小時，他因為精神官能症及腦袋中不斷盤旋著各種「要是怎麼樣」的問題，更加頭暈目眩了。我終於說：「我們別再理會男女關係，純粹享受彼此的陪伴就好。」但到了該是他告辭的合理時間時，他卻不想回家。他開心地笑著溜進我舒適的法蘭絨被單裡，我在兩人身體之間放了一顆枕頭做為屏障，這是我對於尊重彼此界限的支持。

但沒多久，他的腳就游移到我的腳上。我們在黑暗中雙腿交纏，臉龐在咫尺間徘徊，呼吸到彼此嘴巴的氣息，直到我們終於，終於，接吻。這個深冬夜裡的吻持續了許久許久，讓人微醺、筋疲力竭。接下來是隱隱約約的重心挪動、肌膚相隨，然後他的手指滑進我的內褲底下。我呼吸急促，喉嚨深處發出輕吟，回應這恰到好處的壓力和速度。他輕聲說，他時時想著這麼做。

「像什麼時候？」我追問。

「每當我們說話的時候。」他分心說著：「以及有時妳不在的時候。」他在我高潮時親吻我，但又在臨門一腳時遲疑。「等等。」他說：「現在我們還沒做任何會讓我們日後後悔的事。」

我心滿意足，臉頰貼上他的胸膛。現在我得到你了，我心想，我緊緊抱住他。你是我的。

他隔天上午離城，而我跟媽媽及哈洛姑媽去峇里島度假。原本這是非常美好的一週，卻因為情人節沒接到T的音訊，而之前和之後也都沒有，這樣的焦慮情緒影響了假期。

哈洛說：「把他劃個X，然後繼續向前行。」

歐利的簡訊是：呸！這些男人！這些不出所料的不可靠男人。

席雅告訴我：「對於一個人，我們所需要知道的一切資訊，在早期互動時便已自行展現出來。」

可以料想的是，在我去曬太陽的那星期過後不久，T又出現了。我們時常聊天，直到我開口要求說想要計畫見面，要有更多的聯繫，以及確認男女朋友稱謂的交往。這樣一個關於期望的冷靜談話使得他寫了以下的電子郵件給我：

……我需要放慢這件事的步調，我的確認為我們之間有種特別的感覺，但我對妳的認識還不夠多，無法一頭栽入，尤其是在遠距離的情況下，這就是不可能。很抱歉，這看起來像是分手信。我知道，這聽起來很荒謬，因為我們並沒有在一起。在我有辦法做出任何形式的承諾前——這絕對是妳應得的——我需要更多的確認，而這只能透過在同一時區和地方相處的經驗來取得。而考慮到我的工作，以及我對妳未來一年的了解，我看不出這怎麼可能辦到。抱歉，對於展開這件事，我不像妳那樣無憂無慮。我們暫時不聯絡或許最好。妳顯然已準備好迎接重要大事，我無法原諒自己阻礙妳得到想要的事。

屈辱於我所察覺到的些許傲慢，盛怒於他的怯懦，最後傷心欲絕在這樣的拒絕，這不只是拒絕我，還有我們之前的聯繫，我整整一星期沒回應。這感覺像是我被拉進一個背叛的宇宙，而他迂腐的態度讓我困惑。後勤問題是可以解決的，我想這麼對他說，只要雙方都敢於嘗試——各種情況都有人成功。

一星期後，我打電話告訴他，我了解他的想法，並跟他道別。這是個友好的對話，他問我之後還能不能打電話給我，只是聊聊。我說沒問題。歐利預測我會在一、兩個月後就接到他的電話。但事實上，他隔天就打來了，以及之後的每一天。我只會回他的電話，從來不主動聯絡。壓力移除之後，他又來找我，但我們並沒有在一起。他在電子郵件中力求不含糊其辭：他不想跟我展開男女關係。

夏天他來多倫多的時候，我們一起做了冰淇淋蛋糕，他買咖啡給我，我會摟摟他的脖子，但這就是我們肢體接觸的極限。我開始和別人約會，但對 T 保密。我交往的這個新對象既風趣又受歡迎，或像我喜歡這麼認為的：「第二優秀的老公材料」。他也處於情傷復元期，一直睡不好，而且不只一次要我「冷靜」。只是最重要的是，我們兩人沒有產生熱度——沒有重大療癒的潛力，我們的蜥蜴大腦也沒有認識感——這一切都加強了為什麼 T 就是我要的人。

到了秋天，T 終於問我是不是在跟別人交往。他聽得出我語氣改變，預感獲得證實讓他沮喪。「我從未對人有這樣的感覺。」他悲嘆：「我才剛感覺到已準備好展開交往關係。」我告訴他，我感覺自己像愛上幽魂。他說，他願意抗爭，但知道如果真的喜歡我，就該讓我和平地離去。那天後來他寫道：海莉，我衷心希望妳在這段新感情中一切順利。我深深在意妳，想要妳快樂。如果之後，這次交往不成，請讓我知道，我會來找妳。

沒多久，我和另一個對象的關係就結束了。我們兩人都利用對方來轉移持續的心碎感覺。我讓自己等了一個月，才再次和 T 聯絡。我不想要顯得迫切或善變。趁去英國旅行時，我主動告知那段感情並未成功，我現在單身可以和他試試。我明確指出我跟另一個人結束感情，是因為我就是無法把Ｔ趕出腦海。Ｔ回答說，五個星期的時間太久了，他不再確定自己的感覺。我憤怒又困惑，責怪他的恐懼，還是鍥而不捨。我們計畫耶誕假期時在多倫多見面。

吃漢堡的時候，他提到了一件事，說苗條女孩不吸引他，我把這句話解讀為：「我不覺得妳有吸引力。」我立刻為自己身上的特大號灰毛衣感到羞愧，儘管這是剛從歐洲買回的衣服。我試著在臉上擠出好奇的微笑。

「而且——」他繼續說：「妳就要去倫敦，而我在美國。」

我決心挽回面子，我吸了一口氣，換上輕快的語氣。「好呀，算了，我們當朋友就好。」

吃完飯後，他陪我走路回家，在我踩到冰，腳步一滑，差點撞向雪堆時，他抓住了我的大衣。到了我家門口，他說：「呃，我現在不太想說再見。」

我聳聳肩，逕自進屋，然後躺在沙發上。這就好像我的內臟被球瓜勺刮掉了一樣。我整夜都躺在這沙發上，無法動彈，震驚麻木，被他的退卻給擊倒了。但因為我不認為自己有資格為不曾存在的東西心碎，我無法理解我的反應。

我招待家人來過耶誕，當他們去滑冰的時間，我抓著我的鑲墊胸罩在洗手間啜泣。我穿這款胸衣來掩飾自己失去的體重，我不吃飯，我吃不下飯。

我六星期後就要搬去英國。Ｔ持續打電話來，而我也總是會接起來，看到他的名字出現在我的手機上，就讓我的脈搏加速。他的話和他的行動並不一致。

所以，在席雅的幫助下，我說出了心聲：「我認為我們是世界上早該睡在一起的兩個人。」這通電話過後，我飛去亞歷桑納，去找在當地進行採訪任務的Ｔ，來圓滿我們兩人的連結，尋求解脫感。他說我的身體擁有女巫特質——這是恭維——我的女陰發散出電熱。我平常的心痛現在置換成了大峽谷的壯麗全景。而我一路哭著回家。

我回多倫多不到一星期，T 就傳簡訊來，提議買機票讓我飛去紐約。他說他知道這打破了我們的協議，但他很想再看到我。生命很短暫，我是白痴才會放手。我在搬去倫敦不久前，飛奔到紐約。在這裡，他把他所有喜愛的餐館介紹我，而我有過一次長達三分鐘的高潮。我很感激我的乳房嬌小，因為這樣讓我的心幾乎可以直接貼住他的心。

等我回到倫敦，我們時時聯絡。他承諾盡快來找我，等到他實現諾言，已是幾個月後了。儘管沒有明確要求，但我想要有男朋友的稱謂，聽他說他愛我。然而，他散發出情感，卻堅稱我們還不算是情侶。

那年夏天我們在加拿大見面，並且去露營一晚。我到他家時，他大喊：「進來。」然後一直坐在廚房餐桌邊，看著電腦上的東西，而不是站起來歡迎我，幫我拿行李，更別提擁抱了。他很沮喪看到我為此哭了，而不是生氣。在開車前往營地的途中，他強調為了讓我們的關係有進展，他需要一個同等的人。後來，我這麼想，我需要你也同等投入，但當時我只是堅忍照料自己受到兩倍傷害的感情。他的視線盯著道路，一邊伸進我牛仔熱褲讓我高潮。

我們來到一個完全與世隔絕的孤島，搭好帳篷，廝混了一下，我們才生火煮飯。我們進帳篷躲蚊子，但那個晚上溫暖無雲，我想要沐浴在月光下裸泳。他拒絕加入我，我在電池供電的燈具照明下，脫掉衣服，他在旁一直說著河狸啃咬有多兇猛。「牠們會咬緊牙關，不肯鬆口。」

「你認識被河狸咬過的人嗎？」我問。

他不認識。

我拉開帳篷門簾，踮腳走過柔軟的松葉，滑進湖水。我仰浮在湖面，滿天星斗讓我平靜，讓我敬畏。我俯頭到水面下，再抬起頭，很高興沒有聽他的話。

回到帳篷後，T 決定他也要獨自去游泳。經過像是太長的時間後，我爬出帳篷去找他。他站在水深齊膝的地方，當我叫喚他，他命令要我離開別吵他。當我固定好睡袋的魔鬼氈，我要自己熬過這一晚，等回到多倫多，我就不再忍了。

游完泳後，他的心情轉變，他試著親吻我。他前後不一的行為讓我火大，我閃躲他，爆發怒氣：「你推開我，推開我，你一直推開我，現在它成功了。」

他往後退。

「你不欠我什麼，你被釋放了。」我嘶吼，拍打睡袋。

「我不想要被釋放。」他悲傷地說。

「別再改變主意。」

但必須做選擇的人是我。幾個月後，在愛丁堡藝術節表演時，我認識了米羅，並且和一個紐西蘭馬戲團表演者搞曖昧，好讓自己別去想 T 的疏遠和我的職業困境。然而，馬戲團表演者拒絕發揮他的功能，在我們上床後，就對我失去了所有興趣。愛丁堡藝術節過後，我們兩人都待在多倫多，T 說：「我不想知道妳的事，但我一直沒有和別人在一起。」我克制住臉上每一條肌肉，努力不要透露出證實或否認。我跟馬戲團表演者的私情是 T 設計下的產物，但承認這一點似乎很冒險。

我三十一歲生日隔天，我們帶著討論兩人未來的明確目的來相見——我們要結束，還是做出承諾？

他說：「我不想跟妳說再見。」然後就哭了，而我也哭了。我們從晚上八點哭到隔天上午十一點。想到要說再見這想法讓我們哭了整整十五小時。但等我們收住眼淚，他說：「我不知道我是不是徹底愛上妳。因為我們所擁有過的一切有太多是遠距離，這是虛構，不是真實的。」我就是在這個時候下最後通牒：不當男朋友，就散了吧。

矛盾的是，他要求我坦誠相待，這最終給了我離去的勇氣。

最後通牒之後是六個月的音訊全無，最後他終於打破沉默，說他想要嘗試做出承諾。然後我們在加拿大見面並且嘗試，但他卻在騎單車雙貼載我去溫哥華機場之前告訴我，他改變主意了。然後我們又有了另外五個月的沉默，在這期間，我展開了「庭院出清前男友」的方案，最後這次沉默以 T 表達愛意結束。

「而現在就是這裡。」我按著繩子上代表現在的一個點。「這次比之前都要好，但各方面仍舊令人不太滿意，而說真的……」我避開昨晚爭執的確切細節，只簡單說：「我不知道我們所在。」我拿起還沒有解開的繩子部分。「所以我猜想這個——」我點頭示意。「就是我的未來。」

艾爾森說這是非常有用的道具。他建議把它跨過舞臺掛起來，可做為表演的一部分。當我說這會擋到我，他顯得很興奮。這是一種隱喻，表示交往關係可能會妨礙我們想做的其他一切。

我在洗手間的時候，心中斥責 T，他怎麼敢在昨晚以分手威脅我。如果真要有人結束這段關係，那是我才對，他已失去喊停的所有權利和特權。

潔瑪在那天結束時，帶著公式的草稿過來，而按照她的第一次試算，混音專輯價值四點三九英鎊。「妳剛才是說混音專輯是四英鎊？」我問，確定自己聽錯了。

「對。」她點點頭。

「不，不，不。」我搖頭。「這不可能是對的。」艾爾森認同這價格似乎有點低。

我解釋這段關係中有許多第一次；結束後我帶著改變我愛情方式的包袱離開；這是我最意義深遠的分手之一；之後我就再也沒有這樣愛得無所畏懼。

「好吧。」她瀏覽試算表及筆記後說道：「我們可以操縱事情的權重，可以讓公式做出妳想要它做出的結果。」

艾爾森開始詢問潔瑪問題，我望著窗外摩爾門區的陰沉建築物。這件事讓我突然意識到，我所依賴的嚴格而客觀的數學，其實有可塑性；而我一直想讓他屈從我、不停捶打他進入我所渴望的關係的人，卻是無法動搖的。

搭乘北線返家的途中，我想著我是怎麼曾經因T沒有成為不同的人，而責怪、追逐、斥責及羞辱過他。我一直保守秘密、封鎖真相，這樣我就用不著走下基座或承受激烈的衝突，而能繼續感覺優越。當他不肯正視時，我隱忍不說，大翻白眼。我接受的比想要的少，默默心懷怨恨。我利用我們的關係做為一種手段，讓我能夠和人在一起，同時維持自己自主權，而這正合我意。我一直試圖控制結果，卻反而讓我更加孤獨。

在我和席妮進行療程時，她讚揚我承認自己在對T不滿這件事上也是共犯。當我說我現在無法面對分手過程時，她告訴我，沉浸在這方案的期間，不要做任何重大改變是很明智的事。

等我知道T過了截稿日後，我打電話跟他說：「拜託你，我們在我完成這次演出前不要分手。」他說他不想跟我分手，但我們的確需要進行一場嚴肅的對談。

我同意。「但我需要你現在跟我同在。」

他告訴我，他最喜歡的就是支持我了。

我和潔瑪在倫敦橋一家時髦但隔熱很差的咖啡店碰面。

在搖搖晃晃的桌面攤開我們的紙張時，我看到一隻老鼠竄過一名女子的靴子。我渴望加拿大嚴格的衛生和安全法則，但這對我是一個不要磨磨蹭蹭的好動力。

我們沒有安排一星期六天的排練行程，而是週末休息，這樣我就有時間可以改動腳本，背誦我的臺詞，以及和潔瑪完成公式。

「我保證，這是我最後一個要求。」我偷偷列了一小張可能增加的清單，現在謙卑地拿出來。這些全都不會改變概括公式，但可能會在每一個表達式的微妙作用中產生連鎖反應。「難言的幸福，它存在嗎？」

「這是『是或否』的二分法嗎？」她滿懷希望地問。

「對，不是有這樣的時刻，就是沒有。」

她說，那這個簡單。

這將是我們最後的外卡。搜尋網路一陣子後，我們根據代表非常幸福的日本漢字，為它創造了一個符號：吉。而且厚臉皮地要求，如果物品被賦予難言的幸福這種特質，除了現金價格外，買家如物理學家路易斯．貝伊所提議，還必須包括某種非貨幣形式的支付。

「比方說我想買它。」潔瑪說：「我可以洗碗嗎？就像付不出酒吧的帳單時，被要求做的事那樣？」

我閉上眼睛，往左邊揚起頭。「我認為比時間或勞力更重要的是，分享一個具有同等情緒衝擊的故事。可以是類似的故事，或是提供相反觀點的故事。」

我們同意任何被標示「吉」，即「難言的幸福」外卡的物品，買家就必須透露一個和物品相關故事有移情作用或相反情緒的故事。簡單來說，「吉」要求一個有意義的情緒交換。

詩意般的正義原本可能會讓潔瑪透過她現在生活的故事，但是她也看到老鼠了，就用她完美的筆跡，匆匆在公式的外卡區域畫下這個符號，再把鉛筆放回馬尾。

概括公式的最後版本像這樣：

它的計算方式是這樣：敘事影響（NI）加今日貨幣（DT）減時間投資（t）後整個除以時間投資（t），再加一，所得到的數字和市場價值（MV）相乘。然後關係指數（RI）的愛情指數次方除以一千，加上一後所得到數字，和上述數字相乘，再乘以瑰色校正值（RTC）及任何適用的外卡（WC）。

記住，每一個表達式（MV、NI、DT、t、RI、RTC和WC）都代表一系列包括我們所有變數的數學函數。

我們決定加上代表觀眾出價的假數字來做測試，潔瑪最近幾天做了一些調整，主要是增加階段大事以及具有強大情緒影響的故事兩個數據點的權重。她提出幾個虛擬的觀眾出價，放

FINAL DRAFT

$$\text{COST OF } \heartsuit = MV \times \left[1 + \frac{NI + DT - t}{t}\right] \times \left[1 + \frac{RI^{\heartsuit}}{1000}\right] \times RTC \times WC$$

最終版本

入試算表重新估算，然後告訴我價格。T恤價值二十四萬五千六百九十八英鎊，而我全部資產的總額是：三十八萬九千零九十八英鎊。當她問我，這些數字感覺是否正確？我說正確，真的正確。

我做出一個適合咖啡店的悶聲吶喊，然後微笑地拍拍她的背。「做得好，潔瑪，做得好。」但是我的心不在其中。我看著自己參加演出——如果我感覺到這時刻應得的滿足感的話，那這是最接近我想像自己會有的反應。「我們弄清楚了，我們解決它了。」經過這一年和潔瑪的合作，揭露我卑鄙和平庸的弱點，我在這裡為她表演，演繹一個更宜人的海莉．麥吉。

我聽到潔瑪杯子敲擊杯碟的聲音。「只是我不知道妳要找誰付這過高的價格，妳需要成為名人。」

「或是——」我的齒輪又開始轉動。「如果律師的預言成真，而我透過這方案的成果自然累積取得的工作，賺得三十八萬九千零九十八英鎊，這是否意味我八個物品對此都有貢獻？」

潔瑪點頭微笑。「從某種意義說來，的確如此，它們也有所貢獻，但在我們建立的這個公式中，價格會隨著妳的社會聲望持續增加。這數據會一直演化——愈多人估量物品，妳愈是引人注目，價格就跟著上揚。只要出處和價值是如同拍賣官的形容。當然，除非我們發現其中出現臨界點，價格開始停滯或是開始減少。」

「好，所以我必須等著看投資是否有所回報。」儘管我們了解我的資產總額持續增加，但也認同如果我從任何可追溯到這表演的工作賺得近四十萬英鎊，此時，所有的愛情與痛苦，以及方案本身，都將真正值得。而此時，我的愛情成本將獲得補償。

我們凝視已完成的公式的最後定稿。

這讓我領悟到，如果沒有這個公式將我們圈在一起，我不知道我和潔瑪會不會成為朋友。從兩人的工作本質來說，我們對彼此的了解程度並不平衡。當我們這方程式移除了這公式，兩人可還有任何共通點？這必定有點像是空巢老人發現自己盯著配偶，心中想著，當沒有共同關注焦點，不再望向同一個方向，換成凝視對方時，在彼此眼中，自己到底是誰。

我們的杯子空了，注意到其他顧客端著杯盤上咔咔作響的熱飲，到處尋找位子。潔瑪把公式交給我，我們拉上背包後離開。那天晚上，我把她應得的款項轉給她。

儘管我盡最大努力建立了最強的團隊及支持體系，排練期還是極其混亂，讓我筋疲力竭。我沒再設法自備午餐，而追蹤開銷流向也擱置一旁。我很後悔沒在排練前背更多的腳本。法艾跟我一起對過幾次臺詞，但她對這表演主題的想法使她很難盯住頁面、在我搞砸時適時提醒我。

我們移往劇場的那一天，我對團隊發飆。我很失望舞臺設計還未完成，這樣我就要等到第一次預演的那天，才能在基座上彩排。門票銷售也讓我有點惱火，儘管開幕當天客滿，但開幕週的其餘日子只賣出三成。我到處發洩惡劣的心情，重重踩著腳步，被問問題時，沒好氣地回應，直到艾爾森說：「海莉，怎麼回事？」

他問話的語氣讓我的自以為是消失了，我向全場坦承，我害怕這演出會很糟糕。我道歉，但沒有淚意。

之後一切愈來愈順利，排練表演的漫長日子開始變得亢奮有趣。我和米羅想法一致，我們把肖迪奇區那個混亂夜晚隱藏起來，專注在表演上面。他一星期只排練幾小時，但每當喝茶休息時間，他一定會不經意提起他在約會的各個女人。

就像這樣，十一月中旬的開幕日到來。我很早就到劇場，以便把我的感謝卡分送給所有參與製作的人，並且好好讚美了他們。我還沒有接到 T 的音訊，我認為他會送花給我，但還不見任何花束。

今晚出席人士有九位劇評家，以及我製作人的家人、潔瑪和她男友、劇場人員和我的即興秀團員。我緊張到只吃得下幾口米香餅，大概跑了四十八趟洗手間。我的月事今天上午來了，而我的表演服是白色內褲加上坦克背心。我已做過熱身——一些伸展、一些振臂打氣，還有一些奇怪的發聲。我已吟誦過開演前咒語：「不怕軟弱，不怕累，保持管道暢通。」我把演出獻給包括自己在內的所有眾生啟發，同時感謝有機會在此成為信使的人。

坐在化妝間的化妝檯前，我看著自己被燈泡框起的泛紅臉蛋，教導自己緩緩呼吸。我提醒自己所知道的事，我知道臺詞；訓練過演出節奏；艾爾森指導我傾向「科學家」原型，要我抗拒帶上情緒素材的偏好。

舞臺監督探進頭來讓我知道，觀眾五分鐘後入場。「祝好運。」

我把伸縮指揮棒塞進馬尾，寫著各種變數的收據紙卷放進胸衣，再往空中揮了幾下拳頭。我最後再確認一次手機，還是沒有 T 的訊息。哦，我的天，我心想，他偷偷上了飛機，要來看這場表演了。我在整個開演前的評估中惶恐不安，心煩意亂地要觀眾寫下如果在庭院出清會看到我的物品，他們願意出多少錢，同時留意門口是否有 T 進場。但他沒有出現，而我沒時間思索這件事了。

觀眾往前傾，看著我主宰舞臺，我藉著他們的笑聲、安靜凝視、團結一體及情緒宣洩，乘風破浪。我把自己包裹進氣泡布、棕色肉品紙及麻線，一邊詳述在不屈不撓追求公式時，我是怎麼折磨我的合作小組，然後我大喊：「拍賣官警告！」觀眾歡呼。後來，我把它全撕掉。接著，我筋疲力盡但不挫敗，拿出粗字麥克筆，在一張橫跨劇場後牆的肉品紙上，以創紀錄的速度寫下愛情成本公式。這張紙長達五公尺，而我只用了五分鐘就寫完它，並且邊寫邊解釋其中的符號和函數。

在途中，麥克筆沒水了。我英勇地從胸衣抽出另一支筆。等寫到盡頭，我不得不停下來，等候群眾喝采暫歇。最後的價格搭乘從舞臺監督監控室而來的滑索抵達，我大聲讀出來，並提醒觀眾這些數字考慮了我所有數據和評估、最初出價以及經由掌聲而來的重新評估。

物品	**觀眾原始估價（英鎊）**	**公式得出價格（英鎊）**
混音專輯	£3.54	£20,550.55
T恤	£5.45	£57,926.68 + 吉
珠寶盒	£5.84	£66.01
背包	£8.55	£180.49 + 吉
項鍊	£20.03	£321.59
烏克麗麗	£23.16	£20.82
打字機	£38.45	£2077.91
單車	£80.68	£242,215.74 + 吉
總計		**£323,359.79**

「而今晚，我的資產總額是三十二萬三千三百五十九點七九英鎊。」我說著，一邊在後牆寫下這個數字。

我把表演帶到尾聲，全場爆滿的觀眾跳起身。我深深鞠躬，我的馬尾掃過地板。這是我表達感謝和寬慰的方式。

換回自己的衣服之後，艾爾森衝進化妝間擁抱我，說道：「妳應該為自己感到驕傲。」

「我是呀。」我哭了十五秒鐘，然後道歉。

離開舞臺的時候，我確認了一下手機。許多來自朋友的關愛和推特稱讚，但完全沒有T的消息。在演後招待會的某個時間，他才傳來簡訊：情況如何？

我很羞愧自己居然這麼失望他沒能和我一起慶祝這個重要日子，如果我提起這件事，他會說：「但是鮮花和陳腔濫調對我沒有任何意義，妳真的想要一個空虛的姿態嗎？」

我想要。

但目前，我興高采烈。我在化妝間花了一點時間，把我對T的所有憤怒失望揉成如豌豆般的一小球，塞進口袋。我和我的即興秀團員、設計團隊、劇場人員擠進杜魯蒙特街的一家印度餐廳，狼吞虎嚥煎捲餅和醬菜，並從隔壁賣酒商店運酒過來。我度過一個歡欣雀躍的夜晚，甚至忘了那團小球，直到我轉身太急，它開始舒展，刺傷我的大腿。我花了好幾分鐘，才把它壓回豌豆大小。

表演前期的觀眾並不多，但到了三週演出期間的尾聲，好評不斷，迴響熱烈。此外，我們還極幸運地得到《衛報》專題報導，票房急拉，演出客滿，其餘場次都是候補狀況，更奇蹟的是，一名文學經紀人和我接洽。她相信「庭院出清前男友」可成為有商業可行性的書籍。我踩著花俏舞步，牽起我的舞臺監督帶著她繞圈。我寫電子郵件給律師，她回了一句：就跟妳說吧。

表演落幕後，我的身體憔悴，累到完全不想動。我和我的文學新經紀人開始著手寫書的提案。

我和 T 復合已過了一年，但我們沒有慶祝週年。沒有什麼好慶祝的，我甚至無法提起我對開幕花束的看法。因為請求不要在排練剛開始時分手，我似乎就放棄了要求任何事的權利。他所有行動都像先記帳的，我必須保持客氣。我不知道哥哥或歐利的狀況，這裡一直就是只有我，我，我。

我的新經紀人安排了一連串與電視製作人的會議——而因為我欠缺電視知識及偏愛實驗性方案，全被我搞砸了。在這些會議後，我舒適地蜷縮在公寓，裝飾諾福克松樹，和法艾烘烤許多耶誕餅乾。餅乾放在水槽上方的巨大特百惠（Tupperware）盒子裡，我用力咀嚼餅乾，並穿著家居袍來回走在地毯上，研究出書提案，思考著如何把我的個人秀轉變成文學作品。

沒有旁白工作的邀約。我和製作人結算表演的財務狀況。因為我們始料未及的早期低迷票房及優待票的銷售數字，我必須動用大筆私人資金。會議和耶誕派對自然而然進行及結束，我今年再度留在倫敦過耶誕節。

納維德在冰島和艾絲莉共度佳節。T 跟他的家人在紀念弟弟的逝去。當我找到歐利時，他正在荷蘭村安放新床墊，這裡是最適合他品味的一個新加坡「波西米亞」社區。

我喜歡在倫敦過耶誕，整個地方空蕩蕩。清除堵塞後，它的肺就有呼吸空間了。市中心的靜寂很珍貴，近乎於我對於新雪初降的崇敬。

我得到休息。在耶誕節上午，我睡得很晚，為自己做了鬆餅大餐，一邊收聽 podcast。這主要是想增添聲音到一片安靜之中，但當來賓提到「違背完整性」時，我放下了長杓專心聽。他說，針對完整／正直（integrity）的定義，他喜歡採用「integer」這個字的來源，這個字表示整數，出自拉丁文中的「整個」。「我是否生活在一個完整狀態？我是否生活得與自我一致？我是否精力充沛地保有完整及活著？」他解釋說，完整只是能量及一致——不是道德或倫理上的。違背完整性就是打斷一個人的活力和完整。

吃鬆餅的時候，我查閱了完整的定義。

完整，名詞

一、誠實和道德正直的特質

二、整體或一致的狀態

這讓我突然想要同時再次查閱尊嚴的定義：

尊嚴，名詞

一、值得尊敬的狀態

二、冷靜或嚴肅的舉止

三、對自己有自豪感

我的食指拖過盤子上剩餘的楓糖漿，在思考這兩個指導原則差異的同時，不留下任何一滴。

對我來說，差異在於「完整／正直」是內在的，是關於成為整體，讓內在感情及欲望和外在行為及表達相符合——一種做為自我的一致感。然而，「尊嚴」是關於從別人及自己取得尊敬——著重在評判和尋求贊同，而不是單純做為整體。

我開始倒一點點的楓糖漿在刀子上，然後舔掉它。

尊嚴，即使在其自尊的領域，也與光學有關。尊嚴仰賴評估。

就在此時，米羅傳了簡訊過來：

麥吉，耶誕快樂。如果妳認為單人日太寂寞，歡迎妳過來晚餐。我的家人很樂意有妳來訪。:)

我躺在地毯上。我的生活一直過錯了。我有嚴重的違背完整性問題。我必須回到一致。我決心要成為一個完整／正直的人，而我清楚明白自己該怎麼做。我必須擺脫偽男友以及永遠不夠格的男朋友。這是發人省思的啟示，也有發酵作用。我寫給米羅，說改成幾天後的喝咖啡如何。

我和T沒有交換禮物。我們後來談過話，但我意識到我不能在他弟弟忌日前後提出分手。我們保持歡樂氣氛。他幾天後就要返回紐約，到時，我們會「好好聯絡」。知道自己就要離開，就比較容易去愛他，去大方包容他的悲傷。如果可以不求互惠來愛伴侶，所有的痛苦就消失了。這就是佛教徒所勸誡的嗎？我不認為我的沉思冥想已足以讓我成為無私的愛人。

我看到米羅了，他永遠早到。他狠狠抽著菸，來回踱步。今天只有咖啡，沒有披薩，我請客。

「麥吉。」他向我鞠躬。

我模仿他的樣子，也向他鞠躬。「米羅。」

咖啡館空無一人，只有我們兩人。很難把話題拉到我的中心要旨。他很快活，緊張地說笑。如同這次咖啡是我要求的一樣，我必須率先衝鋒。

「好，聽著。」我說。

他看著他的杯子。

「我感覺真的很糟糕。」我跟席雅練習過這段話，甚至放了筆記在包包裡，但我不會拿出來參考。以下是筆記的內容（歐利幫我刪掉了不必要的部分）：

> 我對你的行為，我並不完全引以為傲。~~我想，我一直表裡不一。~~我真的很喜歡我們的友誼，但自從你告訴我你對我的感覺，我就一直給你混淆的訊息。~~不是因為我喜歡你，而是因為我對T不滿意。我真的很享受你給我的關注。~~別擔心，我不會對你擺架子，說什麼「你值得更好的」，但我真的認為你值得百分之百的回報——我們兩人都是——我們所有人都是。我一直利用我們的關係做為支柱，這有違正直。

我設法盡量說出來，儘管語句有點混亂。他一動也不動，垂著頭。我想他還在聽，就繼續說：「我知道，對於我們兩人之間這件事，我一直很矛盾也模稜兩可。」我頓了頓，才直奔結論：「我看不到我們兩人有浪漫的未來。」

他抬起臉。「而妳永遠也不會看到嗎？」

現在，換成我盯著杯子了。「可能不會。」

「但妳以前可以。」

我點點頭，然後聳聳肩，然後頭往兩側擺動，可能是，也可能不是。然後說：「我想是吧？」

「但現在這是什麼？死了？」他的聲音發出男高音般的疑惑，聽起來像是快哭了。

我告訴他，我很抱歉。真希望我能接受，就許多方面來說，如果我可以命令自己和他展開戀情，我的人生就會容易許多，但是——

「我懂了。」他聽夠了，但我必須說完我的話。「我沒辦法。」

「麥吉，我懂了。」他疲憊又失望地看著我。

一對情侶砰地坐在我們旁邊，我們得到暗示離去。我們在漢普斯特德公園走了一會兒，米羅說，他不能再跟我做朋友，或許是永遠，但至少是一陣子。我料到會如此，我知道過去他一直是全有或全無的類型，只是他和茱莉的友好分手，給我可以搶救一下我們友誼的希望。

一個戴恐龍口罩和穿芭蕾舞裙的小孩騎著滑板車橫過我們的步道，放聲唱著：「那是愛」。

我和米羅相視笑了笑，看著她爸媽追著她。

「麥吉，我們原本可以擁有美好生活的。」米羅半是惆悵，半是勸告我。

「我知道。」我想要擺出和善的模樣，但只做到六成。

「T不住在這裡。」來了，我心想，偵察行動。

「我知道。」我說，放下武器。

「而且妳跟他在一起並不快樂。」米羅幾乎是用吼的。

我沒爭辯。

「妳真可悲。」他停在步道中央。

我轉向他，構思想法說出來：「僅僅因為可能不是T，並不代表就是你。」

細雨飄起，我們加快腳步。當烏雲籠罩天空，我們拔腿快跑。米羅衝進他的車裡，我留在車外。

他搖下車窗，提議載我一程，但我回絕，並開始走路。米羅經過我時，加速駛過一個水坑，濺溼了我的靴子。很好。

擺脫一個，還有一個待執行。我將帶著這已平衡過的方程式，展開新的一年。

帳簿

愛情	和 T 快分手了 偽男友已離去
金錢	必須跟自己借錢，來彌補票房收入的不足，燒掉八千英鎊的積蓄 負債 890.82 英鎊 銀行存款 436.40 英鎊
職業	自從九月就沒有旁白工作 和電視臺開會沒成果 找不到打工 進行出書提案 準備到多倫多及鹿特丹演出「庭院出清前男友」
總計	？可以更好

第3部

成本／效益分析

Cost / Benefit Analysis

第18章 支出

「我的大學經濟學教授告訴我，大部分的人都厭惡冒險。這表示，需要有回報才會進行這項冒險。風險愈高，人們必須越過的可能支出就會高。」

——麥克・艾靈頓[33]

等T回到紐約市，我們就準備透過Skype著手面對問題。癥結在於，這段感情不會成功的。我們現在的情況是，我所想要的——或說需要的東西急遽減少，我們必須結束。當我們一起做出這個決議時，我全身洋溢著輕鬆感。

我們同意繼續討論，一起處理這件事。接下來幾天，我懶洋洋地躺在沙發上，T和我協商我們的分手。

對話流暢，而且友善體貼，充滿道歉、悲傷、懊悔和淚水，接著是麻木，並夾雜一些我爭強好勝的憤怒時刻，這時我會朝他丟書，列舉他讓我失望的地方：

「你在對我很重要的場合上一直很不大方——開幕夜沒送花。你還沒見過我的家人。你從未取得英國護照，也沒承認對此食言。你從來沒有來倫敦待上一個月，並且再一次沒承認你說過你會這麼做。你一再又一再放下治療。在你即將來歐洲的行程中，還沒有計畫要來找我。當我有這麼多空閒時間時，我們沒有安排耶誕節或新年前夕的計畫。你不曾努力計畫和我 Skype 約會。而讓我心碎的是，這麼多年來，你從未看過我的個人秀，從未把它當成頭等大事。」

他說：「我不是因為妳的表演才跟妳在一起。」

「我的個人秀是我這身分的一大部分。」

但隨著剖析我們的關係，T 開始質疑分手到底對不對。他說他把耶誕節和新年搞砸了。他就要來歐洲工作幾個星期，趁機見面很合理。他說，拜託來布達佩斯。在對話的某一時刻，他預訂了一個大到足以讓我跟他同住的公寓。當他跟我說這件事時，聲音有種狗兒傻笑的感覺。

幾年前，這樣的姿態會讓我著迷，但現在，我幾乎無動於衷。「你沒有確認這些日期我是否有空。」我說。不過，經過這一些來回，我們發現彼此更親密了。我們率直的對話驅散了緊張關係，加深了我們的羈絆。我承認，我想見見他，來好好道別。我們將在布達佩斯一起解決這段關係。

他還預約了二月在多倫多觀看「庭院出清前男友」的門票，還有機票和 Airbnb 的住宿。在我們分手後，有他到場看演出，似乎有點奇怪，但既然我們承諾繼續當朋友——畢竟，我們其實就是這樣——就沒什麼問題。

33 Michael Arrington（一九七〇～），美國資訊科技新聞網站 TechCrunch 創始人，二〇〇八年曾被時代雜誌選為全世界最有影響力的人之一。

在布達佩斯，我和T把我們所有深情和懺悔投入我們迄今最棒的性愛當中。這是一種緊抓不放、絕望迫切、「趁我還能讓我擁有你」的性愛。我們住的公寓在一棟新藝術無電梯大樓頂樓，床頭有一扇眺望鐘塔的圓窗。雪花紛落，我融化在色彩裡，T的高超口交技術抹去了我所有話語。

當他白天外出為報導奔走時，我持續進行出書提案，有斜度的閣樓牆壁被我貼出一道便利貼彩虹。

我們最糟糕的時刻是T在晚餐時恐慌發作，他開始焦慮某件事，而我告訴他，我對他已用完同情心。

「你的心情主宰了這段關係。」我說，我的同情心已被抽走。「當你心情不好的時候，任何事都是你不想發生的。」

他終於說，他必須回去接受治療。我做了一個「隨便你」的表情，心中想著，謝天謝地，他很快就要離開我的生活。

最美好的時刻是在床上度過，以及蹣跚穿過鵝卵石街道，去找尋T決心要我們嘗試看看的大頭菜封（stuffed kohlrabi）。在布達佩斯，壓力解除後，我們突破到折磨我們的痛苦的另一頭，帶來一種力量和清晰思路，恢復了我的希望和他的承諾。到最後，我們結束不了。這趟旅行過後，我們更依戀更有連結。我們合理化這件事。等T下個月到多倫多看表演，我們屆時再說再見。

回到倫敦後，出書提案應該是我的首要重點；然而，艾絲莉耶誕節期間懷孕了。所以一個更早的搬家日期猛然推上前來，我和納維德沒有真的道再見，我們擦身而過，兩人各自從公寓搬走個人物品。我的植物送去法艾的花園，劇場收納了表演的所有材料。少了我們的東西，公寓顯得冰冷許多，異常寬敞。

我漫步在法艾未來寶寶的嬰兒房，以及圖丁區的史丹和蘇的家中，後者是一對七十多歲夫婦，在我搬去納維德家前是投宿在他們家。同時，我也在省錢並尋找自己的公寓。我在家寫作的癖好驅動了這個欲望，而可望到來的出書合約會讓我的銀行存款增加，使我這個願望可行。不管我在租金「省下」多少錢，都流向了餐廳和咖啡館。我沒有追蹤開銷流向，因為知道數字會讓我苦惱。找房子引發了我對 T 的怒火。為什麼我們不是在找我們的房子？

歐利說同居被高估了。他在新加坡的公寓現在做為一種絕佳的「旋轉門」，不准任何情人過夜。

在即興秀中，我的衝動帶來了暴力場景。我不是扮演法西斯的中學老師、吸血生物，就是鈣化的中年婦人。「你為什麼喜歡我？」我以指責的語氣質問共同演出的團員，我的尖銳角色在整場表演中都對他很嚴苛，而他不斷以愛慕回應我急躁的語調。

我的質疑博得哄堂大笑，我和我的場景夥伴開始變成屍體。「給我一個吻。」我命令，而他照辦。我的教練說，這是整季中我唯一賺得的親吻。

法艾今晚獨自來看秀，她咯咯笑到尖叫。她已經沒懷孕了，最近這一次懷孕持續十星期後流產。她和她老公一直在吵架，他去了西班牙馬略卡島參加一個男性婚前派對。表演後，她從我身上脫掉我穿著的運動衫，以亢奮的氣音解釋說，她笑得太厲害尿溼了內褲，需要有東西遮掩一下溼掉的屁股。

T 要在多倫多待兩天。知道表演會占據我的時間，他已準備要不滿我們少少的相聚時光。他在表演前送了禮物到後臺，並在之後衝到化妝間來親吻我。但在和我的朋友喝完酒，我們吃力地走在人行道壓實的雪上時，他向我承認，整場演出期間，他都想尖叫：「沒有另一個人，妳是無法建立愛情成本的方程式！」

我沒有含糊其詞。（這不是方程式！是公式！）當我們進入公寓時，我只是嗚咽哭泣。

這間 Airbnb 住宿的水壓不足，淋浴的水很冷。我渾身哆嗦爬進床裡，我們沒有做愛。我沒有把它視為拒絕，我不想被碰觸。

隔天上午，T 承認他不喜歡他在表演後被降級的角色，想要能做自己，不要被擺進測試版。我告訴他，我看得出這不公平，我訪問了我許多其他前任，卻沒有他。我甚至沒給他在這表演發聲的機會。

隔天，他協助團隊從劇場搬出道具，並買了昂貴的泰國菜，送給我大豆蠟松香蠟燭做為情人節禮物。

這樣匆匆飛來的行程怎麼能做為我們的最後道別？事情感覺還沒完。我想要去紐約找他。回到倫敦，我從我在法艾家中的房間，訂了機位——一個與男友勾結的叛徒，不服從她的大姐姐。

現在三月了，法艾經歷了她十一個月來的第四次流產，而我仍住在她家。這樣一直增加的失去似乎是屬於努力參與的兩個人之間，然而我在這裡，扮演見證人及緩衝者。

我渴望讓自己幾乎不存在。我到處都躡手躡腳，小心翼翼打開少量的淋浴花灑，慎重關上櫥櫃門。但是法艾和盧烏不需要，甚至像是希望我別再做這些努力。他們似乎渴望有第三方在場，讓他們互相的注意力有轉移的焦點。

「我真的準備好當媽媽了。」法艾說。她的肚子上放了一個熱水瓶。

我陪她躺在她的床上，一起凝視天窗外。飛機交錯飛過倫敦大片絲條卷雲的天空，映入我們的眼簾。我想問如果這真的是關乎成為父母，而無關懷孕，他們是否考慮收養。但現在不是合適的時候，可能永遠也不是。而且，我知道對生活有願景，並且有想要實現它的特別方式，是怎樣的感覺。

當盧烏回到家，我滾下他們的床，很高興能由他上崗來替代我。

我繞行哈洛池，希望自己現在跟T一起走著。我想念米羅，想念歐利，想念多倫多。我想念二十一歲時，呈現在我眼前的眾多道路的可能性。

我的錢逐漸減少，我又有了卡債，而且還更多。我近乎六個月沒有旁白工作，書還沒簽出去。我寄電子郵件給我的打工單位，讓他們知道我現在有空了，只是我的行程有點難以安排工作，因為我要去紐約市一星期，等回來後不久，我就要前往荷蘭。

我的文學經紀人薇樂蒂安排了更多和電視製作人的會議，我寫了銷售簡報，並進行後續會議來說明如把舞臺表演轉換成小說式的電視影集，或是無腳本節目，讓大眾可以為他們前任送的東西建立公式，我將其命名為「分手巡演」。我開始展開一個podcast系列節目《愛情成本》，我將針對愛情與金錢的交叉點，在此訪問領域不相關的專家，從伴侶治療師到離婚律師，經濟學家和性工作者。有幾個商業戲劇製作人前來接洽，想充分利用這個舞臺演出，擴大規模，並在地區場館巡迴上演幾年。但我問自己，我怎麼能去外地巡演那麼久？要是我厭倦了這個演出呢？我就必須拿我演出的所有權交換我的時間。而且，如果我永遠不停歇，要怎麼認識新的人呢？所以我和我的經紀人沒有一絲遺憾，放棄了原本可能會是我的夢想的東西。我和倫敦卓越的表演場館開會，其中包括西區一家劇場。我們討論過轉移表演的日期，然後他們全都沒再跟我們聯絡，所有表達過興趣的劇場突然不再回應。電視公司在我們上次通訊中展現令人信服的熱情，但也都沉寂下來。

十二月之後，席雅允許我再次延遲支付治療費用。現在已到了三月，她說該是進行付款計畫的時候了。當我們敲定一個令人畏懼的日程表，以確保她在未來六個月間能得到還款時，我下定決心打起精神。

♥

在紐約市度過緊張的半天後——我當時質問T的嘛嘴吐氣法[34]和他對於空白頁的焦慮——我們就度過迄今最棒的相見。我到紐約的前一天，我的月經來了，不是說它很礙事，但我寧可不去處理它這種羈管職務。幸好，它只持續了三天。

東村安頓了我們，讓我們漫步，狂喜。但儘管這是我們所經歷過最為放鬆，衝突商數最低的一次見面，但我和T的潛在問題依舊存在。我們對共同生活毫無計畫，T不會對我們如何制定計畫提出任何建議。

然而，到了我準備搭機的時候，我們是如此緊密聯繫，如果離開彼此，我們都非常失落。在我返回英國之後的那些星期，我做不到結束，他也無法。我們再度互相依戀。「或許我們不必強迫它。」我們說：「我們可以讓它自行消散，總之，它會自然發生。」

這次花了比往常更多的時間模式才重複，但模式的確重複了。

在天氣剛開始溫暖到可以再度坐到外面花園的夜晚中，法艾一天晚上問我和T的狀況如何。

「呃，就是……」我決定不說謊了。「不好。」

「嗯——」她正想開口。

「妳知道——」我阻止自己。「說實在，算了。」

「不，說出來。」她把手中的平底酒杯往右揮，彷彿在替我清除道路。

「這就是我不想談他的原因，我覺得像是受到評判。」

令人不快的爭執在我們之間一觸即發，此時，約翰路易斯發出一聲奇怪的嚎叫，接連不停。

34 Pursed-lipped breathing，這種呼吸方法可以減慢呼吸速率，減少肺部氣體滯積、增加肺活量以緩解喘的情形，同時也有讓神經系統放鬆的效果。

接下來的一小時成了狂亂的夢境。我和法艾坐在Uber上，約翰路易斯一直抽搐。法艾衝著司機大喊開快一點，同時把她的手機丟給我。我向急診獸醫說明約翰路易斯的症狀，法艾則哄著要牠呼吸。在候診室的日光燈照明下，法艾來回踱步，約翰路易斯毫無生氣。法艾不肯支付救不了她的狗的儀禮。在回家的車上，我抱著裝有約翰路易斯僵硬身軀的垃圾袋放在膝蓋上。

「現在發生的事應該是我們的狗兒死了，但因為我懷孕了，所以沒關係。」當我們回到家時，法艾說道：「這真是一團亂，他媽的一團亂。」

當她哭泣，在浴缸裡喝紅酒時，我清空冷凍櫃，把狗兒放進去。盧烏去羅馬尼亞出差，我打電話告訴他，約翰路易斯血栓，導致中風。

他說他會試著盡快回家，但可能無法太早離開。我拿了開始融化的一盒巧克力香蕉冰淇淋給浴缸中的法艾。

她隔天請假，要求我也這麼做。我們在後花園的檸檬樹下挖了一個坑。

「我是說，養寵物時，就知道有這樣一天——知道牠們會死，但是……你認為這樣值得。但我不知道為什麼我會讓自己再次置身這種事……」她在他們豪華的花園家具上縮成一團，發出我只能形容為哀泣的聲音——介於哀號和吟唱之間。「什麼時候才能停止可怕的事呢？」

「我不知道。」這是我唯一能夠擠出的答案。當我碰觸她的背，她瑟縮了。

我們喝琴酒，昂貴的琴酒加上新榨的橘子汁，當橘子用完後，法艾改加冰塊。看到我改喝茶時，她大為生氣，說我應該多吃一點。儘管飢餓難耐，經常吃東西，我的新陳代謝似乎加快當中，最近甚至只要喝幾口酒，就會導致嚴重頭痛。

後來，她要我說T的事，讓她轉移注意力。

我不想。「相較於妳現在所經歷的，這實在太瑣碎了。」

「全都相關——痛苦就是痛苦。」

「好，但我可不想聽到說教。」

「嗯，那麼或許別告訴我。」她躺回L型沙發，開始流淚。她發出了一聲野獸般的長長嚎叫。

而我看著，為自己本質微小的悲傷感到難為情。

接下來的星期中，兩家出版商買了我的書。一家在加拿大，一家在英國。我嚴重誤判了圖書預付款的現行費率。它明顯少於我心中許諾自己的數字。而且也沒料到預付款是分三年四筆支付，出版前我只會收到兩筆。

「在我寫這本書的時候，該怎麼養活自己？」我問我的經紀人。

她深表同情。「對，這就是作家的難題。」

幸運地，如我哥哥說的，我可以「賣聲音給人們聽」。

我正打算這麼做。只是人們最近不買我。而這段時間的荷蘭藝術節很有趣，我卻差一點無法收支平衡。我的信用卡債如雪球般愈滾愈大。

讓我繼續震驚的還有找房子的事。根據我最新的申報稅單，房屋仲介說，我每個月最多可以負擔一千零五十三英鎊的租金，如果要租更貴的房子，就必須預付差額，以及六星期房租的押金。

我不斷想著：如果我在免費住宿期間無法打起精神處理好這堆鳥事，那怎麼擁有自己的住處？其中是否有我可以打破的模式？如果發生的這一切就是我反覆從大餐到飢荒，那些關於財神爺的咒語冥想有何用處？

幸運的是，在同一週的期間內，有四個迥然不同的人問我能不能教授如何創作個人秀的課程。從我在史丹和蘇家中的單人床上，一份教學大綱具體呈現。我擺好放在肚子上的筆記，狂熱打著綱要。在席雅的鼓勵下，我訂了一家場館和廣告。課程迅速額滿，我加開了另一堂課。為了慶祝此事，我取消訂閱了那家餐飲服務公司的電子報。

有了新的收入來源，加上書的預付款，以及我開課後幾天拿到的一集電視工作，我拼湊出租金差額、押金和第一個月的房租，在五月，我簽下了自己在倫敦東南一處公寓的租賃合約。公寓可說是位於無人地帶，距離最近的地鐵站要走路十分鐘加上三十五分鐘的公車車程；到最近的地上鐵車站是二十五分鐘路程，走路十八分鐘到南方鐵路火車站。但是這公寓是如此明亮、乾淨、溫暖及寬敞到我不太想邀請朋友過來，神明寵壞我的這些財富讓我深感慚愧。

我來加地夫市拍攝電視節目，在這裡的旅館房間裡，我試著向T解釋我發現自己和他在一起時的困境。「這裡有個我深愛的男人，還有一個我急切想要的那種關係，但我似乎就是不能讓兩者合而為一，這讓人抓狂。」

T說我們困在「痛苦循環」中，這種模式的結果總是如出一轍。

「如出一轍是因為你不改變。」我平淡地說。

他說不是他認為我不好，他想給我想要的一切，但就是再也看不到為我們這段關係奮鬥的意義。

我不再冷靜疏離，問他為什麼我不值得更多。

「海莉，我討厭妳這樣說，這並不是反映妳的價值。」他沒說出口，但我看得出他想要告訴我別再引用自己的演出。

歐利現在發誓說，他只想要隨意的親密關係。他最近開始約會一個新對象，對方和他的前任相較是相形失色，但歐利還是不情不願繼續走下去。

跟歐利在手機上聊天時，我一邊漫步走在加地夫市中心的維多利亞市場，欣賞這裡的魚貨和鮮花。

當我告訴他，沒有人要他跟這個人約會，歐利說我們年輕時感受到愛情是無法複製的。「等到了某個年齡，它就對你滅絕了，任何可以取得的都是較差的版本，是拷貝的拷貝的拷貝版本。為什麼要試？」

「歐利—利—利。」我試著這樣叫他的名字來提醒他是怎樣的人。「不是這樣，不是突變的複製人，這是完全不一樣的事。」

「那麼，這『不一樣的事』更糟，就像萎縮的肌肉，皮膚鬆弛、味覺鈍化，愛情功率衰退。」

「你不知道會怎樣。」

「妳這麼說，只是因為妳是樂觀主義者。」

「我不是。」

「好，妳不是憤世嫉俗者。」他抽了一口電子菸。「對我們憤世嫉俗者來說，如果一切不是結束於心碎，就是結束於蔑視，那希望還有什麼意義呢？」

「因為親不敬，熟生蔑嗎？」

「是呀。」

他考倒我了。我慢慢穿過市場，膝蓋開始疼痛。衰老是痛苦，我心想。「你是在說你不相信有任何美好、持續的愛情嗎？」

「你認識誰擁有它？」

我絞盡腦汁有誰的感情關係是我想要仿效的，沒錯，非常少。

「如果每段感情都會遇上同樣的掙扎，那跟誰在一起真的重要嗎？」

「所以，我應該安於一生掙扎，和Ｔ共患難——然後享受罕見的幸福時刻嗎？」

「就是別指望跟別人會更好。」

我坐在長凳上，按摩抽痛的膝蓋。「的確，沒有人是完美的，但兩人的相容度呢？那愛情呢？」

「那愛情呢？」他空洞地說。

回到我倫敦的新家，我和Ｔ同意再次分手。鑑於我們過去失敗的戒癮行動，我們打算一星期不聯絡，讓自己放手。掛上電話後，我被自己急速的心跳給嚇到了，它最近時常這樣。我告訴自己，妳的心在碎裂當中，無怪乎它感覺詭異。其他事情也一直感覺詭異，早上時，我手腳關節都會疼痛，而且還有宿醉等級的頭痛，即使我滴酒未沾。我和醫師約好幾星期後看診。

隔天上午，我正準備在九點前坐到書桌前寫書時，我的心臟劇烈跳動。我躺在木地板上，狂冒冷汗，渾身顫抖。我從家居袍口袋拿出手機，並且測量心率：每分鐘一百四十下。

在醫院時，他們一直問我最近是否感覺焦慮或心情不好，我回答：「我這一輩子都在焦慮和心情不好。」經過十小時和幾個驗血檢查後，我被診斷出一種叫做葛瑞夫茲氏病的自體免疫疾病。我的甲狀腺機能亢進。我一直把我所有症狀歸因為失眠、老化和新陳代謝問題，而沒有注意。

我在醫院打電話給T，他立刻搜尋甲狀腺疾病，並以「麥吉男友」的名稱加入一個甲狀腺亢進聊天室。回到家中，當我因為乙型阻斷劑及高劑量的抗甲狀腺藥物，躺在沙發上昏昏入睡時，他持續從遠方確認我的狀況。

我有一個即興秀的團員白天是整骨醫師，他為我制定了一套飲食、睡眠和冥想指南給我，其中有一句話提到壓力——尤其是處於失去情感上支持對象的威脅——引發甲狀腺機能亢進問題。我沒把這件事轉告T，但當他吐露他擔心我的病症都怪他時，讓我想到了這一點。我跟他保證，不是他的緣故。但我不解，我到底做了什麼才會讓自己出現這個問題。

我跟席雅討論現在要治療什麼。而再一次，我鼓起勇氣，停止分手的折衷方案，我向T要求我想要的事，要他過來跟我共度幾天寧靜的日子。

「我不知道這是不是好主意。」他以社工語調說道。

我先是嚴厲批評。「這真是太過分了，你兩星期後又要去布達佩斯，卻沒計畫來看我。」然後，我把所有驕傲推到一旁，哀求說：「我沒有別人了，我不想孤獨一人。」

他提醒說，我們的關係讓人痛苦。「而且海莉，我們正在分手當中。」

「那麼你為什麼一直打電話給我？」

他沒有回答這個問題，只是說：「如果妳要我去，我就讓妳如願。」

「我想要你想要來見我。」當這句話換來一聲嘆息時，我保證我們會分床睡。

我盡責地為他清洗了被單和毛巾，並在我要睡的書房地板上擺好床墊。他問說，我的治療師是否願意協助我們分手。我喜歡這個主意，而席雅考慮了一下，便同意了。

T在熱浪時節到來，但我現在住的地方離漢普斯特德公園太遠，沒法去游泳。他剛到的那一天，他按摩我的腳，並買了一棵種在陶瓦罐子的蕨類植物送給我。我們深情以對，嘴唇卻沒有相觸。他提議說要去泡茶，卻因為手機而分心。我克制想要指出這件事的衝動，自己去泡了茶。他吃著我滿懷期盼買回來的葡萄柚。

我在晚上淋浴。我的恥毛完整、柔軟茂密，乳頭沒有拔毛，雙腳和腋窩也都毛茸茸。乙型阻斷劑讓我每一天只三小時有活力，當我們同意不一起睡時，我為什麼還要花掉部分的活力時間來除毛？

當我包著一條毛巾，從浴室走到書房途中，T攔下我。

「我是說，我不知道，海莉。我來這裡是要跟妳在一起，我們用不著分床睡。」

我緊緊拉住毛巾，看著我腳拇趾上殘留的斑斑紅色指甲油。「不。」我說，輕輕從一隻腳換到另一隻腳。「我認為這樣很好。」

他神情痛苦。

「吻我，然後我們今晚試著分床睡。」我們輕柔而乾爽地吻了幾回，流連依戀，然後我告訴他，如果他先起床想出門，鑰匙在流理臺上。「別叫醒我。」

我在書房地板上睡得又沉又好。到了早上，我好高興可以自己一個人睡，這樣就可以放屁，占據所有空間，而且不會妨礙別人，擔心吵到T。

他帶了更多禮物回來：煙燻魚、新鮮雞蛋，還有《Monocle》雜誌和《觀察家》報。儘管剛才遇到了閃電雷陣雨，他還是立刻就去做早餐。

我們在沙發上躺在彼此的臂彎裡，他撫過我的髮絲，親吻我的額頭。

戶外的夏日氣溫再次升高。他有一個習慣讓我很生氣，但我老是忘記，直到相聚後才又想起來。他會問我一個開放性問題，而我一開始回答，他就走出房間，我就會發現自己在高喊，擔心他聽不到。當我指出這件事時，他道歉卻依然故我。我決定調適，當他離開房間時就不要再說話。

那天晚上我們做愛，非常美好。當他問說，他是否應該陪我睡在我床上，我說：「不要。」兩人都同意，我們喜歡睡在不同的房間。

隔天上午，我的公寓充斥著家蠅，數量多得離譜。牠們從踢腳板一處裂縫湧出，散落在牆壁上。我們損失了好幾小時，用紙巾碾壓牠們。

T非常一本正經地提出了一個聖經式的連結：「這是因為我們睡了嗎？」

「沒錯。」他嚴肅地說。

「不。」我向他保證。「這太荒謬了。是熱浪的關係。」但後來，坐在一家啤酒花園，狼吞虎嚥我們的週日午餐時，家蠅繞著我打轉。我觀察了露臺其他人，似乎沒人有這樣的困擾。

我鄭重地問T：「是因為我？」

他大笑。「不，寶貝。」

我們買了黏性捕蠅紙，掛到燈具上，但後來又在家蠅細緻的翅膀被厚厚的黏膠給黏住，腳往空中踩踢時，花非常多時間壓扁牠們。

後來，T為他一直沒有遵守誓言，抽噎道歉。他啜泣到失控的地步。「我有毛病。」他說。他很抱歉他為我帶來的一切傷害——這正是出現在我的演出中會驚嚇到他的原因。「海莉，對不起，真的對不起，我真的很對不起。我真的以為我可以做到。」想到傷害了我，讓他非常悲痛。「沒關係，沒關係，沒關係的。」在我們面對面躺著時，我努力安撫他，我知道他沒有惡意。而我突然頓悟了，我看到自己是怎樣把他丟到那個位置。沒人教我留在這裡，這樣雙手支著後臀，重重跺腳，要求他改變，並且拒絕接受他原來的樣子。「沒關係。」我再次說道。

他的眼淚滾進我的眼睛，與我的淚水蓄積在一起。當它們滾落進我的嘴裡，我敢發誓兩者味道不一樣。我抱住他好久好久，手掌緊緊貼住他的頸背。

我已經接受了這段關係，而且不只如此，我還共同創造了它。我也沒有遵守我這端的協議，我這邊是不能退而求其次，要堅守立場。

沒人教我留在這裡，我再次想著，這個觀念開始生根。其實，儘管文化上都是關於要及時找到一個像樣的人，但我生活中大部分的人都勸告我離開。而我也許算是愚蠢地認為——或說希望——我們的愛情將超越這一切阻礙，不只是實質上的距離，還有讓我們無法真正結合的內在障礙。我難辭其咎。

這讓我想到，人與生俱來的衝動是無法操縱的，只能以它們的步調透過時間慢慢演變。T的行為源自於完整／正直，對於我表達說我想要的一切，他無法給予。直到現在，我本身有了足夠的變化，再也不能接受他提供的東西。許多人早就告訴過我這件事了，但我必須靠自己得到這樣的結論。

在T留在英國的最後一晚，我們一起坐在沙發上，盯著我的電腦。席雅從她在大西洋另一頭的辦公室，提供做為我們的見證。T最初很抗拒，但席雅嫻熟觀察到我們功能失調的互動動能，而迅速贏得他的信心。

我從嘲弄自己開始，說我有著不屈不撓的決心，一直衝撞著我和T共有的連結進入一個並不吻合的交往關係。

「但是海莉，瞧瞧現在誰在妳身邊。」席雅指出：「他一樣努力，妳從來不是孤軍奮戰。」

「她說得對。」T說。

對話迅速來回，我急切抓住一些語句以存放在記憶之中。

在一個時刻，T說他知道我很堅強，卻感覺像在遺棄我，很困惑其中的原因。我們談論到我和T發現兩人處於兩極的角色。為了說明我的依附創傷，席雅未加思索地說：「海莉，當然，妳有這樣的想法：『為什麼會沒人竭盡全力支持我？』」

聽到這些話，我淚流不止，像是來自我太陽神經叢的大洪水。我聽見自己說：「我想要有自己的家人。」我不是說我需要有個孩子，而是想要一個一起建立家庭的伴侶，即使這個家庭只有我們兩個人。

「T，那你呢？」席雅問：「你想要有自己的家人嗎？」

他轉轉下巴，卻說不出話。「我不知道，我不知道。」

對此，她評論說，他這種如打乒乓般不斷來回的行為，無法對一個地方做出承諾，可能意指對於承諾或親密的恐懼，有一種不值得被愛的感覺。她和T認同，這是他需要自己解決的精神官能症，因為這讓關係無法發展。T道歉說沒有定期治療，道歉沒有遵守他那一方的協議。

我放棄了前幾天得到的頓悟觀點，改而詆毀他。「我的確怪你害我們失敗，我不懂你怎麼能不想更加努力一點？」

「妳可了解，不是他不想做，海莉，而是他做不到。」席雅說。

T糾正她：「呃，不，是我不想做。」

她溫和地反駁。「T，不是你不想做，是你做不到。做這些你承諾的事並不是你真正的行動，即使你是在想要去做的意識層面上。」

「對。」T說。

我也知道她說得沒錯。

我們像是取得了共識，但在我們逐漸收尾的時候，我脫口說出：「我知道這很擾亂，但我真的很生氣T從來不告訴我他想要什麼。」

經過一些來回對答，席雅對T說：「這聽起來像是，因為海莉能夠告訴你她想要的東西，所以你就可以做一些事來提供協助。但如果她不知道你想要什麼，那她就沒法做什麼來跟你妥協。而從我聽到的事情看來，我認為這必定讓她在這段關係中感到無助。」她提出一件事來打破這個循環，我們必須採取一些極端和勇敢的行動。「這樣如何？一年不聯絡，沒有義務見對方。」

我們對此緘默不語，卻都沒有反對。我們看著對方，這是很長一段時間，但歷史上看來，六個月還不夠。

「我害怕被丟回大海中央。」

T說他了解，他也在那裡。「我仰賴妳。」

等我們結束通訊，T把身子縮成一團，大喊說：「從來沒有人說我恐懼親密，恐懼不值得被愛。」「真的嗎？」這件事對我一直很明顯，卻從未想過跟他提起。我按下煮水壺開關，然後走向洗手間。我尿得很急，拔掉大腿上一根往內長的腿毛，然後去洗了一把臉。

當我帶著兩杯茶回到客廳，他伸展著身子，凝視天花板。我把茶放在散熱器上，殺死幾隻出現在窗戶上的蒼蠅，然後我溜到他身邊，對著他的白色T恤呼吸。我們好一陣子沒有說話，他的手輕輕放在我的背上。夕陽映照在貴族巷，在紫色和粉紅的薄霧中激起點點橘光。

「我好怕。」

「我也是。」

我們擁抱、親吻、緊抓彼此，互相捧住對方的臉，捏壓彼此手臂，輪流安慰和打氣，並且說著「我們試過了」、「我們真的盡了全力」以及「等到六十歲時，我們還會是朋友，我們會嘲笑說兩人以前居然試著交往，真是太荒謬了」。最後是：「我知道我永遠找不到比你更好的人。」然後我哭了。「我真的，真的很對不起，我沒有更加包容你弟弟的事。對不起，我一直這麼愛生氣，這麼情緒緊繃。」

他說他了解，而且我沒做錯什麼。

在我的床上，我們吻得小心翼翼，帶著關懷、溫暖和終結的意味。他游移到下方，為我口交，我提醒他，我今天還沒洗澡。

他說：「我不在乎，我愛妳，海莉。」彷彿愛情奪取了令人作嘔的因素，我猜想，對他來說，的確如此；對我也是。這是噁點的另一面，就是當有人在其最為骯髒污穢的情況下仍吸引著你。我略為走神了一下，想著我一定要記得這個特質，這樣就可以寫在書中。T是個有騎士風度的情人。

即使他上午就要離開，我們還是分房睡。當他醒來，他回到我直接擺放在地板的床墊，我們再次做愛。然後，我們吃了早餐。

吃炒蛋的時候，我們分擔了療程的開銷，但T記錯了費用，比他需要給的還多轉了十元加元給我。在我打算轉還給他時，他不肯收。「它遠超這個價值。」

T說，正如他猜測的，相聚在一起讓分手這個決定更加困難。尤其現在，我們已經了解分房睡以及伴侶治療非常有用處。他擔心自己正在犯下這一生中最大的錯誤。

「我不擔心。」我還來不及做好準備，或是深呼吸，或是思考時——就說出口了。

「妳確定？」

我點點頭。「我們必須分開，否則沒有希望。」

「我們的確如此。」他幾乎失笑。

通往我們想望愛情的唯一途徑就是終結這一切。我們討論了一年不談話的條款，同意相信對方都在想著我們。

他說如果我找別的對象也沒關係，這是他必須承擔的風險。

我希望我會，希望他不會，但我沒有說這件事。我說：「如果你找到別人，請不要立刻揭露在社群媒體上。」

他答應他永遠不會如此。

我說我也不會。

他說如果我這麼做，他能接受。他想要我快樂——他在乎我的快樂更勝於他自己的快樂。

我相信他。「T，還有一事。」我說：「這不是你的錯，在我最好的自我中，我不怪你。」

他點點頭，往後靠。我們的盤子現在都空了，兩人都不想看時間。

「而且要讓你知道一件事。」我說：「即使我沒有明確放在獻詞——這本書真的多虧你了。」

他捏了捏眉心。

「所以我們扯平了，我們打平了。」

他看著我，一隻手放上我的肩膀。

「我會改變細節——我會說實話，但是『調整角度地說』。」我往空中彎曲手指表示引號，努力緩和我們最後在一起的時刻。

「或是說謊，如果這樣會變成更好的故事的話。」T 提議。「這不是新聞。」我的手指圈住他的手腕。

「只是說真的，海莉，妳需要寫什麼就寫什麼。」

我們說了好多次我愛你和謝謝你，然後兩人在門口落淚。我的淚水弄溼了他白色T恤的胸口。他把他破舊的長形行李袋甩過肩膀，然後吸了一口氣，平緩他的嘴唇。「好的，再見。」

淚水哭不出來，我去沖了澡，然後重新擺放房間家具，換上新被單，等候悲傷襲來。等收拾好書房，我的視線落在「庭院出清前男友」的筆記，一堆紙張爆出了活頁資料夾——就像不知饜足的怪獸嘴巴，食物從前方溢出——這個資料夾幾乎裝不下那麼多小時的仔細計算和討論，以及爭論每個數據點和其衍生物。
我猛然翻到中間，讀了起來：
當我問理久關於T的事，他說：「這個人已經給了妳許多。」
而我心想，去你的理久。他什麼也沒給我。
我當時認為——或說希望——回報會是共同的人生，最後生個孩子。
我歡樂地寫出了舞臺劇的另一個結局，我是這麼寫的：
「我不想要寫結局，我不想要成為以分手創作了演出，卻墜入情網的人。我不想要說：『嘿，各位，這件T恤已經不賣了，因為我們復合了，他已經搬來倫敦，而這不是墨西哥捲餅……』」（指著自己肚子）
我寫下這個歡樂結局是因為當時我們過著飛逝的蜜月時刻，在池塘裡游泳，我確信結果就要到來。那個時候，看起來真的很有可能在我演出這個作品時，我必須要說：
「對於詩意的時機，我很抱歉，但事實是，化妝間那些快要爛掉的花是他送的，他現在就坐在後排，隱藏他的笑容。我再也不用去市場了！」

此時此刻難為情的是，當時想像這樣的結局給了我多少歡樂。此時此刻難為情的是，我對現狀的鄙視之情因為幻想生活在這樣的結局而快速散去。

一絲希望是我還沒有陷入那特定的陳腔濫調，我沒有設法經受一個艱困的愛情，只為獲得大片落日。

這個回報不是一生，而是釋放。我獨自一人，卻不是在一段會壓碎我的關係之中。我是自由的。

帳簿

愛情	終於和 T 分手
金錢	原本負債 4,681.74 英鎊 然後得到酬勞： 第一期教學，3,072 英鎊 電視臺工作，2,477.45 英鎊 最近的旁白工作 5,733.28 英鎊 第二期教學，3,731 英鎊 出書合約，4,735.27 英鎊 支付 6652.94 英鎊租下我在倫敦東南的新公寓 現在無債一身輕！ 我付給席雅 1,438.23 英鎊（2,480 加元，31 堂療程，每堂 80 加元）
職業	「庭院出清前男友」得到出書合約，我正在寫這本書 開始教課 電視系列節目工作 還沒有「合適的」劇場轉移合約
總計	？

第19章
餘波

餘波（aftermath），名詞

一，重大不愉快事件的後果或事後影響。

二，農耕：割草或收穫後所長出的新草。

「古典經濟學理論儘管是基於人類動機這種不充分理論，但可以藉由接受較高人類需求的現實，其中包括自我實現的衝動和對更高價值的熱愛，而發生革命性的變化。」

——亞伯拉罕・馬斯洛

我抵達銀行，輕鬆地拉開大門。瑟西雅不在這裡，因為這是我新家附近的另一家銀行。我決定來這家銀行是因為打電話給瑟西雅約時間後，卻發現她正在休第二次產假。

在我的新銀行中，卡洛斯帶我到他的辦公室。我來這裡是因為接受哥哥的指示。奇安已返回他在溫哥華的工作，而且多虧 Tinder，有了新戀情。他「發揮作用」的六個月，給了他新的生活哲學：做的事情不重要，重要的是在心中建構它的方式。我欽佩他新的處世方法，即使我不是完全信服。我猜想他將永遠比我更有智慧、更進化。

「我來這裡是要開一個免稅的儲金帳戶。」我笑容滿面。

「聽起來不錯。」卡洛斯心不在焉哼吟著，轉向椅子面對電腦。

我告訴他，我以前從來沒有儲蓄。

「哦，儲蓄。」他渴望地說著。「對，我的婚禮毀了我。」他自顧自哼唱著，一邊敲著鍵盤，然後問我的住址。

我不假思索背出來，並告訴他我自己一人住在那裡。

他說，獨居的話，他會太寂寞。他是屬於討厭自己獨處的人。

「我的朋友米羅也是這樣。」我說。我猜想他不再是我的朋友了，但他幾天前有打電話給我。他現在跟一個馴犬師展開新的關係，這件事已披露在他所有的社群媒體。兩人看起來似乎乾柴烈火，而茱莉開啟了一個關於多角戀的 podcast。聽到他的聲音讓我思念 T。

我跟 T 竭誠遵守我們不聯絡的一年。除了間歇油然而生的陣陣悲傷，我並未因為他不在而受折磨。我感到前所未有的清醒。

當我告訴法艾我和 T 在專業人士的協助下，真的結束了，她說：「感謝基督。」並往天空舉起雙手。她最近時常過來，儘管這對她有九十分鐘車程。她和盧烏已不再嘗試生小孩。「心碎太多次，我們覺得不想再跟對方做愛了。」結果發現，他在馬略卡島跟別人上床，但她不打算離開他。當我建議她可以離開時，她告訴我，不是每個人都是分手迷。她和老公現在改而接受一個她所謂的「緊急伴侶治療」。得知處於忠誠長期關係的人也可能心碎，真是讓我虛心受教了。稱謂、文件、大量的共同資產都不能保護我們免於此事。而我認識到兩人之間有足夠的美好，讓她願意留下。

卡洛斯向我一一說明我開的帳戶條款，在這個戶頭中，錢可以存入，但一定時間內不能領出。這是一種信念行為，賭我自己會經常有不錯的收入。

當我付清席雅的費用，她再次調整對我的收費。她的聲望同時也提升了。經過我最初的不滿後，這似乎也像是我進化中的一種信念象徵。

T離去的那天，旁白工作又回來了。剛開始是涓涓細流，然後是浪潮來襲。我一直在賣聲音，拿到酬勞後，我就存起來，當成投注這帳戶的紅利。不用提示，我主動告訴卡洛斯我在做旁白配音。「『她有副聽起來像是金錢的嗓音』——這出自《大亨小傳》。」他告訴我。「我喜歡這本書。」

我告訴他，我正在寫書；還告訴他那場演出的事，以及潔瑪與公式。而我今晚剛好要跟潔瑪共進晚餐。

卡洛斯說，這聽起來很酷，但對他來說，一旦關係完蛋，他就會丟掉所有相關東西，徹底和對方斷絕來往。他說但願他永遠不會離婚，否則就必須丟棄一切。

我說：「很多人都這樣。」想到米羅說過他前往慈善商店的行程中，車子塞滿前任的衣物、廚房小玩意和風格獨特的馬克杯。他終於搬出茱莉的房子。我好奇他當時是否也做了大清理，或者她有沒有這麼做。歐利則是另一種情形，他仍保有前任物品的小小神龕——兩條口袋方巾、一把刮鬍刀和一張過期的信用卡。

卡洛斯問說，我從賣出這些物品得到多少錢。

我解釋說，它們目前被綁定在一個更大的投資裡。看到他一臉困惑，我說：「我使用它們做為演出的道具。」

他想知道我的前任對於出現在我的書中有何看法。

我微笑。「我不知道。」

我希望他們會覺得受到重視。我想要為他們伸張正義，尤其是T。我想向他帶給我的好事及我們所培養的東西致敬，只是訴諸文字時，很難不帶上甜膩、哄騙或戒備的語氣。而我偏好負面的傾向讓我打了史詩般的大量描述在不好時光上——小小的委屈、周而復始的爭執、挫折和痛苦。或許，寫壞事比較容易是因為這提醒了我為何分手。

我簽了一些文件，然後卡洛斯給了我合約副本。帳戶已經開啟，我很快就能賺取利息。他和我握手，祝福我寫書、表演及所有「未來努力」都能夠順利。

等我走出銀行，我沒有拉上外套。番紅花從土壤探出，倫敦呈現褪去灰色的自我。人行道帶著溼氣，我聞到的只有土壤的氣味。我現在三十四歲。

我收到編輯的電子郵件，她寄來對於我最新書稿的批注，說它的結尾太突兀。她希望多了解我學到了什麼。

當方案和我的生活本質上互相依賴時，我要怎麼提取個人教訓？我轉彎離開家的方向，前往德威公園來好好思考這個問題。

我承認，為了得到價格標籤，我拆解並評估各段關係的組成部分，但我不知道為了得到有條理的結論，要如何解開發揮作用的共生要素。

想法突如而至。我躲開兩個溜直排輪的人，找了一張長凳坐下。我從包包拿出筆記本，寫下：

> 我將盡全力明確呈現我的發現，但如果它們沒有貼近帳簿的做法時，請原諒我。

木凳的溼氣滲入我的牛仔褲，但我繼續坐著，開始列舉我在愛情和金錢上的收穫，做為建立公式、表演節目和寫這本書的副產品。我列出我學到的明顯事物：

——如何給自己足夠時間與支持來創作並執行我設想的方案
——數學並不客觀——它可以被操縱
——時間比金錢有價值
——擁有重大衝擊的正面及負面事件比「好喔」經驗更有價值
——來自前任的新資訊可能改善我們對過去的看法
——至於方案，完成比完美重要——放開控制權並和大家分享

一個男人推著嬰兒車經過，車上擠了兩個不斷尖叫的嬰兒，而男人一邊對著無線裝置說話。我走到相反方向，往大型雕塑走去。

表演本身還沒有明顯回報，除了商業劇場製作人不可行的報價，以及被西區機構和電視老手突然斷絕交流之外，它似乎在今年稍後會回到多倫多演出，只是合約尚未簽訂。出書合約算是一種回報。它的確有潛力提升我的形象，增加我的現金來源。交叉手指祈求好運，希望律師其餘預言能夠發生。而按照占星家的說法，星象顯示我三十五歲會走大運，希望她說得沒錯。

現在，我銀行裡有五萬七千英鎊，而且沒有負債。我希望我可以說這充裕的戶頭是審慎資金管理和精明創業策略，或至少是電視合約的結果，但這麼說就是謊言。

不過還是得給我自己應有的讚賞，我追蹤了一整年收入和開銷的流向，還清負債，後來又陷入窘境，然後再次掙脫。在那段期間，我學習財務，致力於和它的關係——和席雅一起發現自己

有種「萬惡金錢」和「惡劣富人」的局限信念，進行金錢冥想，閱讀理財書籍——我不再害怕看到帳單，開始承認我想要賺錢，而我找到了賺更多錢，以及在授課、表演及出書合約等收入下量入為出的方法。

事實上，大筆金錢是來自我的旁白工作，這事業不知不覺就起飛了。我在短短時間內接連拿到來自不同跨國企業的幾件廣告宣傳。這是幸運嗎？是宣示的力量嗎？是因為平日有空嗎？是我在這四年內增進了自己的技巧嗎？或是我在這業界建立了人際關係及良好聲譽？還是因為我對於金錢的冥想以及和它的新關係？一些不確定的匯集？我的白人特權對這結果有多大貢獻？我不知道。

旁白工作還是有無甚作為的時候；然而，工作本身卻毫不費力。我有良好的聲線和敏銳的耳朵，我很能掌控指示而且很可靠。不過，我並不是特別有天賦，我做不到百萬種口音。我只是以自己的聲音說話，並沒有拚命或勤勉地追求這事業。我在這工作學習，樂在其中。我希望我把這應對之道運用在我的愛情生活上。

我不是理財專家，我仍必須學習退休金、ETF（指數股票型基金）、貸款和加密貨幣籃子。但我發現一種雙管齊下的做法對我很管用，就是同時顧及實際和心態，而比重是百分之二十五的實際和百分之七十五的心態。這種組合在金錢領域奏效的事實，給了我它在愛情領域也會成功的希望。

我已有七個月沒和 T 說過話。自從結束關係後，我變得比較輕鬆、行動比較快速，而且通常比較少哭泣。只除了在寫這本書的初稿時，尤其是在詳細敘述我和 T 彼此友善的例子時，我會慟哭。

再次孤單過耶誕並不讓我沮喪。我或許不處於我所渴望的那種關係之中，卻沒留在我不想要的關係裡，這樣的想法鼓舞了我。我在中立地帶，感覺像是一種進步。

只是當新年腳步接近，面對和新對象交往的展望，並且掙扎於跟我「穿著不恰當」其中一個團員展開全面戀情的構思過程中，我發現自己聽到一首排行榜前四十的歌曲落淚了，歌詞擊潰了我：「如果世界就要末日，你會過來，對嗎？」在完全孤獨的時候，很容易平和面對分手，但認真考慮新對象，卻像是對T的一種背叛。

當我詢問席雅，她是否認為我和T的關係是一種病態強制，或是愛情時，她問我想要選擇相信哪一種真實。我猜我想要兩者都是。當我問及這關係的死亡能否歸納為一個核心問題，她說可以。他完全符合我的「不能愛的對象情結」——關係密切卻又注定滅亡。她說掙脫情結的唯一方法就是逐步解決它。我想知道我是否辦到了。她說，如果我還沒辦到，當時就不可能結束這段關係。她說，當我想到T，可能總是會有悲傷感，而且不能愛的男人未來可能成為我的致命弱點，但我將擁有察覺並避開它的工具。她稱T是我「高貴友人」，我喜歡這個說法。

我在公園中央的小賣亭買了薄荷茶。自從被診斷出甲狀腺機能亢進後，我就戒了咖啡因，但我已經不用再服藥。坐在野餐桌旁，我列舉和T在一起時的收穫：

—如何主張自己，如何爭取公平，如何放下武器承認別人是對的

—這個演出作品、這本書，以及五年的藝術

—絕妙的性愛不在高超技巧而是聯繫

—不要把一切都看得太有個人針對性，因為別人對我的行為是反映他們的痛苦，而不是我的

價值

——我對於伴侶的要求，以及無法接受的部分

——體會到創作「庭院出清前男友」的空間與時間，它沒有對於日常生活伴侶的分心／妥協／顧慮；沒有生小孩或度假的壓力——遠距離交往關係保護我免於陷入共依存的昏迷之中

——不要因為在一段關係中唯一能拿出的只是一個紀念品（不是家人或共有的生活），就表示時間投資是種浪費。你會從「失敗」的愛情中受益

在耶誕節處於中立地帶是關鍵時刻；我必須選擇擴張或收縮。我約了一個在派對認識的人，被拒絕；突然想到我的「衣著不適當」團員，再次被拒，之後我加入交友app，同時和大約四十五名男人通訊好幾星期後，我篩選我的選擇。我開始約會，一旦對自己證明我能夠掌控和陌生人交談後，我便覺得這些傢伙能跟我約會真是太幸運了。我擔心自己和照片有差距，但在發現他們看起來也比較老、比較沒那麼光鮮亮麗後，這種恐懼就減輕了。我很驚訝他們的拂袖而去沒讓我覺得受傷，就像那些失聯的電視製作人和不太適合的劇場合約，也沒讓我因此灰心喪志。

我把感情生活大部分放在「首先我需要你全部的『買進』，我才會決定是否也要喜歡你」這種模式。現在，男人以不可思議的速度來來去去。遭受一次拒絕，我的自尊會刺痛幾小時，但我會毫髮無傷重出江湖，我很高興我沒有說謊或假裝，或是試圖說服他們喜歡我。

沉沒成本偏見也很有價值。不是只因為你已投入了時間和感情來建立一件事，就表示在面臨退出或承諾的決定時，便應該要堅持下去，讓它成功。

我現在相信，當來到退出或承諾的十字路口時，目標是要做勇敢的事。勇敢的行動是擴張而

不是縮小自己。而我們知道那是什麼，我們知道我們了解，但我們想要假裝自己不了解，因為這需要冒險。在我們的冒險／回報經濟中，我現在擁護冒險——選擇具有強大衝擊力的好故事而不是停滯不前。冒險是在於說出你真正想要的東西，之後，如果其他人無法配合你或符合你，那麼你就離去。如果他們可以，你就留下。

我開始這個方案是想藉由丟出一個數字到我的失敗上，以反駁自己這種自我價值低落感。但正如我在完成公式時所發現的，真正的答案不在價格。結果是我的價值體系有了改變。

你的人生不是悲劇，不是失敗，就算它看起來不是某種特定模樣。如果因為害怕而不採取行動，這樣的人生才是悲劇。你的人生會在你每一次勇敢之後更為豐富。

這讓我想到，這就是重視完整／正直勝於自尊之間的差別。

我認為要做為一個完整／正直的人，首先需要有勇氣檢視內心真實想法，以辨識出不一致的地方，並誠實面對自己真正想要的東西。然後，要有勇氣和周圍的人分享自己想要的事，放棄對結果的控制。

過著完整／正直人生意味要一再又一再鼓起勇氣，冒著以下種種風險：遭受奚落、難堪、脆弱、拒絕、疏遠、異議和讓人失望，以及以過著更真實、更豐富的人生之名獨自一人。

但當然，我們內在真理改變，外在表達也會跟著變化。所以，正直人生就是以保持一致、誠實和成長的名義，不斷進行大大小小的勇敢行為，並冒著失去已開始依戀的東西的危險，藉著對遇上的每一個人提供完整的自我，來創造自己人生的意義。

就我目前所了解，惱人的是，這永遠也實現不了；維持一致是一種持續的追求，但隨時可以展開。當腳步蹣跚，你可以重拾它。要尋求自己的正直完整，開始時間永遠不嫌晚，休息時間也不嫌久。

你可能因為這些風險而失去的那些人，有時他們離開，有時他們留下。但他們留下不是真正的獎賞，獎賞、金牌是一種新榜樣，在此你永遠也不會虛偽地生活。你是真實的，而我們知道真實的作用，它讓你自由。

我把茶杯放回到櫃檯，在天空再次烏雲密布時，大步走出公園大門。

我一直自以為地談論，彷彿我是正直／完整問題的權威，但我不是。我只是個曾窺探其中，而想要繼續一窺堂奧的新手。

我問自己，我知道什麼？我知道當時和 T 復合不是浪費時間，而是饋贈，因為它證明我們的關係從來不是虛構，而是真實的。

而且我確切知道，愛情成本公式儘管有瑕疵，還是計算出一個數字，而這並非沒有意義。

起風了，我的新公寓在望。

我想到，研究公式、製作演出和寫這本書，教會我兩件重要且無可辯駁的事。兩者似乎互相矛盾，但對我都具有重大價值。

一方面，關係是不確定、不穩固、不斷改變且完全無法掌握的。這是我們知道卻又忘記的事，我們知道又忘記，而且我們知道此事，我們知道我們自己知道。而我們忘記時間會繼續前進，生活會繼續展開，而你評估先前經驗的方式會一直改變。這個評估，這個數字，這個價值，一直是暫時的，永遠不會固定。

而另一方面，當你忘記，你停下來盤點——當你的生活感覺像是一個大大的零——我已經處理過這些數字，我有證據，帳簿永遠不會是零。永遠不是。

愛情成本公式

要體驗這公式的壯麗輝煌，請沿著虛線減下，再按照字母順序以膠帶組貼。同時附上筆記及圖例，方便大家充分利用公式。

筆記

在這則公式的演繹中，有一定程度的「幕後」數學參與作用。為了顧及風格、易讀及高雅，我們省略了一些基本細節，但在此想提出其中一些可能引人入勝的部分，尤其是為了那些剛好比我更有數學頭腦的讀者。

公式中的符號有許多是代表幾則數學。例如，在關係指數中可看到的變數性愛品質，就是由評估特定關係在開始以及結束時的性愛品質（一到十分，不取七分），再取平均。

許多變數經過「調整」，意指會根據該變數相對其他變數的情感影響，或是在我個人價值體系的重要程度，調整大小。比如，如果某件事被評估為二，我們可能把它納為零點二、一點二或是二。

由於外卡已經是調整整體價格的稅（或說乘數），我們藉由在表達式一開始就加上數字一，然後以（一除以一百）乘以這個表達式，來縮小它的數字。

如果這些筆記看起來太深奧了，請直接享用這則公式，並相信它真的有用。

市場價值（MV） 與物品相關的實際金錢支出	
CMV	市場現值
	Gumtree 出價中位數
aw/o	觀眾了解背景前的出價
aw	觀眾了解背景後的出價
EM	損壞維修成本
D	修飾成本
Purch £	購買價格
Mth £	前任當時月收入的估計值 *
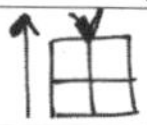	送禮理由
	禮物用心程度

*兩者相較就形成相對慷慨值

敘事影響（NI）
敘事影響體現回想當初關係的數值

H	療癒品質
W	受傷級數
LL	學到的重大人生教訓
	你帶走多少包袱
age	你當時分手的年齡
$\sqrt[N]{SKILLS}$	關係中所得到的技能或知識的估算值開N次根， N等於你當時分手的年齡
ROP	關係中所經歷的階段大事的重要性
gS	對你的人生貢獻了多少好故事
#Rel	你的人生中重要感情關係的次數
↑	現在與前任的友好程度

今日貨幣（DT） 這個表達式顯示現時狀況對物品價格的影響	
? £	我對於關係中雙方買單比例的認知
#	表演當天的觀眾數
?	與物品相關的情感損害
log( )	目前門票銷售的對數
log (p.£)	我潛在收入的對數
log (*)	我名人身分的對數
log (t+£ hc)	創作表演所花時間與金錢成本的對數
log (avg. £ in rel)	我在該關係中平均收入的對數
RANK 1 - 8	該物品在觀眾了解背景前的原始出價排名（第一到第八名）
% AIR TIME	該物品在表演中得到的演出比例

時間投資（t） 特定關係中所投資時間的質與量	
TSR	投入這段關係的全部時間
% life	分手時，這段關係占據我人生時間的比例
%	這段關係中花費在去找前任的交通時間比例
% S	這段關係中花費在關係管理的比例（尤其是出於義務與其親友相處的時間）
STAKES	在一起的風險高低 *
↑ appro.	在人生那個時間點，和那個人交往的適合程度 *

* 這兩個變數共同體現了關係展開的時機好壞

關係指數（RI） 關係指數反映交往當時的關係品質——屬於可以用來衡量任何人際關係的基本事實	
K↑	關鍵高點
K↓	關鍵低點
	樂趣
	痛苦
LOL	歡笑
POW	爭吵
↑♡	對方展現的最浪漫表現的品質
rely	對方日常的可靠程度
t♀	你喜歡對方親友的程度
y♀	你的親友喜歡對方的程度
↑SEX	性愛的品質
	性愛的規律性
XXX	對方引領你進入性愛新領域的程度
use	這性愛新領域在未來的實用程度
	他們照顧你的程度
	你照顧他們的程度
	誰提分手？
WANT 2	你想分手嗎？
	你是否有愛上對方的乘方

瑰色校正值（RTC）

瑰色校正值是潔瑪置入，用來抵消我的懷舊感對前任評估的影響，尤其是在我訪問過他們之後

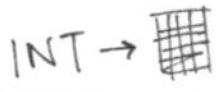	如有訪談前任，從訪談到填寫試算表的時間
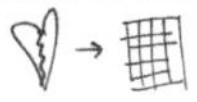	從分手到填寫試算表的時間

外卡（WC）

外卡就像稅或是賒購，只有在特定關係出現以下任何情況，才會應用或是扣除。以下是對我非常特殊的經驗：

「附帶損害」

這外卡適用在因特定關係而損壞的實物

C. repair	修理或置換受損物件的支出
mfd	那段關係中我的月收入

「哭泣稅」

0.95	如果物品是在二〇一二年前送給我的，價格就扣除百分之五，用來彌補其實應該屬於治療過程，卻被我傾倒在這些關係的所有垃圾

「瑪莎卡」

受湯姆・威茲的歌曲啟發，用來表示值得珍視的一些人對我們人生產生珍貴持久影響，不管結果如何，對方在我們心中占據了無人能及之處

1.1	對於適用並符合分手超過十年以上，該物品增加百分之十的整體價格

「臭大便上門」	
	他對我施行他的模式時，我的開心程度
↑CR	模式組成要素的創意程度
PAIN	對於被置入這樣的模式，我現在感受到的痛苦程度
THEN	發現這種背叛當下所感受到的痛苦程度
↑res	他之後為自己行為的負責程度
	我忽視紅旗警訊的程度
$\sum_{i=1}^{x} \frac{1}{2^{i-1}}$	運用報酬遞減法則，X 等於他對其他女性重複模式的次數
	在這關係中，他同時追求和求愛其他女性的百分比

「我做了壞屎」	
	我做這件壞事所擁有的樂趣
↑got away	抽身的順利程度
↑apol.	道歉的妥善程度
	前任忽視的紅旗警戒
$\sum_{i=1}^{x} \frac{1}{2^{i-1}}$	運用報酬遞減法則，其中的 X 等於我做壞事的次數
	我做這壞行為占關係的百分比
GUILT	我當時的內疚感
NOW	我現在仍有的內疚感

「身體損傷」

	單一事件衍生狀況的長期情緒影響
	原始事件的情緒影響
	衍生狀況在隨後幾年占據重要大事的程度
	原始事件占據重要大事的程度
	對我身體的長期影響，以及對我和自己身體關係的影響
	原始事件對我身體的影響
	事件及隨後衍生狀況對我造成的所有財務支出
	引發事件的規模，採用說出口的字數計算

「難言的幸福」

如果物品所在的關係有著難言的幸福時刻，買家除了現金價格，還必須包括非貨幣形式的支付，即分享其人生具有同等情緒衝擊的故事。

	這個符號代表難言的幸福，符號的創造想法受代表非常幸福的日本漢字啟發

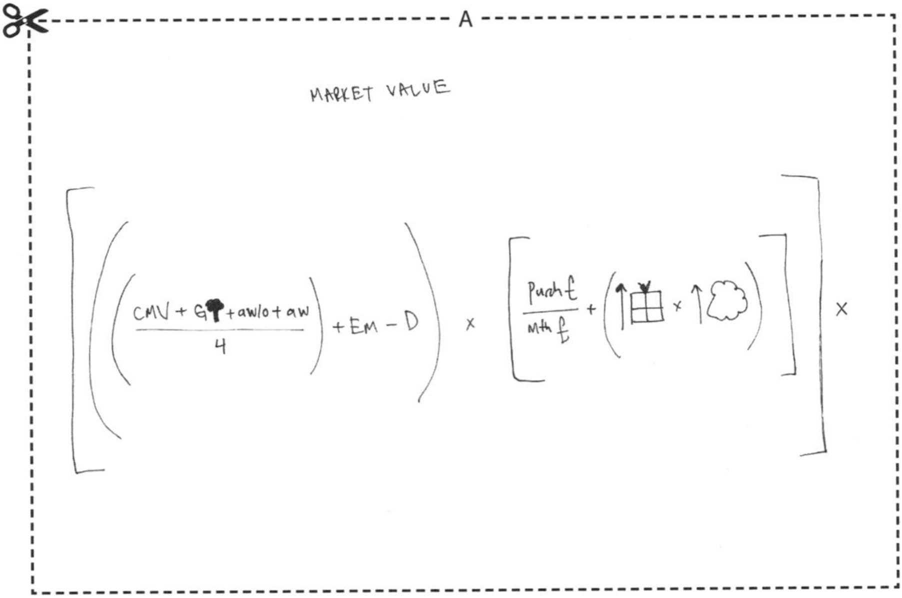
A
MARKET VALUE
CMV + G + aw/o + aw
4
+ Em − D
x
Purch £
Mth £
+
x
X

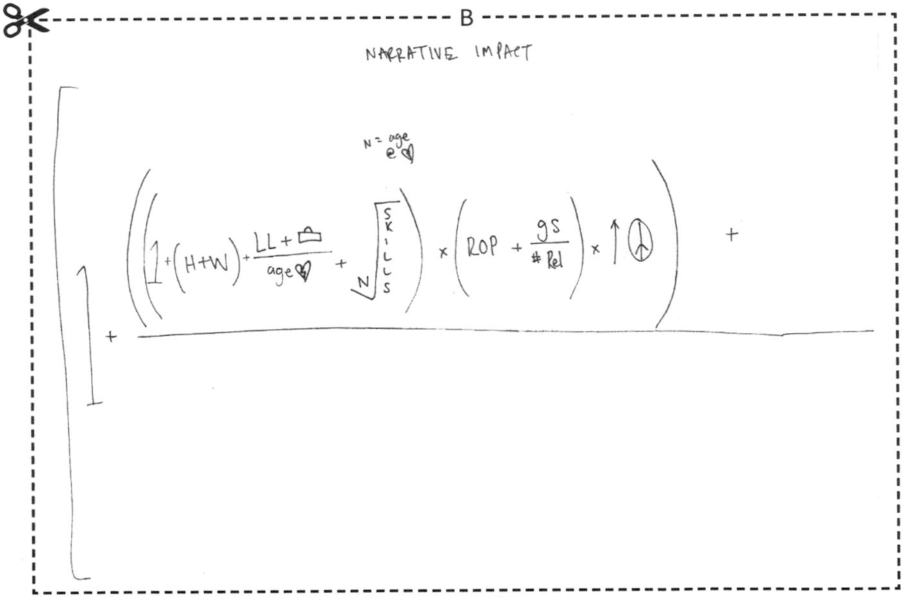
B
NARRATIVE IMPACT
N = age
1
H+W
LL +
age
N
SKILLS
x
ROP
gs
Rel
x
+

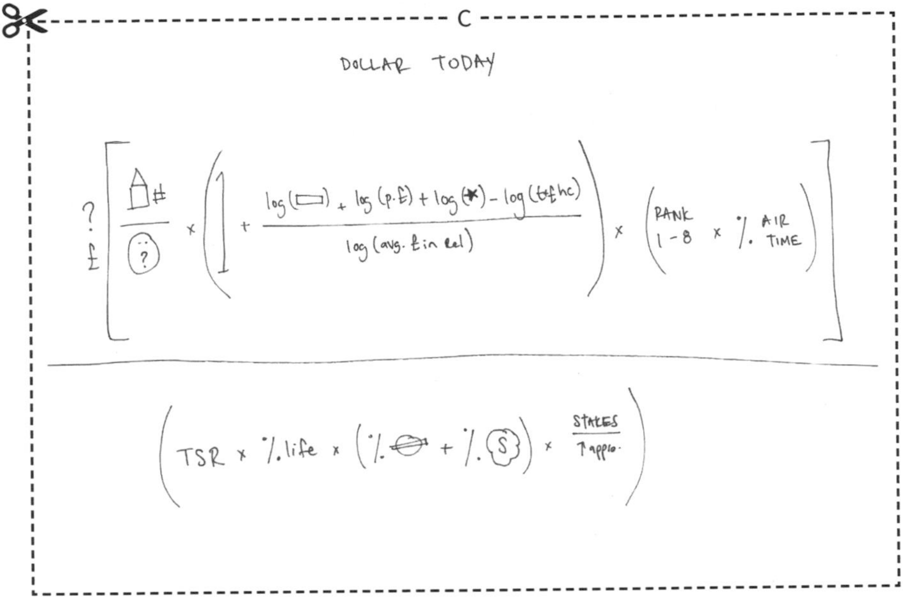
C
DOLLAR TODAY
?
£
log ( ) + log (p.£) + log ( ) − log (£ hc)
log (avg. £ in rel)
RANK
1 − 8
% AIR TIME
TSR x % life x
STAKES
↑appro.

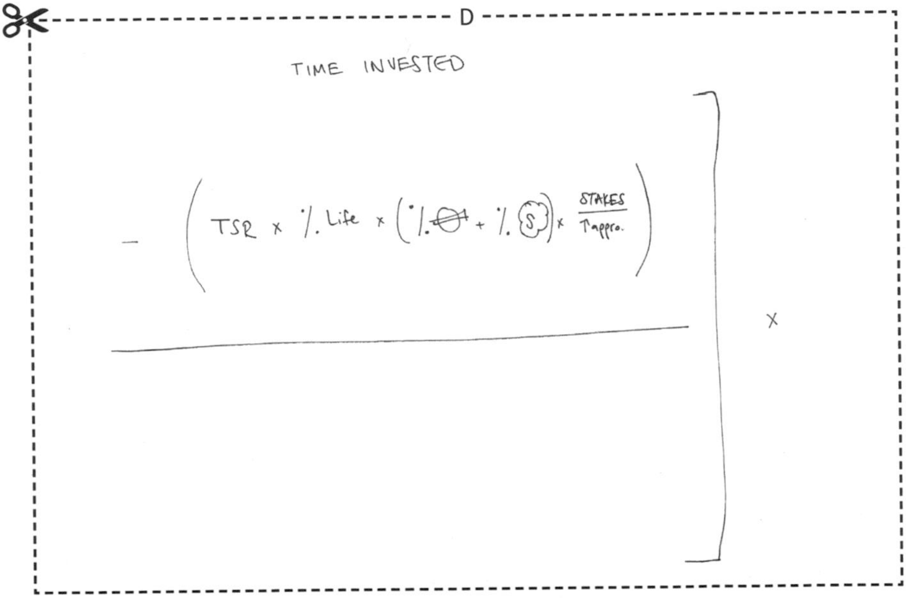
D
TIME INVESTED
TSR x % Life x
STAKES
↑appro.
x

E

RELATIONSHIP INDEX

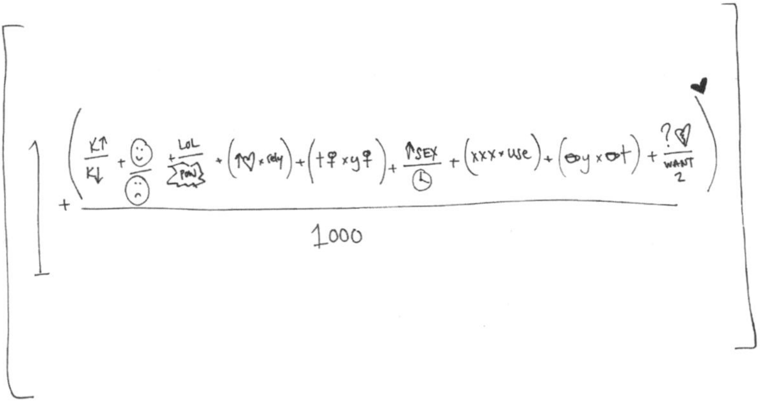

F

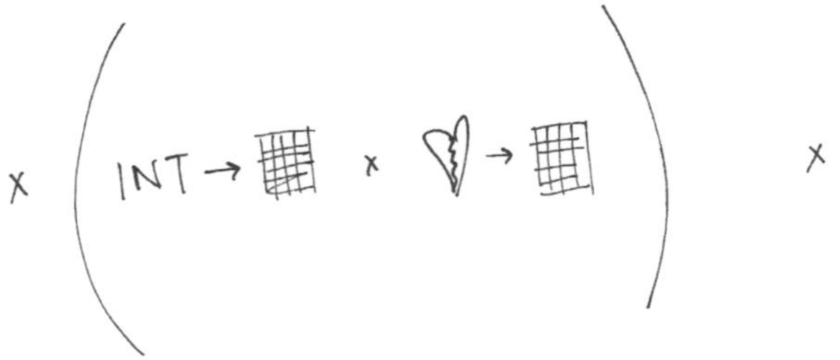

G

WILD CARDS

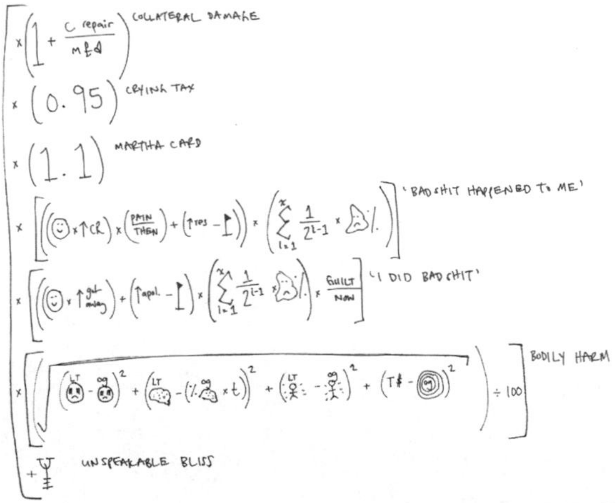

分手小提示

—盡可能在接近嗯點時候進行。
—不要無縫接到另一段關係。
—你想要的一切就在十五分鐘不自在談話的另一頭。
—記住「苦口良藥」有其價值——當你說真話時，你讓自己及對方都自由了。
—對話跟著你的感覺走，你不是在感覺或展望共同的未來，這是你必須聽從的本能——沒有人可以跟你的感覺爭執。
—不要攻擊、責怪或條列錯誤。
—感謝對方帶給你的好事。
—同意一段時間不聯絡，並且遵守諾言。
—你無法控制另一個人的反應，他們有權做出反應。
—但如果你不喜歡他們的反應，用不著待在原地。
—取消追蹤社群媒體，也不要一直在上面探查。
—不要抱怨他們的事，尤其不要對共同的朋友說。
—列出分手理由的清單，感到寂寞時就拿出來提醒自己。
—冷靜下來，不要馬上栽進另一段感情——感受一下單身。
—想想這段關係教會你的事，像是關於你自己、你想要什麼，以及是怎麼共謀創造出令人不滿意的東西——思考如何整合這些教訓，然後繼續向前行。

致謝

寫這本書實現了我不曾讓自己有過的夢想，我要感謝許多人相信這個想法，並在我刻苦工作時支持我。

我要感謝——

快手五人組泰德、唐娜、蓋瑞、萊莎和依莉莎，犧牲連假校對這本書。

我的編輯梅蘭妮．杜提諾和芭芙娜．喬翰，我非常幸運能在一組聰明靈活的女性指導下完成這個過程，她們熟悉一切狀況，慧心巧手協助我去蕪存菁。

加拿大出版集團 Penguin Random House 旗下 Doubleday 的傑出團隊，尤其是艾美．布萊克和蘇珊．柏恩斯，謝謝她們的行銷與公關團隊留意細節，賦予耐心與體諒。也要謝謝臺灣版的譯者陳芙陽、平安文化的總編輯許婷婷、主編平靜、編輯黃雅群、版權洪芷郁、企劃許瑄文參與製作本書。

我的經紀人克絲蒂．麥拉翰，謝謝她找到我，捍衛這個故事，並高雅仁慈地應對我驚慌失措的電話。

讓這齣現場表演成功的整個團隊，謝謝布萊恩．羅根以及坎登人民劇場的工作人員、我長期合作對象戲劇總監米契爾．庫什曼、我充滿創意的組員：佐伊．羅賓森、羅絲．哈克戴、安娜．里德、凱倫．盧卡斯和露西．亞當斯，以及我最為了不起的助理及友人依莉莎。還有提供寶貴意見的外部人士：黛柏拉．皮爾森、菲利浦．麥基、荷莉．畢斯禮—葛瑞根和理查．柯根。也謝謝專家李．史莫林和羅柏特．艾略特．史密斯。同時感謝所有支持這個表演開發製作，讓它得以呈現在觀眾面前的劇場公司及組織；以及每一個觀眾。沒有你們，這本書就不會存在。

我的數學大師梅蘭妮．法蘭西斯，謝謝妳如此投入，對我展現數字的所有本領，妳真是出類拔萃、充滿智慧、關懷、創造力和幽默感，我怎麼會如此幸運。

我各位最為忠誠的友人，他們見證了我愛情生活中所有迷戀、調情、各段激情、厭倦、心碎和沮喪：泰迪、米蕾娜、丹尼爾、泰勒、泰利亞、卡琳、瑪娜、夏娜、布莉特妮和賈德。謝謝你們的傾聽、建議、同志情誼、歡樂及深厚包容。

我的倫敦隊友：麥克、莉絲、瑞貝嘉、戴維、寶拉、羅柏特、強納森、黛比、摩根、艾倫、拉吉夫、馬修、賽門、瑪塔，以及在自由協會陪我即席創作的所有人；我所有的學生、我在Yakety Yak 的經紀人和 SDA 的喬夫，你們協助將這個新地方變成了家。

在中學教導我數學的優秀女士：帕庫—麥可米克太太和畢費斯太太。

我中學的戲劇老師珍妮佛．亞當斯，她稱我為演員；以及戲劇學校教我寫作並稱我為作家的薛爾登．羅森。謝謝你們兩人看到我。

瑪莉．艾倫，妳的才華、見識和慷慨，引導我進入我一直想要的生活，真高興找到了妳。

羅柏特，你來得正是時候。

我的家人，謝謝你們堅定的支持、鼓勵和無窮的愛。爸媽向我展現了如何努力工作，培養我有信心走自己的路，而且從未告訴我藝術是養不活自己的職業選擇（爸！抱歉用了雙重否定）；琳達姑媽的幽默感和創造力，塑造了我看待這世界的方式；感謝哥哥羅瑞的智慧、友情及實話實說。

我的各位前任，謝謝這豐富的一切，謝謝你們教會我愛情。

最後，謝謝你，親愛的讀者。請把這一句話想成是我的馬尾在謙卑的鞠躬中掃過舞臺地板，你的閱讀讓這一切都值得了。

國家圖書館出版品預行編目資料

前男友大出清：愛情已逝，舊物尚存，那些我談過的戀愛，一件不留！ / 海莉．麥吉著；陳芙陽譯 -- 初版. -- 臺北市：平安文化, 2022.05 面；公分. --
(平安叢書；第716種)(兩性之間；46)
譯自：The Ex-Boyfriend Yard Sale
ISBN 978-986-5596-81-1(平裝)

1.CST: 戀愛 2.CST: 兩性關係

544.37 111004862

平安叢書第0716種
兩性之間46

前男友大出清

愛情已逝，舊物尚存，那些我談過的戀愛，一件不留！

The Ex-Boyfriend Yard Sale

作　　者—海莉．麥吉
譯　　者—陳芙陽
發 行 人—平雲
出版發行—平安文化有限公司
台北市敦化北路120巷50號
電話◎02-27168888
郵撥帳號◎18420815號
皇冠出版社(香港)有限公司
香港銅鑼灣道180號百樂商業中心
19字樓1903室
電話◎2529-1778　傳真◎2527-0904
總 編 輯—許婷婷
執行主編—平　靜
責任編輯—黃雅群
內頁設計—李偉涵
行銷企劃—許瑄文
著作完成日期—2021年
初版一刷日期—2022年5月

法律顧問—王惠光律師

讀者服務傳真專線◎02-27150507
電腦編號◎380046
ISBN◎978-986-5596-81-1
Printed in Taiwan
本書定價◎新台幣420元/港幣140元